Franz Taut

Befehle von oben

Franz Taut

Befehle von oben

1942/43 an der Ostfront

Roman

rosenheimer

3.,bearbeitete Auflage

Titelbild: Süddeutscher Verlag – Bilderdienst, München, Scherl
Satz: Buch-Werkstatt GmbH, Bad Aibling
Druck und Bindung: GGP Media, Pößneck
Printed in Germany

ISBN 3-475-53302-2

Der Ablauf des militärischen Geschehens entspricht der geschichtlichen Wahrheit. Die Namen der handelnden Personen sind frei erfunden. Eventuelle Ähnlichkeiten sind daher rein zufällig.

Inhalt

Vorwort

Die Aufzeichnungen des Leutnants Lemke – ein Stoß loser, eng beschriebener Blätter – wurden im September 1943 im Kompaniegefechtsstand eines wiederbesetzten Kampfgrabens an der Front des Kuban-Brückenkopfes gefunden.

Vor dem Eingang des Erdbunkers lag wie ein stummer Wächter ein gefallener russischer Kapitän. Seine Augen starrten zum Himmel auf. Es war der Himmel Russlands. Aber die erloschenen Augen des Toten sahen ihn nicht.

Bis zum Verlust der Stellung hatte Leutnant Lemke in dem Erdloch gehaust.

Auf Umwegen gelangten die Aufzeichnungen in die Heimat.

Eine Frau hütete die vergilbenden Blätter als das Vermächtnis eines Mannes, der im Donner der Schlachten zum Rebellen gegen Krieg und Gewalt geworden war.

Der Spiegel

Gestern früh trat das ein, was ich wochenlang, genau gesagt: vier Monate und neun Tage lang, von mir gewiesen hatte.

Stabsarzt Nüßle nahm mir eigenhändig die Verbände vom Gesicht und meinte mit kritisch prüfendem Blick: »Einigermaßen haben wir Sie ja wieder hingekriegt. Ganz passable Visage, wenn man überlegt, wie Sie mir eingeliefert worden sind. Mancher, glauben Sie mir, mancher, der mit Ihnen in Stalingrad war, hätte gern einen höheren Preis bezahlt, wenn er das Glück gehabt hätte, herauszukommen.«

»Vermutlich, Herr Stabsarzt«, sagte ich voll düsterer Ahnung, denn die Narben und Nähte in meinem Gesicht spannten, als reiche die Haut nicht aus. Und bitter fügte ich hinzu: »Das alles verdanken wir unserem Führer.«

Der Diener Aeskulaps im weißen Mantel lachte kurz auf und schüttelte mit pflichtgemäßer Missbilligung den Kopf.

»Sie haben ein loses Mundwerk, Herr Lemke. Nur gut, dass im OP kein Abhörmikrofon eingebaut ist! In der Narkose haben Sie gefährliches Zeug ausgeplaudert. Ja, und noch etwas: Vorsicht beim Rasieren, wenn die ersten Stoppeln sprießen. Und die Augen schonen! Sie werden es schon bemerkt haben: der Lidschlag ist vorerst beeinträchtigt. Und die Wimpern werden nur spärlich nachwachsen. Zwei Wochen werden wir Sie noch zur Nachbehandlung hier behalten. Dann geht's ab in die Heimat. Sie haben's hinter sich, mein Lieber. Ich werde Sie zunächst in ein Erholungsheim überweisen. Wenn Sie herauskommen, werden Sie entlassen. Auch ganz schön, als Ehrenbürger der Nation von weitem zuzuschauen.«

»Entlassen?«, warf ich ein. »Das ist doch nicht Ihr Ernst, Herr Stabsarzt!«

Dr. Nüßle ergriff meine Hand, an der ja nun auch ein Finger fehlt.

»Kopf hoch, Lemke! Sie werden sich schon zurechtfinden – ein Kerl wie Sie!« Und dann: »Ach ja, beinah hätt' ich's vergessen.«

Er schob seine Hand in die Tasche seines weißen Mantels, aus der ein Stethoskop hervorsah, und brachte ein goldenes Verwundetenabzeichen zum Vorschein.

»Hoffentlich findet sich noch ein Plätzchen an Ihrer reich dekorierten Feldbluse«, sagte er, indem er mir das Abzeichen formlos zusteckte mit der Geste eines Vaters, der seinem Jungen zum Trost für ein aufgeschundenes Knie einen Groschen gibt. Nur dass es bei mir nicht das Knie ist, sondern das Gesicht.

Nun war ich also Besitzer des goldenen Verwundetenabzeichens. Höher ging es nicht mehr. Das schwarze hatte man mir in Frankreich – nach der Aisne – verabreicht, das silberne im November 41 in Charkow.

Warum ich das alles niederschreibe? Weil man nicht alles unausgesprochen mit sich herumtragen, und weil man es nicht aussprechen darf, denn die Gespräche sind verstummt. Es gibt keinen Widerhall, und gelegentlich lauert das Ohr eines Übereifrigen oder ein verborgenes Mikrofon.

Stalingrad war der Wendepunkt – in meinem Leben, wie in dem von Zehntausenden; Deutschen, Italienern, Rumänen, Ungarn und Kroaten.

Von Stalingrad ins Lazarett nach Krakau, zu Stabsarzt Nüßle und zu Schwester Thekla – von der eisigen Zone des Todes und der Verdammnis in ein Einzelzimmer mit Dampfheizung, weißer Bettlade, weißem Tisch und weißem Spind. Alles ist vorhanden, nur der Spiegel fehlt über dem Waschbecken mit den Hähnen für kaltes und warmes Wasser.

Stalingrad. Zur Eroberung der Stadt an der Wolga – nach Hitlers Meinung, die er am 30. September 42 kundgab, nur ein erweitertes Stoßtruppunternehmen – waren wir nicht bestimmt. Jedenfalls nicht mein Bataillon.

Wir lagen nach einem Vormarsch, der für uns am 28. Juni 42 bei Bjelgorod begann, seit September als Reserve hinter der Don-Front der 3. rumänischen Armee. Die Aufgabe der Rumänen war es, die Nordflanke des Keils zu schützen, den unsere 6. Armee mit Infanterie- und Panzerdivisionen ins Ruinengewirr von Stalingrad getrieben hatte.

Meine Division befand sich nach empfindlichen Verlusten im Stadium der Reorganisation und Auffrischung. Im Laufe des Oktober hatte sie ein Grenadierregiment, das Pionierbataillon, eine Sanitätskompanie und noch einiges mehr nach Stalingrad abgegeben.

Die Mehrzahl der ausgepumpten Pferde war weit nach rückwärts in Pferdeerholungsstätten gebracht worden. Die Motoren zahlreicher Kraftwagen wurden in Rostow, Stalino und Dnjepropetrowsk überholt oder in Stand gesetzt. Es war wie ein herbstliches Großreinemachen für kommende Taten im

Frühling. Wieder einmal, wie im Vorjahr, waren wir in die Winterquartiere gegangen.

Die Bekleidung der Kampftruppe unterschied sich zwar vorteilhaft von der, in der das deutsche Ostheer im Winter zuvor mit knapper Not einer Katastrophe entgangen war, aber sonst wiederholte man mit unverdrossener Selbstüberschätzung viele der Fehler, die im Winter 41/42 beinahe zum Bankrott geführt hatten. Allzu lange hatte es geheißen: »Führer befiehl! Wir folgen dir.«

Nun nützte er die Blankovollmacht aus und befahl. Wer ihm entgegentrat, wurde niedergeschrien oder beseitigt. Im Offizierkorps kursierten finstere Flüsterparolen über sein Wüten im Hauptquartier. Nach Generalfeldmarschall von Brauchitsch, der im Dezember 41 hatte gehen müssen, war im Frühherbst 42 Generaloberst Halder, der Chef des Generalstabes, abgehalftert worden. Mit ihm Feldmarschall List, der OB der Heeresgruppe A, der den fehlgeschlagenen Kaukasusfeldzug rechtzeitig liquidieren wollte. Wir waren informiert, aber solche Nachrichten gingen nur heimlich um.

Der Oberste Befehlshaber im Führerbunker der Wolfsschanze gierte nach dem Besitz von Stalingrad, vielleicht, um seinen Widersacher Stalin im Lebensnerv zu treffen, vielleicht auch nur, um der Welt zu sagen: »Seht, was ich, der unbekannte Gefreite des ersten Weltkrieges, vollbringen kann!«

Wir lagen, wie wir meinten, weit vom Schuss. Die Kompanien betrieben ohne viel Schwung Gefechtsausbildung. Das weiche Herbstwetter hatte umgeschlagen. Von Nordwesten wehte ein eisiger Wind. Der Boden war hart gefroren. Nebel, der sich als Reif niederschlug, deckte die Steppe.

So traf uns der von Norden über den Don ausgreifende russische Offensivstoß. Es erging uns wie Frau Meier, die, mit Lockenwicklern im Bett liegend, von einem Einbrecher überrascht wird.

Wir lagen zwar nicht im Bett, aber auch nicht in Bereitschaft, als die erste Welle fliehender Rumänen in unser Steppendorf flutete. In der Frühe dieses düsteren Novembertages – es war der 19. – hatte uns anschwellendes Rumpeln geweckt, ein Geräusch wie von fernem Meeresbranden oder einem anhaltenden Herbstgewitter, aber Artilleriefeuer gehörte zum Krieg, und da das Bataillon zunächst schwieg, glaubten wir nicht an eine durchgreifende Aktion der Roten Armee.

Niemand ahnte, was im Grau des Nebels geschah, der undurchsichtig über der Donfront lastete. Als die ersten von Panik gehetzten Rumänen kamen, Jammergestalten in hohen Pelzmützen und flatternden lehmfarbenen Mänteln, die meisten ohne Waffen, vermutete ich einen örtlichen Feindeinbruch. Doch als es immer mehr wurden, packte mich Unruhe, zumal das seit Stunden trommelnde Artilleriefeuer näher zu rücken schien. Die Rumänen schrien wild auf uns ein, aber keiner begriff, was sie uns mit erregten Gesten verständlich machen wollten. Dass es nichts Gutes war, bezweifelte ich nicht. Aber wie hätte ich darauf kommen können, dass die rumänische Front bei Kletzkaja, im Großen gesehen, schon nicht mehr bestand, dass unsere Nordflanke offen war?

Schließlich ging ich in mein Quartier, das gleichzeitig Kompaniegefechtsstand war, und läutete den Bataillonsstab an.

»Gut, dass Sie anrufen, Herr Lemke«, sagte am anderen Ende der Leitung der Adjutant. »Wollte gerade dasselbe tun. In einer Stunde ist Offiziersbesprechung. Kommen Sie am besten gleich her. Aber sehen Sie vorher zu, dass Ihre Ortsunterkunft am Nordrand für alle Fälle gesichert wird.«

Ich gab Feldwebel Stamm, meinem Kompanietruppführer, der auch gleichzeitig den wegen Krankheit abwesenden Spieß vertrat, die entsprechenden Befehle, vermummte mich mit Übermantel, Kopfschützer und Schal und schwang mich draußen auf unser Melde-Krad. Die schwere Maschine war derzeit unser einziger fahrbarer Untersatz, der betriebsbereit war. Sie war mit Reif wie mit einer Schimmelschicht überzogen. Vorsorglich hatte ich den Stahlhelm aufgesetzt und die Maschinenpistole umgehängt.

Als das Krad endlich ansprang, schlugen ein paar verirrte Granaten in unser Dorf, diese erbarmungswürdige Ansammlung elender lehmgrauer Katen, deren Strohdächer teilweise halb abgedeckt waren, da die Soldaten das Stroh zum Liegen benötigten.

In die Rumänen, die wie die personifizierte Verzweiflung umherirrten, war bei den ersten Einschlägen Bewegung gekommen. Wie vom Wind zerblasene Spreu rannten sie aus dem Dorf und zerstreuten sich auf der Steppe.

Das Krad holperte über die gefrorenen Radfurchen, die man hochtrabend »Rollbahn« nannte. Ich brauchte mehr als eine halbe Stunde bis zum Bataillonsgefechtsstand.

Als ich den Unterrichtsraum des Schulhauses betrat, an dessen Stirnwand ein großer Rechenschieber für Abc-Schützen, von den Soldaten »Idiotenharfe« benannt, angebracht war, traf ich bereits die Mehrzahl unserer Offiziere an.

Ich meldete mich bei Major Schilling, unserem Kommandeur, und berichtete ihm vom Einfall der Rumänen.

»Nicht zu verwundern«, sagte der Major, äußerte sich jedoch nicht weiter.

Leutnant Holzinger, der Adjutant, mit dem ich gelegentlich manchen Tropfen getrunken hatte, begrüßte mich mit einer Miene, die Unbehagen und Besorgnis auszudrücken schien.

»Äußerst dicke Luft«, sagte er leise.

Der Kommandeur wartete, bis alle versammelt waren. Dann legte er los. Mit preußischer Knappheit umriss er ein Bild der Lage, wie er sie aufgrund der dürftigen, vom Regiment eingetroffenen Nachrichten bewertete. Etwas prägte sich mir ein: Russischer Großangriff – Nordflanke durchbrochen – rumänische Front im Abschnitt Kletzkaja zerschlagen.

Die rasselnde, öfters von rauem Husten unterbrochene Stimme sprach weiter.

»Unbestätigten Gerüchten nach Russe auch im Süden bei vierter Panzerarmee und dort stehenden Rumänen zum Angriff angetreten. Sie sehen, meine Herren, wohin das zielt. Wenn wir nicht halten, dann gute Nacht, meine Herren. Sie wissen, was Sie zu tun haben. Ich danke Ihnen.«

Wir waren verabschiedet. Ich stieg auf mein Krad und knatterte zur Kompanie zurück. Unterwegs begegneten mir kleine Rudel von Rumänen, manche mit blutdurchtränkten Verbänden. Die meisten starrten mich finster an, als sei ich für das Unheil verantwortlich, das über ihre Front hereingebrochen war.

Auf die Details kommt es an, auf jede winzige Einzelheit, mag sie noch so nebensächlich erscheinen, wenn man sich vergegenwärtigen will, wie großartig der größte Feldherr aller Zeiten seinen Kriegszug zur Wolga angelegt, mit welch unübertrefflicher Leichtfertigkeit er die Stärke des Feindes unterschätzt hat.

Nicht schlagartig, ganz allmählich war ich dahinter gekommen, wie es um einen Befehlsapparat bestellt sein müsste, dem ein Besessener seinen von krankhaften Vorstellungen geleiteten Willen aufzwang. In unserem Regiment war häufig Kritik darüber laut geworden, dass unsere Nordflanke von den unzureichend bewaffneten und ungenügend ausgebildeten Rumänen gesichert wurde. Mir war bekannt, dass unser Divisionskommandeur immer wieder gewarnt und auf gewisse Feindbewegungen nördlich des Don hingewiesen hatte. Jetzt bluteten die Rumänen, und in Kürze würden unsere Soldaten für die begangenen Fehler büßen müssen.

An jenem nebelgrauen, eisigen Novembertag südlich Kletzkaja jedoch war Adolf Hitler meinen Gedanken weiter entfernt als der Mond, den wir seit geraumer Zeit nicht gesehen hatten. Nicht er war in diesen Stunden die Ursache des Verhängnisses, das wie ein riesiger Schatten auf uns zukam, sondern die rumänische Flankenlinie, die nicht gehalten hatte.

Hinter den Rumänen standen wir, zwei weit auseinander gezogene, ohnehin schwache und durch Abstellungen noch mehr geschwächte Divisionen eines deutschen Panzer-Armeekorps, das zu dieser Zeit nur über eine Hand voll Panzer verfügte, die obendrein nicht einmal alle einsatzfähig waren. Der Moloch Stalingrad hatte im Laufe des Oktober und vor allem in der ersten Novemberhälfte auch von uns immer mehr Kampfeinheiten beansprucht, so dass wir jetzt, als es darauf ankam, nahezu abgewrackt der tödlichen Gefahr gegenüberstanden.

Als ich halb erstarrt unser Steppendorf erreichte, war die Kompanie, durch einen Anruf des Bataillonsadjutanten alarmiert, aus den Quartieren ausgerückt. Die Stellungen, die ich schon früher, als der Boden noch weich war, bei den letzten Hütten am Nordrand hatte anlegen lassen, waren gefechtsmäßig besetzt.

Feldwebel Stamm meldete, inzwischen sei ein Trupp deutscher Baupioniere durchgezogen, die etwas von russischen Panzern bei Kalatsch gefaselt hätten.

Über die Donbrücke von Kalatsch rollte der Nachschub der Stalingradkämpfer. Wir standen im Nordnordwesten. Die Entfernung betrug etwa sechzig Kilometer.

»Quatsch«, sagte ich daher, »Flügel haben die Russenpanzer auch nicht.«

Und obwohl alles belämmert und keineswegs belustigend war, musste ich doch plötzlich lachen.

Ein rumänischer Offizier in braunen Reitstiefeln, Schafpelzmantel und hoher weißer Pelzmütze schlug mit einer zierlichen Reitgerte, die eigentlich in eine zarte Damenhand gehört hätte, auf ein struppiges Kosakenpferdchen ein, das sich keilend und bockend dagegen sträubte, ihn aufsitzen zu lassen.

Der Offizier fluchte auf Französisch, dann auf Rumänisch, und als er sah, dass ich lachte, traf mich aus seinen schwarzen Augen ein hasserfüllter Blick. Er riss am Zügel, als wollte er den Kopf des Pferdchens vom Rumpf trennen, sagte mit fremdartiger Betonung »Hitler« und spuckte aus.

»Dem Schwein werd ich's zeigen«, rief Feldwebel

Stamm, der neben mir auf der Dorfstraße stand, und wollte sich auf den Rumänen stürzen.

Ich hielt ihn zurück.

»Der arme Teufel muss den Verstand verloren haben«, sagte ich. »Wahrscheinlich verwechselt er den Führer mit Stalin.«

»Feine Verbündete haben wir uns da ausgesucht«, meinte Feldwebel Stamm, aber jetzt lachte auch er, denn im Dorf schlug es mehrmals ein, und der Rumäne ließ den Zügel los und setzte sich zu Fuß in Trab.

Das störrische Pferd sprang an und raste im Galopp durchs Dorf. Vermutlich endete es später in einem Kochkessel, wenn es nicht von den Russen eingefangen oder von Granaten zerfetzt wurde.

Von Feldwebel Stamm begleitet, ging ich in mein Quartier.

Eine alte Babuschka, mit geröteten Triefaugen und grauem Bartanflug auf der Oberlippe und am Kinn, hauste als einziges Überbleibsel der längst abgewanderten russischen Bevölkerung in einem Verschlag der baufälligen Lehmhütte. Sie lebte von dem, was die Feldküche ihr abgab.

Als ich mir die Stiefel von den eiskalten Füßen streifte, brachte sie »Tschai«, wässrigen Tee, den sie immer für mich bereit hatte.

»Germanski kaputt«, sagte sie mit ihrer brüchigen Stimme und kicherte in sich hinein.

»Wie kommst du darauf, Babuschka?«, fragte ich in meinem unbeholfenen Russisch.

Die Alte schüttelte den Kopf und tappte hinaus. Feldwebel Stamm, der in gewissen Dingen keinen Spaß verstand, starrte ihr zornig nach.

»Alte Vettel«, knurrte er. »Germanski kaputt – das wäre noch schöner!«

Stamm glaubte immer noch an unsere Überlegenheit. Rückschläge nahm er hin wie einen Regenguss. »Stamm«, sagte ich, »hören Sie zu! Es sieht mulmig aus. Bei Kletzkaja ist der Russe durch. Wie tief, weiß offenbar niemand. Und nach den neuesten Parolen scheint er auch an der Südflanke ekelhaft zu drücken. Wir haben allerhand zu erwarten für die nächsten Stunden und Tage. Wenn mich nicht alles täuscht, sind wir die längste Zeit hier gewesen. Von einem Marschbefehl ist zwar noch nicht die Rede, aber manchmal ist es der Russe, der für Bewegung sorgt.«

»Gegen Luftveränderung hätte ich nichts einzuwenden, Herr Leutnant«, meinte Stamm, der offenbar die Tragweite meiner Worte nicht begreifen wollte. »Lieber in Stalingrad, als hinter der Rumänenfront versauern.«

»Ihr Wunsch könnte möglicherweise in Erfüllung gehen«, antwortete ich, ohne mir über das, was ich sagte, klar zu sein. Falls es zum Rückzug kommen sollte, würden wir, wie ich annahm, zweifellos nach Westen und nicht nach Osten ausweichen. Wenn es ums Leben geht, wählen nur Narren den Tod. Aber schon sollte ich einsehen, welche Narrheit unserer Kriegführung zu Grunde lag.

Der Russe durchgebrochen. Diese Tatsache störte mich zunächst nicht sonderlich. Angst, Furcht? Nicht einmal im Trommelfeuer! Wir waren ausgeglüht. Reif für die Prüfung, die uns in Stalingrad erwarten sollte.

Ich nahm das Ganze leicht. Für meine Kompanie konnte ich einstehen. Wir waren mit jeder Lage fertig geworden. Angriff – Verteidigung, alles eins. Wir hatten es immer geschafft, und ich war sicher, dass wir auch diesmal nicht versagen würden. Wir waren nur eine Infanteriekompanie mit vermindertem Mannschaftsbestand. Aber wir hatten längst erfahren, dass auch der Feind nur mit Wasser kochte, und unsere Ausrüstung war weit besser, als es planmäßig vorgesehen war. Jede Gruppe besaß zwei lMG, sogar der Kompanietrupp. Im Übrigen besaßen wir eine überzählige Pak, die Feldwebel Stamm Anfang November organisiert hatte, als wir zum ersten Mal mit einem Überraschungsangriff rechneten.

Als daher zwei Russenpanzer am Abend dieses bemerkenswerten 19. November auf unser Dorf zurollten, gab es nur einen kurzen Feuerzauber, zwei heftige Explosionen und dann nichts mehr außer dem Brandschein der zerborstenen Wracks.

Die Nacht hindurch drosch russische Artillerie zeitweilig auf unser Dorf. Es war Munitionsvergeudung, denn in den Hütten, die einstürzten oder abbrannten, hielt sich niemand auf.

Um zwei Uhr morgens, nachdem wir einen stärkeren feindlichen Stoßtrupp abgewiesen hatten, rief ich den Bataillonsstab an, um den Abwehrerfolg zu melden. Aber ich erhielt keine Antwort. Die Leitung war tot.

Ich versuchte, die Nachbarkompanie und die Haubitzbatterie zu erreichen, die auf Zusammenarbeit mit uns angewiesen waren. Das Ergebnis war das Gleiche.

Ich schickte Störungssucher nach Süden und Westen aus. Einer der beiden Trupps kehrte kurz nach vier Uhr zurück. Sie waren unterwegs mit russischen Reitern zusammengetroffen. Die Finsternis der nebelverhüllten Herbstnacht hatte sie gerettet.

Die drei Mann, die der Strippe nach Westen gefolgt waren, ließen auf sich warten.

Etwas Unheimliches bahnte sich an. Auch Feldwebel Stamm schien es zu spüren. Als er gegen fünf Uhr von einem Gang durch die Stellungen in den Gefechtsstand zurückkam, murmelte er: »Jetzt fängt es auch noch an zu schneien. Wer weiß, was da noch draus werden soll, Herr Leutnant?« Nach einer Pause, während er den schweren, nassen Schnee von seinem Mantel abklopfte, fügte er hinzu: »Ich glaub, die haben uns vergessen. Die sind abgerückt und haben uns vergessen.«

»Unsinn«, widersprach ich, »der Russe ist durch und hat die Fernsprechleitungen zerschnitten. Oder er hat sie mit seiner Ari zerstört. Hat zeitweilig ganz schön gerummst heut Nacht.«

Seit einer Stunde saß der Funker an seinem Kasten. Aber auf unserer Frequenz rührte sich nichts. Dagegen war beim Russen ein toller Funkbetrieb im Gang, ein Zeichen, dass er das, was er bisher erreicht hatte, mit allen Mitteln weiter vorantrieb.

Seltsam war nur, dass wir bis auf den Besuch der beiden Panzer, die längst ausgebrannt waren, und den Angriff des Stoßtrupps unbehelligt geblieben waren. Die einzige Erklärung, die ich dafür fand, war die, dass wir außerhalb der feindlichen Stoßrichtung lagen, sozusagen im Windschatten, was allerdings nicht bedeutete, dass die Ruhe anhalten würde. Auch wir hatten beim Vormarsch immer wieder Stützpunkte des Feindes ausgespart, die dann von nachfolgenden Verbänden ausgehoben wurden. Zudem sah auch der Russe in der Dunkelheit nicht mehr als wir. Wenn es Tag wurde, sagte ich mir, würden wir auf manche Frage Antwort erhalten. Es war nur höchst ungewiss, ob uns die Antwort gefiel. Ich schlüpfte in den Mantel, nahm Stahlhelm und Maschinenpistole und ging hinaus. Der Schnee fiel so dicht, dass man trotz der ungewissen fahlen Helle, die von der weißen Hülle ausging, kaum die Hand vor Augen sah.

Der Flockenfall schien wie Watte, die vom Himmel niedersank, um das Rumpeln des Geschützfeuers zu dämpfen. Oder war es schon so weit entfernt? Lag unser armseliges Dorf schon im Hinterland des durchgebrochenen Feindes?

Ein Posten trat mir in den Weg. »Halt! Parole?«

»Krautacker«, sagte ich. »Leutnant Lemke. Ist milder geworden, was?«

»Milder schon, Herr Leutnant«, gab der Soldat zurück; »aber da sitzt doch der Wurm drin. Da ist doch was faul, Herr Leutnant.«

»Oberfaul«, bestätigte ich, weil ich es nicht schätzte, meinen Leuten etwas vorzumachen. »Stinkt ganz gewaltig, Peters. Weiß nur nicht, wo und was. Wird sich schon herausstellen, wenn es erst mal hell wird. Meinen Sie nicht auch?«

»Klar, Herr Leutnant«, antwortete der Schütze Peters, der seit vier Uhr auf Wache war und sichtlich fror, obgleich die Kälte spürbar nachgelassen hatte. Ich ging durch das stille, im Schnee versinkende Dorf bis zu den Stellungen, die halbkreisförmig nach Norden hin angelegt waren.

Im Vorfeld standen die beiden ausgebrannten Panzer schemenhaft im rieselnden Weiß.

Ich sprach mit den Leuten, die in den MG-Ständen und Grabenstücken Wache hielten. Alle wollten wissen, ob es etwas Neues gebe. Die Auskunft, die ich ihnen geben musste, war nicht ermutigend.

»Reichlich bescheiden«, meinte Unteroffizier Vollrath, der den ersten Zug führte, seitdem Feldwebel Kling durch Verwundung ausgeschieden war.

Ich kehrte ins Dorf zurück. Der Schnee lag schon fast kniehoch, und es schneite unaufhörlich weiter. Als ich in die Nähe des Gefechtsstandes kam, blieb ich stehen, denn mir war, als nähere sich von Südosten aus der Steppe ein Motorfahrzeug.

Es war ein Krad, das fast im Schrittempo schlitternd durch den tiefen Schnee heranpuckerte. Der Fahrer streckte die Füße aus, um die Maschine im Gleichgewicht zu halten. Es war einer der Melder des Bataillonsstabes.

»Befehl von oben«, stammelte er außer Atem, als er bei mir anhielt. »Kompanie setzt sich unverzüglich in Marsch. Marschrichtung Kalatsch. Dort liegen beim Divisionsmeldekopf weitere Befehle.«

»Schön«, sagte ich, obwohl das, was ich soeben gehört hatte, alles andere als schön war. »Gehen Sie jetzt erst mal zur Feldküche. Lassen Sie sich was Heißes zu trinken geben.«

»Keine Zeit, Herr Leutnant«, gab der erschöpfte Melder zurück. »Muss weiter zur Dritten nach Uwarowka. Können Sie mir sagen, ob der Weg feindfrei ist, Herr Leutnant?«

»Ich weiß es nicht – weiß überhaupt nichts«, musste ich zugeben. »Warum denn dieser Umstand? Warum funkt denn das Bataillon nicht?«

»Ist ja alles im Eimer, Herr Leutnant«, antwortete der Kradmelder. »Die sind mit fünf Panzern in unser Kaff 'reingedonnert. Haben den Gefechtsstand in Brand geschossen. Herr Major Schilling – Herr Major ist gefallen.«

Jetzt blieb mir doch die Luft weg.

»Was sagen Sie da?«, brüllte ich den Mann an, der die allergeringste Schuld an dem trug, was geschehen war. »Wer, zum Teufel, hat Sie denn in Marsch gesetzt?«

»Herr Leutnant Holzinger«, kam es zurück. »Er hat die Abwehr organisiert, und dann haben wir uns abgesetzt. War nicht mehr viel übrig vom Stab. Aber ich muss jetzt weiter, Herr Leutnant. Muss sehen, dass ich die Dritte erreiche, bevor es hell wird. Könnte sonst vom Russen vereinnahmt werden.«

»Machen Sie's gut«, sagte ich. »Halten Sie die Augen offen. Scheint allerhand unterwegs zu sein. Marschziel Kalatsch, haben Sie gesagt? Ist das denn richtig?«

»Jawohl, Herr Leutnant«, bestätigte der Melder. »Der Befehl ist direkt vom Divisionsstab gekommen. Ein paar Minuten, bevor der Feind mit seinen Panzern da war. Sie sollen keine Zeit verlieren, Herr Leutnant, sofort abrücken. Herr Leutnant Holzinger hat es mir ausdrücklich aufgetragen.«

Er trat auf den Starter und fuhr im gleichen Schneckentempo, wie er gekommen war, weiter durch den schweren, nassen Schnee. Der verschneite Weg, den er einschlug, führte nach Westen und war nur durch Stangen mit Strohwischen kenntlich. Mit Skiern hätte der Melder schneller vorwärtskommen können als mit dem Krad, dessen Antriebsrad immer wieder leer umging. Aber auch diesmal, wie im vergangenen Winter, gehörten Schneeschuhe nicht zur Ausrüstung der Infanterie. Später hatten wir etliche Paare davon in der Kompanie, aber die stammten vom Russen – von den Toten eines Skibataillons, die vor unseren Stellungen liegen blieben.

Ich ging zum Gefechtsstand, um die nötigen Befehle zur Vorbereitung des Abmarsches zu geben. Als ich mir vor der Tür der Hütte den Schnee von den Filzstiefeln stampfte, kam einer der Männer angetrabt, die wir sicherheitshalber mit zwei MG am Südrand des Dorfes postiert hatten. Er war außer Atem und völlig aufgelöst.

»Panzer«, brachte er keuchend hervor, »Panzer im Anmarsch.«

Ich öffnete die Tür, gab Feldwebel Stamm Bescheid und spurtete so schnell, wie es der tiefe Schnee erlaubte, zu dem neuen Gefahrenpunkt.

Unteroffizier Höhne, der die Sicherung befehligte, erwartete mich auf der Straße.

»Es waren deutliche Panzergeräusche«, sagte er. »Aber seit ein paar Minuten ist es still. Vielleicht sind sie abgedreht. Die Karten, die der Russe hat, sind ja nicht besser als die unseren.«

Ich nahm das Glas und hielt Ausschau. Der dichte Flockenfall verwehrte die Sicht, zumal es trotz der Schneehelle noch längst nicht Tag war.

Auf einmal jedoch war es mir, als bewege sich etwas, eine einzelne Gestalt, langsam auf uns zu. Ich griff zur Maschinenpistole, brachte sie in Anschlag und rief, so laut ich konnte:

»Stoj! Rukij wjerch!«

»Verdammter Sauladen!«, kam es zurück. »Du Germanski oder Russki? Maul auf, sonst kracht's!«

»Hier sind Deutsche«, rief ich. »Wer sind Sie?«

»Na ja«, versetzte der Fremde, der weißes Tarnzeug trug. »Warum denn nicht gleich?«

Im selben Augenblick knallte es und Sekunden danach noch einmal. Zwei grüne Leuchtkugeln stiegen hoch und zerplatzten.

Mit dem Ausruf »Hallo, Kumpels!« kam der

Mann, der über eine kaum fassbare Selbstsicherheit verfügte, auf uns zu. Seine Kopfbedeckung war eine schwarze Panzermütze mit heruntergezogenem Ohrenschutz.

»Bin ich also doch richtig«, sagte er.

»Hoch erfreut, Meister«, gab ich zurück, mich seinem Ton angleichend. »Wäre es möglich, zu erfahren, wen Sie hier suchen? Vielleicht könnten Sie mir sogar Namen und Dienstgrad nennen?«

Der andere lachte.

»Klar, warum nicht? Ich bin Unteroffizier Kurz, Panzerregiment viernullzwo, zwote Abteilung, zwote Kompanie. Leicht zu merken, was? Und du, Kamerad?«

»Leutnant Lemke«, sagte ich, »Kompanieführer und derzeit Kampfkommandant hier am Ort.«

»Um so besser«, entgegnete der Unteroffizier, ohne sich erst lange mit einer Ehrenbezeigung aufzuhalten, und streckte mir die Rechte, die in einem Fausthandschuh steckte, freundschaftlich entgegen.

»Tag, mein Bester«, sagte ich, ergriff die Hand und fragte: »Wo kommen Sie denn eigentlich her? Ungute Gegend für nächtliche Spaziergänge.«

Wieder lachte der unerschütterliche Unteroffizier Kurz.

»Ganz Ihrer Meinung, Herr Leutnant. Habe mein Wägelchen vorsorglich draußen geparkt. Wollte hier erst mal Umschau halten. Sind Einzelgänger seit gestern Abend. Der Russe hat schwer 'reingehauen. Vierzig gegen sechs ist ja auch nicht das richtige Verhältnis. Was haben Sie vor, Herr Leutnant? Stachliger Igel, bis der Kladderadatsch bereinigt ist?«

»Wir rücken ab«, sagte ich. »Wenn ich mich nicht täusche, haben Sie einen Panzer zur Verfügung. Am besten wird wohl sein, Sie schließen sich uns an, Unteroffizier.«

»Wäre zu überlegen«, meinte der Panzermann. »Wo soll's denn hingehen? Richtung Heimat, wie?«

»Irrtum«, sagte ich, »wir marschieren in Richtung Kalatsch.«

»Kalatsch?«, bemerkte der Unteroffizier. »Sie erlauben doch, dass ich lache, Herr Leutnant? Vor Kalatsch steht der Russe.«

»Auch recht«, sagte ich. »Dann gehen wir eben weiter nördlich über den Don und sehen zu, dass wir auf dem Ostufer nach Kalatsch kommen.«

Unterdessen hatte der Panzer, den der schlagfertige Unteroffizier führte, wohl auf das Signal der beiden grünen Leuchtkugeln hin Fahrt aufgenommen. Massig, schon mit dem weißen Wintertarnanstrich versehen, walzte er durch den Schnee heran.

Ich war erfreut über diesen Zuwachs. Der Infanterist oder, wie es neuerdings hieß, der Grenadier, schätzte den Rückhalt, den so ein stählerner Koloss gab, über alles.

Als ich in den Gefechtsstand kam, hatte Feldwebel Stamm sich bereits in gewohnter Weise betätigt. Die Vorbereitungen zum Aufbruch waren in vollem Gange. Als Stamm hörte, dass wir einen Panzer als Begleitung haben würden, war auch er sichtlich erleichtert, zumal unsere Pak sich nahezu verschossen hatte und kaum mehr von großem Nutzen war.

»Nur zu hoffen, dass uns der Russe nicht dazwischenfunkt«, meinte Stamm. »Die augenblickliche Ruhe kommt mir verdächtig vor.«

Doch die Ruhe hielt an. Ungestört machte die Kompanie sich marschbereit.

Warten und Stillstehen in unklarer Lage bringen

den Soldaten aus dem Gleichgewicht, das er braucht, um standhalten zu können. Zudem saß der alten Mannschaft noch die Erinnerung an die Stützpunktstrategie des vergangenen Winters in den Knochen. Zu viele waren »verheizt« worden, nur weil von oben die Beweglichkeit der Kampfführung nach dem Rezept »Bleib, wo du stehst!« unterbunden worden war. Der Befehl zum Abrücken jedoch, gleichviel wohin, gab der absinkenden Stimmung neuen Schwung und Auftrieb.

Wenn ich allerdings damals, am Morgen jenes 20. November, geahnt hätte, welches Riesenausmaß an starrsinniger Borniertheit dem großen Plan zu Grunde lag, dem sich alle beugten, würde ich mich nicht dazu bereitgefunden haben, das Vertrauen meiner Soldaten zu missbrauchen. Ich hätte, anstatt nach Osten zum Don zu marschieren, den Weg nach Westen zum Tschir eingeschlagen, und vielleicht hätten wir sogar der dritten Kompanie beistehen können, die verschwand, ohne eine Spur zu hinterlassen – wie meine Störungssucher, wie der Kradmelder des Bataillons. Ich ahnte nicht einmal, dass wir nicht die Einzigen waren, die den Marschbefehl nach Osten erhalten hatten, dass alles, was westlich des Don im großen Flussbogen stand, Kampftruppen und Trosse, Deutsche und Rumänen, zersplittert und vereinzelt unter dem gleichen Befehl den Donübergängen zustrebte, die noch nicht in der Hand des Russen waren.

Nach einer Stunde stand die Kompanie marschbereit. Die vorhandene Munition und die Verpflegungsration, die wir erst zwei Tage zuvor empfangen hatten, sowie der allernötigste Papierkram wie die Wehrpässe und die Stammrollenauszüge waren auf die drei Trosswagen verteilt worden, die mit je zwei Pferden bespannt waren. Die übrigen Wagen, für die es keine Gespanne gab, waren mit Handgranaten gesprengt worden. Auch das gesamte Gepäck blieb als überzähliger Ballast zurück. Wir hatten es auf einen Haufen geworfen, mit Benzin überschüttet und angezündet.

Ich ging noch einmal in mein Quartier und gab der alten Babuschka zum Abschied die Hand.

»Russki ssjuda?«, fragte ich.

»Da, da«, sagte sie strahlend und lachte mit offenem Mund, so dass die zahnlosen Kiefer sichtbar wurden. »Germanski kaputt – kaputt – kaputt!«

Die Kompanie rückte ab. Der Panzer, der zuletzt die Sicherung am Nordrand des Dorfes übernommen hatte, setzte sich an die Spitze und bahnte den Weg durch den Schnee.

Der Flockenfall hatte nachgelassen. Der scharfe Nordostwind, der sich im Laufe der Nacht gelegt hatte, frischte wieder auf. Die Temperatur sank im Nu. Der Frost biss die Nässe aus dem Schnee, so dass er locker und pulvrig wurde. Der Wind jagte ihn hoch und trieb ihn in Wolken vor sich her.

Im Rücken, zur Linken und weiter entfernt zur Rechten rumpelte von Zeit zu Zeit Artilleriefeuer. Es galt wohl den Inseln, die sich mitten im durchbrechenden Feind noch hielten, von kleinen Gruppen verzweifelter Kämpfer verteidigt, die der allgemeine Rückzugsbefehl nicht erreicht hatte, oder die sich nicht hatten lösen können.

Der mit Schneezeichen markierte Weg nach Nordosten, an den wir uns hielten, mündete bald auf eine der zum Don führenden Rollbahnen. Schon aus einiger Entfernung hatten wir marschierende Kolonnen beobachtet. Um sicher zu gehen, dass wir nicht unversehens an den Feind gerieten wie die Panzerkompanie von Unteroffizier Kurz, die am Abend auf dem Marsch von vierzig T 34 angegriffen worden war, schickte ich unseren stählernen Begleiter zur Erkundung voraus. Die Kompanie wartete im Schutz eines Fichtenwäldchens, wie sie in der Nähe des Dons häufig anzutreffen sind.

Der Panzer kehrte bald zurück.

»Wie bei Napoleon anno 1812«, berichtete der offenbar geschichtskundige Panzerführer. »Die reinste Lumpensammlung, und zwischendurch immer wieder mal ein zackiger Haufen wie der Ihre, Herr Leutnant.«

»Vielen Dank für die Blumen«, sagte ich. »Sind's nun eigentlich Rumänen oder sind's Deutsche?«

»Alles kunterbunt durcheinander«, antwortete Unteroffizier Kurz, »sogar gefangene Russen sind dabei. Und alle haben es eilig. Ich habe mit einem Hauptmann gesprochen. Er sagt, der Russe drückt nach. Mit dem Plunder, der an den Straßenrändern liegt, könnte man eine Altwarenhandlung aufmachen. Die meisten haben anscheinend nichts anderes im Sinn, als rasch hinter den Don zu kommen. Es heißt, der Russe ist gerade dabei, hinter uns zuzumachen.«

»Ist ja reizend«, sagte ich. »Kommt denn da niemand auf den genialen Einfall, dass sich das alles in verkehrter Richtung bewegen könnte?«

»Wieso denn das, Herr Leutnant?«, widersprach Unteroffizier Kurz, der am Einstieg seines Panzers hockte. »Alles in bester Ordnung. Ich sage Ihnen, das gibt ein ganz großes Ding. Man lockt die Russen heraus. Wird ohnehin alles sein, was sie noch haben.

Und wenn die ganze Rote Armee schön dicht versammelt ist, kommt der Doppelstoß von Osten und von Westen, und der Krieg ist aus.«

»Kurz«, sagte ich, »Sie haben Ihren Beruf verfehlt, Sie hätten Feldmarschall werden sollen.«

»Na, wir werden ja sehen, Herr Leutnant«, meinte der Unteroffizier, den die Vernichtung seiner Kompanie nicht im Mindesten zu berühren schien, als seien es die Niederlagen, die erst die Voraussetzung schüfen für den Sieg, von dem er träumte.

Ich wollte den Traum nicht zerstören und gab den Befehl zum Weitermarsch.

Die Rollbahn, als wir sie wenig später erreichten, war heillos verstopft. In Doppelreihe stauten sich Fahrzeuge, Fußtruppen und kleine Pulks berittener Rumänen.

Von Nordwesten kam Gefechtslärm. Demnach wurde also nicht nur marschiert, sondern auch noch gekämpft.

Endlich kam die Stockung in Fluss. Die Kompanie fädelte sich ein, indem wir einfach die Straße sperrten und alles, was nachdrängen wollte, aufhielten.

Wo bleiben nur die Russenflieger?, fragte ich mich. Mit ein paar gut gezielten Reihenwürfen hätten sie aus allem, was sich auf der Rollbahn nach Osten bewegte, Hackepeter machen können.

Heute weiß ich, was der Russe wollte. Er wollte möglichst alles im Sack haben. Vielleicht war es ihm darum zu tun, einer staunenden Welt zu zeigen, dass er noch längst nicht fertig war, wie Hitler seit dem Herbst 1941 in Aufrufen und Reden immer wieder verkündete.

Im Schutz der dichten Nebeldecke, die lange Zeit über den weiten Steppen des Dongebietes lag, hatte die Rote Armee genügend Kräfte versammelt, um zum großen entscheidenden Schlag auszuholen. Mit umgekehrten Vorzeichen unternahm sie das Gleiche, was wir ihr im Mai 42 zugefügt hatten. Unsere Division schirmte damals bei Bjelgorod ab und fing den Stoß auf, der zur Umfassung der Stadt Charkow von Norden her führen sollte. Im Süden von Charkow, in dem ausgedehnten Frontvorsprung, den die Winteroffensive der russischen Südarmeen ausgebeult hatte, standen unter dem Oberbefehl des Marschalls Timoschenko Angriffsverbände in der Stärke von 250 000 Mann bereit. Damals stießen unsere Panzer aus dem Donezbecken nach Nordwesten vor, riegelten den Donez entlang ab und schufen damit die Voraussetzung für die Sondermeldung des OKW, die unter Fanfarengeschmetter die Vernichtung der Timoschenko-Armeen bekannt gab.

Wenn ich an Stalingrad denke, fallen mir immer wieder Vaters Worte ein. Es war im Oktober 1925, wenige Wochen, bevor er an den Folgen seiner Verwundungen aus dem 1. Weltkrieg starb. Ich schob ihn wie täglich, wenn das Wetter es zuließ, auf dem Rollstuhl durch die Anlagen unserer Stadt.

»Falls es mal dazu kommen sollte, dass du in den Krieg musst«, sagte er, »dann vergiss nie: auch der Gegner entwirft Pläne. Auch drüben auf der anderen Seite gibt es denkende Köpfe. Wer annimmt, dass drüben nur Idioten sitzen, hat schon verloren. Nur derjenige, der sich in die Lage des Feindes versetzen und mögliche Gegenzüge voraussehen kann, hat im Krieg eine Chance.«

Im Mai 42 war es der Russe Timoschenko, der diese Grundregel des doppelamputierten Hauptmanns a. D. Lemke außer Acht ließ; sechs Monate später, im November, beging die deutsche Führung den gleichen Fehler. Die Folge war der russische Durchbruch an der nördlichen und südlichen Flanke. Doch was dann weiter geschah, war ein Akt der Selbstvernichtung.

Damals, am Morgen jenes 20. November, als die Sonne wie ein Blutfleck hinter sturmgejagten grauen Wolkenschwaden sichtbar wurde, gab es in den Reihen der Kampftruppe sicherlich nur wenige, die an Tod und Untergang dachten. Der Rückzug nach Osten – wer kannte schon sein Ausmaß? – war eine von oben befohlene Bewegung, die ihren Sinn haben musste.

So schien es auch noch, als wir den Don auf einer vom Eis umklammerten Pontonbrücke überschritten. Feldgendarmen regelten den Übergang. Mit vorgehaltenen Waffen stoppten sie die entstehende Panik ab, als weit tragende russische Geschütze zu feuern begannen. Und drüben am Ostufer saß ein Auffangstab, der die Spreu vom Weizen sonderte.

Die Einheitsführer wurden aufgefordert, sich in der Baracke zu melden, in der der Auffangstab sich eingerichtet hatte.

Wir standen in einer langen Schlange vor der Baracke, Offiziere aller Dienstgrade bis zum Major und Oberstleutnant, darunter einige Rumänen, aber auch Unteroffiziere, Feldwebel oder Wachtmeister und sogar einige Obergefreite sowie eine kleine Gruppe von OT-Führern, die alle älteren Jahrgängen angehörten. Das Merkwürdige und eigentlich Unerhörte war: niemand drängte sich vor. Geduldig wartete jeder, gleich welchen Ranges, bis er an der Reihe war.

Ich hatte den Panzerunteroffizier herangewinkt,

der als Letzter seiner zusammengeschossenen Kompanie sein eigener Einheitsführer war. Aber Unteroffizier Kurz wollte nichts davon wissen, selbstständig vor dem Auffangstab aufzutreten.

»Wer weiß, was uns da blüht?«, sagte er. »Wir bleiben vorerst bei Ihnen, Herr Leutnant. Oder wollen Sie uns nicht behalten?«

Als ich endlich, reichlich durchgefroren, die Baracke betreten konnte, erblickte ich als beherrschende Gestalt einen ergrauten alten Oberst mit einem zerfurchten wettergebräunten Nussknackergesicht.

Ich meldete mich und wiederholte den Befehl, den mir der Kradfahrer des Bataillons überbracht hatte. »Nichts da«, sagte der Oberst. »Derartige Befehle sind aufgehoben. Ich nehme an, dass Ihre Kompanie einsatzfähig ist. Munition, soweit sie fehlt, Futter für Ihre Pferde und Verpflegung können Sie hier empfangen. Ich bin Oberst Kern. Habe Sondervollmachten von der Armee. Sie unterstehen ab sofort mir, Leutnant Lemke. Ihre Kompanie stellt einen Melder zu mir ab und geht fürs erste hier am Ort in Quartiere, die Ihnen zugewiesen werden.«

Steif drehte der alte Oberst sich um.

»Feldwebel Zitzelberger – Quartiere für einen Offizier und zweiundneunzig Mann!«

So viele waren es, die ich über den Don gebracht hatte, einschließlich der stillschweigend von uns vereinnahmten Panzerbesatzung Kurz.

Bis zu diesem Zeitpunkt vollzog sich alles in mehr oder minder normalen Bahnen. Die Trosse und Nachschubeinheiten, die über den Don gekommen waren, wurden ohne Aufschub nach Südosten weitergeschleust. Die Kampftruppe dagegen blieb stehen, gleichgültig, welchem größeren Verband die jeweilige Einheit angehörte. Unumschränkte Befehlsgewalt hatte Oberst Kern.

Wir gingen in die Quartiere, die Feldwebel Zitzelberger uns zuteilte. Es waren elende Katen wie die in dem Dorf, das wir preisgegeben hatten.

In der Hütte, die für mich bestimmt war, saßen ein Artilleriehauptmann, ein Pionierleutnant, ein Assistenzarzt und ein Rittmeister von einer Divisionsaufklärungsabteilung beim Skat. Ich machte mich mit den Vieren bekannt. Der Rittmeister, ein Graf Lerchenau, der ein zerschrammtes Ritterkreuz am geöffneten Kragen seiner Feldbluse trug, reichte mir einen Feldbecher mit Kognak als Willkommensschluck.

»Hennessy aus einer besseren Gegend«, sagte er. »Trinken Sie ihn mit Bedacht, Herr Kamerad. Demnächst, wenn es so weitergeht, wird es für uns nur noch Wodka geben. Oder kalte Füße.«

»Unken Sie schon wieder, Graf«, warf der Artillerist ein. »Sie wissen doch, dass drüben am anderen Ufer ein Brückenkopf gehalten werden soll.«

»Soll«, meinte der Rittmeister, nahm den geleerten Becher an sich und füllte ihn noch einmal für sich selbst. »Wenn es nach dem, was sein soll, ginge, hätten wir vergangenes Jahr im Dezember Moskau eingenommen. Und wie steht's mit Baku, meine Herren, und mit Tiflis? Noch nichts davon gehört, dass die beiden Städte in unserer Hand wären. Der Run zum Kaukasus scheint mir die gleiche Pleite zu sein wie der zur Wolga. Da war doch heuer von vornherein ein ellenlanger Wurm drin. Kaum Gefangene, kaum Beute. Und jetzt sitzen wir in der Tinte, wollte sagen im Kessel.«

»Hat keinen Zweck, mit Ihnen zu streiten, Graf«,

sagte der Hauptmann mit einer ärgerlichen Handbewegung. »Der Führer wird schon wissen, was er tut. Ganz reibungslos und ohne Pannen läuft es nie. Wenn es wirklich zutreffen sollte, dass der Russe sich anschickt, bei Kalatsch dichtzumachen, hat das noch lange nichts zu bedeuten. Sie vergessen, hier steht eine Armee, die durch den Zuzug aus dem Donbogen immer mehr verstärkt wird. Für mich zeichnet sich da ein genialer Plan ab. Zwei, drei Tage noch, dann gehen wir ran. Sie werden schon sehen!«

»Ihr Wort in Gottes Gehörgang«, erwiderte Rittmeister Graf Lerchenau, diesmal ohne Spur von Anzüglichkeit. »Schön wär's, wenn's so käme. Aber darf ich fragen, Herr Spengler, womit Sie zum Beispiel angreifen wollen? Haben Sie uns nicht berichtet, dass Ihre Batterie noch aus zwanzig Mann besteht, dass Ihre Geschütze teils gesprengt, teils von Russenpanzern erledigt worden sind?«

»Ach, zum Teufel«, versetzte Hauptmann Spengler, der Artillerist, dem sichtlich unbehaglich zu Mute war. »Kommen Sie, spielen wir weiter! Sie sind am dransten, Leutnant Göbel.«

Ich schaute eine Zeit lang als Kiebitz dem Skatspiel meiner vier Quartiergenossen zu.

Es war kalt in dem trübseligen Raum, in dem eine Kerosinlampe brannte. Der große Ofen war nicht geheizt.

In der Nähe krachten Artillerieeinschläge. Die kämpfende Nachhut, die den Rückzug deckte, rückte wohl allmählich an den Don heran. An den Brückenkopf, den der Hauptmann erwähnt hatte, glaubte ich nicht. Von vorbereiteten Stellungen war nichts zu bemerken gewesen.

Die Skatbrüder schienen den Krieg vergessen zu

haben. Es war eine von der Willkür der Zeit zusammengewürfelte Gesellschaft. Der aus dem Sattel in ein gepanzertes Fahrzeug übergewechselte Kavallerist Graf Lerchenau, schmalschädelig, mit scharfen, straffen Zügen, die der Steppenwind modelliert zu haben schien. Das Gegenstück zu dem drahtigen Rittmeister war der etwas füllige bedächtige Hauptmann, der seine Batterie bis auf zwanzig Mann verloren hatte. Assistenzarzt Schmitt mit dem Aeskulapstab auf den Schulterstücken spielte mit nervöser Zerfahrenheit. In sein unfertiges blasses Knabengesicht hatte der Griffel unserer grimmigen Gegenwart tiefe Furchen gegraben. Göbel dagegen, der Pionierleutnant, war ein lebhaftes munteres Kerlchen, dem allem Anschein nach nichts sonderlich nahe ging. Seine Spielverluste nahm er lachend hin, und die Art, wie er genießerisch an seiner Zigarette zog, gab zu erkennen, dass er im Gegensatz zu den anderen den Ernst der Stunde überhaupt nicht erfasste.

Das Artilleriefeuer verstärkte sich. In dichter Folge krachten die Einschläge, die sich im Bereich der Donbrücke zu konzentrieren schienen.

Plötzlich flog die Außentür unserer Kate auf. Ein Verwundeter wurde von zwei Soldaten hereingetragen. Die rechte Hand des Mannes hing an einem blutigen Hautfetzen. Ein Blutstrom sprudelte aus der grässlichen Wunde.

Die Skatkarten verschwanden wie durch Zauberei. Assistenzarzt Schmitt verwandelte sich von einer Sekunde zur anderen in einen Mann, der sein Metier mit überlegener Sicherheit beherrschte.

Er drückte mir die Lampe in die Hand, gab den beiden Soldaten Weisung, den Verwundeten auf den

Tisch zu betten, krempelte die Ärmel seiner Feldbluse auf und griff zur Sanitätstasche, die bei seinem Gepäck bereitlag.

Das Gesicht des Verwundeten, der kaum älter als zwanzig sein mochte, war grau und greisenhaft verfallen. Er stöhnte schwach.

Als Assistenzarzt Schmitt den Hautfetzen durchschnitt, um sogleich bewundernswert geschickt mit Aderpressen und Klemmen zu hantieren, stieß der Verwundete ein tierisches Gebrüll aus, bäumte sich auf und wand sich, so dass es die beiden Soldaten, die ihn gebracht hatten, Leutnant Göbel und den rasch, zugreifenden Rittmeister Mühe kostete, ihn festzuhalten.

Assistenzarzt Schmitt verabreichte dem Tobenden eine Injektion, legte einen dicken Verband an und sagte schließlich zu den beiden Soldaten: »Tragt ihn zur Verwundetensammelstelle! Ich komme gleich nach.«

Als der Verwundete fortgeschafft war, nahm Schmitt die abgetrennte blutige Hand und ging durch die offene, im Wind schlagende Tür hinaus, um sich, wie er trocken bemerkte, die Pfoten im Schnee zu säubern.

Ich folgte ihm zur Tür. Der Anblick, der sich mir bot, war grausiger als alles, was ich bisher in diesem elenden Krieg gesehen hatte.

Drüben am Fluss, der unter seiner Eisdecke dem Asowschen Meer zuströmte, wuchsen die Qualmpilze der pausenlos niedergehenden Granateinschläge auf. Die Brücke war halb durch beschneite Fichten und unter Schneehauben sich duckende Katen verdeckt. An einem Knäuel ineinander verkeilter Fahrzeuge und zerfetzter Pferde vorbei hasteten Gestalten. Einzelne brachen zusammen, andere trampelten über die Gefallenen hinweg, und auf der Rollbahn, die an dem kleinen Uferdorf vorbei in die östliche Steppe hinausführte, jagte alles, was sich über die unter Feuer liegende Brücke hatte retten können, dicht gedrängt durch den vom Wind getriebenen Schnee.

Ich drehte mich um und sagte: »Das ist kein Rückzug mehr, das ist Flucht.«

»Flucht nach Osten«, versetzte der Rittmeister bissig, »ein tolles Ding, meine Herren. Gehaben Sie sich wohl! Ich geh zu meinen Leuten.«

Er streifte den Kopfschützer über, drückte eine speckige, abgegriffene Schirmmütze darauf, schnallte um, schlüpfte in seinen bis zu den Füßen reichenden Übermantel und griff zum Stahlhelm und zur Maschinenpistole.

»Gehaben Sie sich wohl!«, sagte er noch einmal.

In der Tür begegnete er dem Assistenzarzt und ging mit den Worten: »Sie haben eine arbeitsreiche Zeit vor sich, Doktor«, vorbei.

Auch Schmitt zog den Mantel an, nahm seine Sanitätstasche und sein geringes Gepäck und entfernte sich wortlos in Richtung zur Verwundetensammelstelle, vor der sich eine Reihe von Sankas staute.

»Damit wäre die Skatpartie geplatzt«, sagte Leutnant Göbel. »Sieht beinah so aus, als ob wir bald an die Reihe kämen.«

Er hatte kaum ausgesprochen, als der Melder herantrabte, den ich zu Oberst Kern abgestellt hatte. »Herr Leutnant«, rief er mir zu, »Herr Leutnant, Befehl von Herrn Oberst: die Kompanie soll am Westufer einen Streifen besetzen zur Aufnahme der Nachhut.«

Ich verabschiedete mich kurz von dem Hauptmann und dem Leutnant und folgte dem Melder zum Fluss. Die Kompanie sei bereits alarmiert, berichtete er. Die Nachhut liege im Kampf mit russischen Reiterspitzen. Der Donübergang müsse solange als möglich gehalten werden.

Ich wusste, es war ein Himmelfahrtskommando, das man uns aufgehalst hatte. Während Hunderte sich verkrümelten, hatte meine Kompanie wieder einmal den Schwarzen Peter gezogen.

Aber dann kam es doch anders. Die Ereignisse überstürzten sich. Oberst Kerns »Heldenfalle« war geplatzt. Die Mehrzahl der von ihm aufgefangenen zersplitterten Haufen zerstob in dem zunehmenden feindlichen Feuer wie der Schnee, den der Wind vor sich hertrieb.

Wir betraten die Brücke, aber wir gelangten nicht mehr hinüber aufs westliche Ufer. Die abgekämpfte, hart mitgenommene Nachhut drängte uns schon entgegen. Sanitäter führten Verwundete oder schleppten sie auf Tragen. Drüben feuerten russische MG und Granatwerfer, und hinter uns schrie jemand: »Brücke freimachen zur Sprengung!«

Wir gingen zurück, setzten uns in Granattrichtern fest und gaben den Letzten der Nachhut Feuerschutz, während Pioniere unter dem Befehl von Leutnant Göbel die Sprengung vorbereiteten.

Etliche Rotarmisten erschienen ein Stück flussaufwärts auf dem Eis, offensichtlich mit der Absicht, die Brücke unversehrt in Besitz zu nehmen. Die Eisdecke, die noch dünn war, brach, und die im Wasser treibenden Russen gerieten ins Feuer unserer MG.

Am Ufer erschien der alte Oberst Kern. Tobend trieb er die Pioniere an. Aber auch mit seinem Gebrüll konnte er die Sprengladung nicht zum Hochgehen bringen. Die Zündschnüre wollten nicht glimmen. Schließlich versuchten es Leutnant Göbel und seine Pioniere mit Handgranaten. Der Belag der Brücke wurde zwar beschädigt, doch als Ganzes hielt sie stand.

Unterdessen nahm die russische Artillerie, die kurze Zeit geschwiegen hatte, ihr Feuer wieder auf. Als die ersten feindlichen Stoßtrupps auf der Brücke erschienen, zerplatzten Granaten in ihren Reihen. Verwirrung entstand. Der Feind wich zurück. Und plötzlich flog die Brücke unter einer gewaltigen Detonation in die Luft.

Ich erhielt Befehl, mich vom Ufer abzusetzen. In dem Dorf, in dem Oberst Kern alle kampffähigen Kräfte hatte versammeln wollen, schlugen Granaten von schwerem Kaliber ein.

In dichtem Schneetreiben formierten sich Marschkolonnen, die alle nach Südosten strebten. Ich fragte mich, ob der Einzelne sich wohl bewusst sein mochte, dass ihn jeder seiner eiligen Schritte weiter von seiner Basis forttrug, die nicht im Osten, sondern im Westen lag, jenseits des Don, den wir preisgegeben hatten. Schon zu diesem Zeitpunkt stand für mich fest, dass der Russe die Initiative ergriffen hatte, wenn er zunächst auch seine Trümpfe nur zögernd ausspielte, vielleicht weil er es noch nicht gewohnt war, zu siegen.

Wir marschierten, ohne anzuhalten, den ganzen Tag. Unser kleiner Tross, dem sich Unteroffizier Kurz mit seinem Panzer angeschlossen hatte, befand sich mit einigem Vorsprung voraus. Erst am Abend, als wir das von Oberst Kern befohlene Ziel erreichten, einen Kolchos, der bei den Kämpfen im Frühherbst halb zerstört worden war, trafen wir mit ihnen zusammen. Sie hatten unterwegs alles Mögliche aufgeladen, was andere als überflüssigen Ballast weggeworfen hatten.

Unser Melder, der beim Stab des Obersten geblieben war, holte mich zur Offiziersbesprechung, die im längst verlassenen Wohnhaus des Kolchosverwalters anberaumt war.

Die Stube, in der sich ein Dutzend Offiziere, darunter Rittmeister Graf Lerchenau, Hauptmann Spengler und Leutnant Göbel, um Oberst Kern drängte, war geheizt. Ich legte den Mantel und den Kopfschützer ab und rieb mir beim Ofen die frostklammen Hände, nachdem ich mich gemeldet hatte.

Der Oberst verteilte mehrere Packungen Zigaretten und forderte jeden von uns auf, sich zu bedienen. »Meine Herren«, begann er mit seiner tiefen, rauen Stimme, die buschigen grauen Augenbrauen finster zusammengezogen, »was heute am Don geschehen ist, war durchaus programmwidrig, aber unvermeidlich. Wir hätten mit dem, was uns zur Verfügung stand, den Donübergang nicht halten können. Wichtiger erscheint es mir zur Stunde, der Armee für die bevorstehende Aufgabe möglichst viel Kampfkraft zuzuführen. Mit Lumpenzeug lässt sich kein Durchbruch erzwingen. Und um einen Durchbruch wird es sich handeln, meine Herren, da der Russe seinen Riegel zweifellos mit allem, was er heranschaffen kann, verstärken wird. Der Gedanke der Armeeführung, alles auf engem Raum zusammenzuziehen, anstatt ihre Schlagkraft in Einzelaktionen zu verzetteln, war wohl bei Betrachtung der Gesamtlage die einzig richtige Folgerung. Einige von Ihnen, meine Herren, sind bei mir vorstellig geworden, und ich kann Ihren Wunsch begreifen, sich Ihren Verbänden wieder einzugliedern. Aber zu meinem Bedauern kann ich solchen Wünschen nicht stattgeben. Aufgrund der Vollmachten, die mir die Armee erteilt hat, habe ich die Befugnis, alle geeigneten Einheiten zu einer Kampfgruppe zusammenzufassen, die in nächster Zeit ihre Befehle direkt vom Armeeoberkommando empfangen wird. Die Lage ist außergewöhnlich und erfordert besondere Maßnahmen. Ich denke, wir verstehen uns.«

»Nicht ganz, Herr Oberst«, warf Rittmeister von Lerchenau ein. »Ich habe mit meiner Abteilung Befehle auszuführen, die ich von meiner Division erhalten habe. Ich bin von Herrn Oberst angehalten worden und muss jetzt nach dem Zeitverlust, der mir bereits entstanden ist, darauf bestehen, unverzüglich mit meiner Division Verbindung aufzunehmen.«

»Wissen Sie, wo Ihre Division steht?«, fragte Oberst Kern.

»Nein, aber das lässt sich in Erfahrung bringen«, versetzte der Rittmeister und klemmte ein Monokel vors rechte Auge.

Der Oberst lachte trocken auf.

»Sie verkennen die Lage, mein Bester.«

»Absolut nicht, Herr Oberst«, entgegnete der Rittmeister in gereiztem Ton. »Die Führung hat das, was jetzt eingetreten ist, selbst verschuldet. Ich weigere mich, meine Abteilung, die im Divisionsverband wichtige Aufgaben zu erfüllen hat, in einer willkürlich zusammengewürfelten so genannten Kampfgruppe verheizen zu lassen.«

Das vom Frost gerötete, zerfurchte Gesicht des Obersten blieb unbewegt. Nur in den schmal gekniffenen hellen Augen glimmte ein Ausdruck zorniger Entrüstung auf. Ich erwartete, dass sich ein Donnerwetter über dem Haupt des Rittmeisters entladen würde. Doch völlig ruhig sagte Oberst Kern: »Sie kennen meine Befehle, Rittmeister Graf Lerchenau. Ich erwarte, dass sie ausgeführt werden. Kritik ist unangebracht und würdelos. Wir haben uns mit dem abzufinden, was über die Armee hereingebrochen ist. Auch Sie, Herr Rittmeister. Unsere Aufgabe ist es nicht, Schuldige zu suchen! Ich hoffe, Sie haben mich jetzt verstanden.«

Der Rittmeister verneigte sich stumm, nahm sein Einglas ab und zündete sich eine Zigarette an. Im Stillen musste ich ihm Recht geben. Die in Notzeiten aufgestellten Kampfgruppen hatten häufig einen recht zweifelhaften Wert und wurden nicht selten schon beim ersten Einsatz aufgerieben. Aber Oberst Kern wusste sicherlich mehr als wir und machte im Übrigen nicht den Eindruck eines sturen Befehlsempfängers. Ich bedauerte ihn, ohne mir recht darüber klar zu sein, weshalb.

Wir kehrten zu unseren Einheiten zurück, die sich in den noch stehenden Gebäuden des Kolchos für die Nacht eingerichtet hatten.

Feldwebel Stamm reichte mir ein Kochgeschirr mit einer dünnen Suppe, die er bei der Feldküche für mich gefasst hatte.

Die Männer schliefen schon, in Mäntel und Decken gewickelt, auf dem zerlegenen Stroh, das in dünner Schicht auf dem Betonfußboden des lang gestreckten zweistöckigen Kornspeichers ausgebreitet war. Staubfeiner Schnee wehte durch die Fensterhöhlen in den Raum. Die erschöpften Soldaten schienen jedoch die Kälte nicht zu spüren.

Beim matten Schein eines Hindenburglichtes löffelte ich meine wässrige Suppe.

»Wie sieht's aus, Herr Leutnant?«, fragte Feldwebel Stamm, nachdem er mich eine Weile schweigend betrachtet hatte.

»Bestens«, sagte ich. »Wir gehen zurück, damit wir dann zum Vorgehen mehr Platz haben.«

»Meinen Sie wirklich, dass es so ist?«, fragte Stamm. Ich suchte eine glaubhaft klingende Antwort. Plötzlich gaben die draußen postierten Wachen Alarm, und Sekunden später setzte ein wilder Feuerzauber ein.

Ich schickte zwei Mann zur Erkundung hinaus. Es konnte auch blinder Alarm sein. Wie oft wurde die Front durch einen unter seiner Schneelast brechenden Ast, einen schleichenden Fuchs oder den Hufschlag eines im Niemandsland geisternden Pferdes geweckt. Aber diesmal hatten die Posten sich nicht getäuscht. Das Mahlen von Panzerketten und Motorengeheul übertönte den Lärm der Infanteriewaffen. Schon krachten die Abschüsse von Panzerkanonen, eine Vierlingsflak hämmerte, Granaten schlugen donnernd ein, und dazwischen gellten Schreie von Getroffenen.

Die Kompanie war schon gefechtsbereit. Die beiden Soldaten kamen zurück und meldeten, Russenpanzer mit aufgesessener Infanterie stünden vor dem Kolchos.

Ich führte die Kompanie durch den rückwärtigen Ausgang des Speichers ins Freie. Im Schneetreiben hasteten Gestalten vorbei.

Jemand blieb vor mir stehen und sagte gelassen: »Ach, Sie sind's, Herr Lemke. Wissen Sie schon, dass es den Oberst erwischt hat?«

Es war der Ritterkreuzträger Lerchenau. Ehe ich das Wort an ihn richten konnte, war er verschwunden, untergetaucht in Dunkelheit und stiebendem Schnee.

Leuchtspurgeschosse woben ihre glühenden Stränge durch die Nacht. Kommandorufe wurden laut, dann das mehrstimmige »Zugleich« von Kanonieren. Es waren Flakartilleristen, die ihre 8,8 feuerbereit machten. Das schwere Flakgeschütz war mit seiner Bedienung aufgelesen worden. Die Zugmaschine und der Munitions-LKW hatten mit leeren Benzintanks festgelegen, und Rittmeister Graf Lerchenau hatte die zur Panzerabwehr hochwillkommene Waffe mit seinem Spritvorrat flottgemacht und kurzerhand für seine Abteilung vereinnahmt. Das war überhaupt das Kuriosum jener ereignisreichen Tage: Die einen türmten Hals über Kopf und ließen alles liegen, und andere verstärkten ihre Kampfkraft mit dem Strandgut des nach Osten brandenden Rückzuges.

Ich hielt meine Kompanie in der Deckung des massiven Kornspeichers und wartete auf den Einsatzbefehl, der von Rittmeister Graf Lerchenau kommen musste, dem ranghöchsten Offizier nach Oberst Kern. Nachdem sich die erste Aufregung gelegt hatte, und da nun die schwere Flak in das nächtliche Gefecht eingriff, erschien mir die Lage nicht mehr allzu bedrohlich. Die russischen Panzer kurvten in sicherer Entfernung umher und schossen nur noch vereinzelt. Auch die begleitende Infanterie, die zunächst in den Bereich des Kolchos eingedrungen war, hatte sich zurückgezogen. Vermutlich hatte die feindliche Abteilung bei ihrem Vorstoß nicht mit so starker Abwehr gerechnet.

Entschlossenheit ist alles, insbesondere bei nächtlichen Überraschungsangriffen, die leicht ins Auge gehen können, wenn man den Gegner nicht sofort spüren lässt, was ihn bei einem Einbruch erwartet. Der Rittmeister jedenfalls zeigte, dass er nicht nur eigenwillig und voller Skepsis war, sondern auch rasch und tatkräftig zu handeln verstand, wenn es sich als erforderlich erwies.

Als sich herausstellte, dass der Russe fürs Erste keinen neuen Angriff unternahm, gingen die gepanzerten Fahrzeuge der Aufklärungsabteilung, bei denen sich auch Unteroffizier Kurz mit seinem Panzer einreihte, zum Gegenstoß vor. Die Folge war, dass der Feind abdrehte und im Dunkel der eisigen Nacht verschwand.

Erst jetzt, als der Kampf zu Ende war und der Befehl zum Abmarsch kam, hörte ich von meinem Melder, der uns in der vorangegangenen Verwirrung nicht gefunden hatte, dass Oberst Kern durch Splitter einer Panzergranate schwer verwundet worden war. Man hatte ihn mit anderen Verwundeten in einem Sanka abtransportiert.

Der Rittmeister hatte die Führung unserer Kampfgruppe übernommen. Wir blieben bei ihm, bis wir die Frontlinie erreichten, die vom OKW quer durch die winterliche Steppe gezogen worden war.

Als wir dort anlangten, fand ich beim Meldekopf unserer Division die Befehle vor, die ich ursprünglich in Kalatsch hätte entgegennehmen sollen. Die Division stand am linken Flügel der neu gebildeten nach Westen gerichteten Front des Kessels von Stalingrad. Unteroffizier Kurz trat mit seinem Panzer zu der Aufklärungsabteilung des Rittmeisters Graf

Lerchenau, die in die Gegend von Woroponowo beordert wurde, wo sich mehrere motorisierte Verbände für eine geheim gehaltene Aktion bereitstellen sollten.

Am 29. November, zehn Tage nach dem Russendurchbruch bei Kletzkaja, rückte meine Kompanie in den Abschnitt ein, der von Pionieren und OT-Leuten im feindlichen Artilleriefeuer ausgebaut worden war. Ich fragte mich, wozu man eine solche Arbeit wie die Anlage von Kampfgräben und den Bau von MG-Bunkern angeordnet hatte, wenn man, wie es immer wieder hieß, an einem der nächsten Tage ausbrechen wollte, um die neu entstandene Don-Front zu erreichen.

Auch die Soldaten stellten diese Frage, und es fiel mir nicht leicht, den Argwohn zu beschwichtigen, der immer deutlicher zum Ausdruck kam.

Im Gegensatz zu anderen Einheiten, die beim Rückzug über den Don hart gezaust worden waren, hatten wir nur wenig eingebüßt. Aber vielleicht war es gerade das Bewusstsein unserer ungebrochenen Kampfkraft, das die Männer meiner Kompanie bedenklich stimmte. Sie wollten es nicht begreifen, dass nichts geschah, was auf einen nahen Angriff gegen den feindlichen Einschließungsring hingedeutet hätte. Mit sicherem Instinkt witterten sie, dass etwas nicht in Ordnung war. Wer ausbrechen wollte, ließ es nicht zu, dass der Feind seine Front ungehindert verstärken konnte. Parolen entstanden, wurden von anderen abgelöst und machten wieder neuen Gerüchten Platz. Eine Unruhe griff um sich, die auch der höheren Führung nicht verborgen bleiben konnte. Wenn man als Offizier einen Vorgesetzten fragte, wurde man mit Ausflüchten abgespeist, aus denen hervorging, dass niemand wusste, was wirklich gespielt wurde. Verschiedentlich wurde die Phrase laut, der Führer lasse die 6. Armee nicht im Stich. Demnach gab es auch schon solche, die nicht mehr an unseren Ausbruch, sondern an Hilfe von außen glaubten.

Was die einen mit Zuversicht und andere mit wachsender Sorge erfüllte, war das kaum mehr abreißende Brummen in der Luft, hervorgerufen durch die Ein- und Ausflüge von Versorgungsmaschinen, die ihre Fracht zu dem weit hinter uns liegenden Flughafen von Pitomnik brachten.

Feldwebel Stamm gehörte zu denen, die meinten, die Flugzeuge schafften hauptsächlich Munition und Betriebsstoff für die bevorstehende Durchbruchsschlacht heran. Ich gab ihm zwar Recht, doch im Stillen sagte ich mir, ein rechtzeitig anberaumter Gegenangriff hätte die gewaltige Anstrengung der Versorgungsgeschwader überflüssig gemacht. Im Übrigen wurden wir in unserer neuen Hauptkampflinie Zeugen der mehr und mehr sich verstärkenden russischen Luftabwehr. Während der Feind sich im Erdkampf fürs Erste Zurückhaltung auferlegte, als genüge es ihm, dass wir anfingen, im eigenen Saft zu schmoren, karrte er immer mehr Flak heran, so dass der graue Winterhimmel zeitweilig hinter den dunklen Tupfen der Sprengwölkchen kaum mehr sichtbar war. Häufig wurden vor unseren Augen drei, vier oder noch mehr der langsam fliegenden Ju 52 abgeschossen und gingen im Niemandsland oder hinter den feindlichen Linien zu Bruch.

Die Unruhe war groß und uneindämmbar, aber allmählich entstand so etwas wie ein Kessel-Alltag. Man gewöhnte sich an die Vorstellung, auf einer vom Feind umschlossenen Insel zu sitzen, zumal es in dieser Zeit keine übermäßigen Erschütterungen gab. Versorgungsschwierigkeiten hatten wir auch im vergangenen Winter durchgestanden, und da unsere Division verhältnismäßig große Vorräte in den Kessel hatte retten können, spürten wir die von oben verfügte Rationskürzung zunächst noch nicht.

Einmal, an einem der ersten Dezembertage, erschien Generaloberst Paulus, der Oberbefehlshaber der Armee, in unserer Stellung, tat einen Blick durchs Scherenfernrohr, besichtigte mit starrer Miene die Kompanie und sagte beim Abschied zu mir: »Halten Sie die Ohren steif, Leutnant! Wir werden uns schon durchbeißen. Das Wort des Führers steht dafür.«

So ähnlich sagte er und verschwand in seinem Ledermantel und seiner abgenützten Generalsfeldmütze.

Der kurze Besuch des OB bewirkte, dass die Soldaten wieder ein wenig Hoffnung schöpften.

»Wenn der bei uns im Kessel sitzt«, sagten sie, »wird's schon nicht so dick kommen.«

Die hohen Tiere ließen nach ihrer Meinung den Krieg nicht bis ans Fenster des Hauptquartiers heran. Wenn ein General sich einkesseln ließ, wusste er wohl, dass es einen Ausweg gab. Sonst blieb er nach der Überzeugung des einfachen Soldaten draußen und gab seine Befehle durch den Funk.

Dann kam eine Parole in Umlauf, die zweifellos von oben ausgegeben worden war. »Der Hoth«, hieß es, »ist mit der 4. Panzerarmee von Kotelnikowo aus zum Angriff angetreten.«

Wie es um die Armee des Generalobersten Hoth bestellt war, dass sie nur noch über drei oder vier angeschlagene Divisionen verfügte und zum Flankenschutz nichts anderes als unzuverlässige Rumänen hatte, wusste damals kaum einer von uns. Und diejenigen, denen es bekannt war, hüteten sich, es weiterzugeben.

Wir hielten im Übrigen den Blick nach vorn, nach Westen gerichtet und sahen nichts von dem, was außerhalb unseres Abschnittes vorging.

Man kümmerte sich auch nicht darum. Das allgemeine Augenmerk galt Hoth und der Frage, wann er mit seinen Panzern eintreffen könne. Morgen – übermorgen – in drei Tagen ... Je länger es sich hinzog, um so weiter wurde der Termin hinausgeschoben, denn niemand hielt es für möglich, dass der Angriff der 4. Panzerarmee, der uns die Befreiung bringen sollte, scheitern könne. Vielleicht lag es daran, dass in jedem von uns noch ein gewisses Maß von Überheblichkeit steckte, und dass man es einfach nicht wahr haben wollte, auf die Seite der Verlierer gerutscht zu sein.

Zu dieser Zeit, als die Fantasiebegabtesten an der West- und Südwestfront schon aus der Ferne den Geschützdonner von Hoths Divisionen zu vernehmen glaubten, erhielten wir noch Feldpost, wenn auch unregelmäßig. Es waren nur Briefe. Päckchen blieben seit dem 19. November aus.

In einem Brief, den ich am 16. Dezember, acht Tage vor Weihnachten, erhielt, fragte Margot, ob es zutreffe, dass wir eingeschlossen seien. Der Bruder einer Freundin habe es in seinem letzten Brief mitgeteilt.

»Der Bruder Deiner Freundin hat Recht«, schrieb ich vorsichtig zur Antwort. »Es handelt sich um eine kriegsbedingte, vorübergehende Notwendigkeit. Aber Du weißt ja, der Führer wacht über uns.«

Nun kannte Margot, wenn mein Brief bei ihr eintraf, dic Wahrheit, ohne dass ich Gefahr lief, wieder einmal anzuecken. Die Feldpostprüfstelle sichtete seit der Einschließung der 6. Armee besonders scharf, wie aus den Listen der Bestrafungen hervorging, die den Einheitsführern zur Kenntnisnahme und Belehrung der Truppe zugestellt wurden. Es waren im Übrigen nicht nur Briefsünder, die von den Feldgerichten abgeurteilt wurden, sondern auch Deserteure, Meuterer, Plünderer und Soldaten, die sich selbst einen Heimatschuss beibrachten, um aus der Riesenfalle Stalingrad ausgeflogen zu werden.

Stalingrad. Jeden Satz müsste man vermerken, den man wider besseres Wissen zur Beschwichtigung der Zweifelnden aussprach, jede Lüge, die uns von oben eingeträufelt wurde, von oben, wo man die 6. Armee bereits abgeschrieben hatte, bevor sie verloren war.

Ist es nicht so, dass Hitler sich mehr an das Wort gebunden fühlte, das er den Heilschreiern im Berliner Sportpalast verpfändet hatte, als an das Versprechen, das er den Stalingradkämpfern zur Beruhigung hinwarf? Hatte er nicht Ende September, noch vor der Einnahme der Stadt an der Wolga, in seiner Vermessenheit erklärt, keine Macht der Welt bringe ihn – *ihn* – weg aus Stalingrad, kein sowjetisches Schiff werde fortan die Wolga befahren?

Am 17. Dezember, frühmorgens, setzte schweres Artilleriefeuer ein, das nicht nur unsere Stellung eindeckte, sondern auch das Hinterland, wo seit einigen Tagen russische Gefangene dabei waren, eine zweite Linie in die steinhart gefrorene Erde zu graben.

Ich verließ meinen halbwegs sicheren Bunker und ging durch die mannstiefe Sappe zum Scherenfernrohr, um das Vorgelände in Augenschein zu nehmen, denn der schwere Beschuss deutete auf einen feindlichen Angriff hin.

Ein Splitter traf meine rechte Hand. Ich spürte den Schlag, aber der Schmerz stellte sich erst ein, als ich das Blut durch den zerfetzten Handschuh rinnen sah.

Ich kehrte in den Gefechtsstand zurück, und Feldwebel Stamm riss sein Verbandpäckchen aus der Feldbluse und zog mir behutsam den blutdurchtränkten Handschuh aus. Dabei blieb der Mittelfinger im Handschuh hängen. Ich holte tief Atem, und während Stamm den blutenden Fingerstumpf verband, kämpfte ich mit aller Gewalt dagegen, von der Schlafpritsche zu kippen, auf der ich saß.

Als der Notverband angelegt war, sickerte das Blut durch, und Feldwebel Stamm rief einen der Melder, die sich im Nachbarbunker aufhielten.

Ich wehrte mich dagegen, den Truppenverbandplatz aufzusuchen, der außerhalb des Hauptkampffeldes in einem halb zerschossenen Dorf eingerichtet war. Aber Stamm bestand darauf, dass ich mich in ärztliche Behandlung begab, und zuletzt fügte ich mich und schloss mich dem Melder an, der durch den nach rückwärts führenden Laufgraben voranging. Immer wieder zwangen uns in der Nähe einschlagende Granaten zu Boden, aber schließlich schafften wir es.

Der Bataillonsarzt, ein junger Oberarzt, der mit zwei Sanitätern in einem ausgeschachteten Keller hauste, erneuerte den Verband, schrieb mir einen Verwundetenzettel aus und gab mir, als ich wieder nach vorn wollte, den Befehl, zum Hauptverbandsplatz zu fahren, wo darüber entschieden werde, ob ich zur Truppe zurückkehren könne oder mich in ein Lazarett begeben müsse.

»Seien Sie doch nicht so starrköpfig, Herr Lemke«, sagte der Oberarzt. »Vielleicht werden Sie ausgeflogen. Dann haben Sie's hinter sich.«

Ich habe seither oft darüber nachgedacht, ob ich mir damals etwas vormachte, oder ob es wirklich mein Wunsch war, bei meiner Kompanie zu bleiben, die bis dahin einigermaßen glimpflich davongekommen war. Ein Sanka, der vollgepfercht war mit Verwundeten, brachte uns nach Woroponowo, wo in einem Fabrikgebäude der Hauptverbandsplatz unserer Division untergebracht war.

Ein Oberfeldarzt, dessen graues, abgespanntes Gesicht den Eindruck erweckte, als habe er seit dem Russendurchbruch, also seit nahezu einem Monat, nicht mehr geschlafen, betrachtete die Wunde und meinte: »Für die Ju reicht es nicht ganz, Herr Leutnant. Aber fürs Erste bleiben Sie mal hier, sagen wir drei oder vier Tage, damit wir sehen können, wie sich die Sache entwickelt. Wenn Frost in die Wunde gekommen ist, wäre es nicht sehr schön. Ich kann Sie nur hier nicht unterbringen. Der HV-Platz ist überbelegt. Sehen Sie zu, dass die Ortskommandantur Ihnen ein Quartier zuweist, und melden Sie sich morgen früh wieder bei uns.«

Ich ging durch den verschneiten Ort, der mehr Ruinen als unversehrte Gebäude aufwies, zur Ortskommandantur. Als ich abgefertigt war und mich zum Gehen wandte, traf ich mit Rittmeister Graf Lerchenau zusammen, der gerade mit forschen Schritten zur Tür hereinkam.

»Sieh da, unser Herr Lemke«, sagte er. Und mit einem Blick auf meine verbundene, in einer Schlinge ruhende Hand: »Bisschen angekratzt worden, was?«

Er forderte mich auf, auf ihn zu warten, da ich in seiner »Burg« gut unterkommen könne, und nachdem er kurz mit dem Ortskommandanten, einem beleibten älteren Hauptmann, gesprochen hatte, nahm er mich zu seinem weiß gestrichenen Kübelwagen mit.

Auf der Fahrt zum Quartier fragte er mich, wie es meiner Kompanie und mir seit unserer Trennung ergangen sei. Ich berichtete, wo wir lagen, und gab meiner Verwunderung darüber Ausdruck, dass eine Kampfeinheit wie Lerchenaus motorisierte Abteilung sich immer noch in Woroponowo, ihrem damaligen Bestimmungsort, befand, anstatt irgendwo an der Front im Einsatz zu sein.

Der Rittmeister lachte.

»Wir sind z. b. V., mein Lieber. Wenn der Laden ins Rollen kommt, knattern wir vorneweg. Haben Sie eigentlich noch einmal etwas von unserem alten Nussknacker gehört?«

»Nein«, musste ich zugeben. »Ich denke, Herr Oberst Kern ist damals nach Stalingrad in ein Lazarett gekommen.«

»Feiner alter Knabe«, meinte Lerchenau. »Hatte das Beste im Sinn. Erinnern Sie sich noch, wie ich beinah mit ihm zusammengeriet?«

»Ja«, sagte ich, »bei der Besprechung in dem Kolchos. Ich glaube, Herr Oberst Kern war damals wirklich davon überzeugt, dass die Armee in kurzer Zeit ausbrechen würde.«

»War ja auch geplant«, erklärte der Rittmeister. »Bin recht gut informiert, mein Lieber. Habe Beziehungen. Unser genialer Gefreiter, wenn Sie wissen, wen ich meine, hat dem Oberkommando einen Riegel vorgeschoben. Jetzt warten die Herren auf Hoth. Das heißt, wenn er sich bis auf dreißig Kilometer herangeboxt hat – wenn, sage ich –, treten wir an mit Gebrüll und ziehen ihm siegreich entgegen. Im Übrigen – unter uns, Herr Lemke –, falls es anders kommen sollte, sind Sie hiermit eingeladen, mich mit Ihrer Kompanie auf meinem Trip zu begleiten, den ich dann auf eigene Faust zum Ssal oder Manytsch zu unternehmen gedenke.«

Unvermittelt unterbrach er sich, als hätte er zu viel von seinen Gedanken verraten, die sich auf eigenen und manchmal wohl nicht ungefährlichen Wegen bewegten. Ich wollte etwas einwenden, aber er kam mir zuvor.

»Hatte eigentlich schon bei unserer ersten Begegnung vor, Sie danach zu fragen, Herr Lemke«, sagte er. »Sie waren im vergangenen Herbst in Charkow, nicht wahr?«

»Ja«, sagte ich. »Meine Division lag damals im Schlamm fest. Wir blieben nach der Einnahme etwa eine Woche lang in der Stadt. Warum wollen Sie das wissen, Herr Rittmeister?«

»Sie kannten doch in Charkow ein Mädchen namens Rada Filippowna«, sagte er.

Ich gab es überrascht zu und fragte ihn, wie er darauf komme.

Es stellte sich heraus, dass Graf Lerchenau, der im Mai 42 kurze Zeit im gleichen Quartier wohnte, bei Rada mein Bild gesehen hatte, das Foto, das sie mir beim Abschied »als Andenken an die schönen Stunden mit dem lieben und guten deutschen Leutnant« abbettelte.

»Hübsche Person«, meinte der Rittmeister. »Sie

können übrigens beruhigt sein. Ich war anderweitig engagiert. Charkow war ja in dieser Hinsicht ein recht annehmbarer Aufenthalt.«

»Bis auf die Zeitzünder«, sagte ich. »Sie werden davon gehört haben, dass damals nach der Einnahme in Charkow, ähnlich wie ein paar Wochen zuvor in Kiew, etliche Häuser in die Luft flogen. Die 68. I. D.,verlor auf diese Weise ihren ganzen Stab einschließlich des Generals.«

Er nickte und sagte: »Zeitzünder. Vermutlich steckte auch in jeder dieser liebevollen Töchter des Landes einer. Ihre Rada sprach viel von Ihnen. Sie müssen das Herz der reizenden Kleinen erobert haben. ›Mein schöner tapferer Leutnant‹, sagte sie, und ich glaube sicher, es war ernst gemeint. Ich kam Mitte Mai nach Charkow. Sie erinnern sich, Timoschenko machte damals erhebliche Schwierigkeiten. Der Stoß bei Bjelgorod blieb ja stecken, aber im Süden boxte er sich bis Krasnograd und Merefa durch, ehe unser Gegenschlag einsetzte. In der Stadt war man reichlich nervös. In den Stäben der rückwärtigen Dienste packte man schon die Koffer. Überall machten SD und Geheime Feldpolizei Jagd auf vermeintliche oder wirkliche Partisanen und Spione. Dabei kamen sie einem Spionagering auf die Spur, mit dem auch Ihre Rada in Verbindung stand. Eines Morgens kamen SD-Leute und fragten nach dem Mädchen.

Ich war zufällig an der Tür und dachte als Erstes an Ihr Bild. Jedenfalls ließ ich es verschwinden, ehe sie ins Haus eindrangen. Ihrer Rada gab ich einen Wink, und sie entwischte grade noch im letzten Augenblick durch ein Fenster.«

Mir war zu Mute wie dem Mann, der über den Bodensee geritten war und hinterher feststellen musste, dass das Eis nicht mehr tragfähig war.

»Sie ahnen gar nicht, welchen Dienst Sie mir erwiesen haben, Herr Rittmeister«, sagte ich.

Als ich im April – kurz nach Ostern – vom Urlaub zurückkam, hatte ich in Charkow ein paar Stunden Aufenthalt. Damals sah ich Rada nicht. Ich bummelte durch die Stadt, und dabei kam es zu einem Zwischenfall. Ein paar russische Frauen luden Schutt von einem eingestürzten Haus auf Lkw. Ein SD-Mann stand als Aufsicht dabei. Er hatte wie ein Sklavenaufseher eine Lederpeitsche am Handgelenk, und als eine der Frauen, die anscheinend zur Zwangsarbeit verdonnert waren, die Schaufel wegstellte, um sich ein bisschen zu verpusten, schlug der SD-Mann mit der Peitsche auf die Ärmste ein. Aber er schlug nur zwei- oder dreimal zu, denn ich hielt ihm meine Pistole vor die Nase, nahm ihm die Peitsche ab und ging mit ihm zur Feldgendarmerie. Die Leute dort – biedere Polizisten in Feldgrau – hatten wohl Angst vor dem SD. Sie legten ein Protokoll an, schrieben meinen Namen auf und händigten das Protokoll und die Peitsche dem SD-Mann aus. Kurze Zeit später kam eine Meldung an mein Bataillon. Das SD-Kommando in Charkow verlangte meine Bestrafung, weil ich das Ansehen eines seiner Angehörigen in Feindesland vor der russischen Bevölkerung geschädigt hätte. Major Schilling, der seit dem 19. November nicht mehr unter uns war, verbrannte die Meldung. Aber im Juni, kurz bevor der neue Vormarsch begann, teilte er mir mit, meine längst fällige Beförderung zum Oberleutnant sei wegen des Vorfalls in Charkow zurückgestellt worden. Der SD-Mann wurde vermutlich mit dem Kriegsverdienstkreuz ausgezeichnet.

»Ich glaube, ich wäre in eine üble Patsche geraten, wenn die Brüder mein Bild bei der verdächtigen Rada gefunden hätten«, sagte ich, nachdem ich dem Rittmeister von meiner Kollision mit dem SD berichtet hatte.

»Das glaube ich auch«, stimmte Graf Lerchenau zu. »Sie scheinen nicht übermäßig viel vom SD zu halten, wie?«

Nein, ich schätze diese Einrichtung nicht, von der wir an der Front nicht viel mehr wussten als das, dass sie im rückwärtigen Gebiet ein grausames Regiment führte. Überall in der Ukraine klebte damals ein Bild, das Hitler in khakibrauner Parteiuniform vor einem düster roten Hintergrund zeigte. Darunter stand auf russisch in kyrillischer Schrift: »Hitler – euer Befreier.«

Die SD-Leute, die »Vogel nicht hier, sondern da« trugen, befreiten die Bevölkerung von allem, was sie noch besaß, und nicht selten sogar vom Leben. Wer Jude war, galt ihnen als Ungeziefer, das ausgerottet werden musste.

Der Ort Woroponowo lag schon einige Kilometer zurück. Wir waren der stillgelegten Bahnlinie entlang nach Westen gefahren. Eine Anzahl Gebäude mit einem hohen Fabrikschornstein kam in Sicht.

Vor dem Einfahrtstor hielt der weißgestrichene Kübelwagen an. Der Rittmeister nickte mir auffordernd zu und stieg aus.

Groß und hager, in seinem langen Übermantel und in der für ihn typischen etwas vorgebeugten Haltung ging er auf den Posten am Tor zu, hob die Rechte lässig ans Schild der speckigen Feldmütze und nahm die Meldung entgegen. Von unserer früheren kurzen Bekanntschaft her wusste ich, dass er

Wert auf Disziplin und Straffheit legte, im Übrigen jedoch wie ein älterer Bruder zu seinen Leuten war. So schlug er auch jetzt dem Posten leicht auf die Schulter, sagte etwas, was ich nicht verstand, wenn ich auch sah, dass er den Mann zum Lachen brachte, und ging vor mir her in den Hof vor den Gebäuden, die dicke Schneehauben auf den flachen Dächern trugen.

Er führte mich in eine Halle, aus der man die Maschinen, die einmal dort gelaufen waren, abtransportiert hatte, und dann eine schmale eiserne Kellertreppe hinunter.

In dem Keller, in den wir gelangten, war es angenehm warm. Der Raum, in den der Rittmeister mich einließ, war mit Möbeln eingerichtet, die man aus den oberen Räumen heruntergeschafft hatte. Das mit schwarzem Wachstuch bezogene russische Einheitssofa fehlte ebensowenig wie das Vertiko mit der üblichen Anhäufung von gipsernem Kitsch.

»Mein Vorgänger, ein Stabszahlmeister, hatte den gleichen Geschmack wie der russische Fabrikdirektor«, sagte Graf Lerchenau. »Ich habe alles so gelassen. Schließlich ist es ja nicht für lange, und wenn der Russe kommt, findet er sein Hab und Gut zwar im Keller, aber unverändert vor.«

Er legte Mantel, Mütze und Koppel ab und war mir behilflich, das Gleiche zu tun.

»Nehmen Sie Platz, Herr Lemke«, sagte er. »Willkommen in meiner Burg!«

Aus dem unteren Fach des Vertikos holte er eine Flasche mit französischem Kognak und zwei Gläser hervor, schenkte ein, trank mir zu, forderte mich auf, mich ungeniert zu bedienen, und verließ das wohnliche Kellergelass.

Ich trank mein Glas leer, füllte nach, trank wieder und goss mir zum dritten Male ein. Der Kognak rann wie Öl hinunter, und nach dem dritten Glas war ich überzeugt, dass der Schmerz, der in meiner verwundeten Hand tobte, merklich nachließ.

Als der Rittmeister zurückkam, befanden sich in seiner Begleitung der Artilleriehauptmann Spengler und Leutnant Göbel, der damals am Don mit seinen Pionieren die Sprengladung, die dann durch einen Granattreffer hochging, nicht zur Entzündung brachte.

Die beiden begrüßten mich, und der Rittmeister erklärte kurz, wo er mich in Woroponowo aufgegabelt hatte.

»Die beiden Herren sind damals von mir vereinnahmt worden«, sagte er. »Schade, dass es mir bei Ihnen nicht glückte, Herr Lemke. Sie hätten dann zumindest noch eine heile Flosse.«

Er klemmte sein Monokel ein, brachte zwei weitere Gläser zum Vorschein und öffnete eine große Zigarettenpackung.

»Sie sehen, wir leben hier nicht schlecht«, sagte er. »Eigentlich ist es eine Schande, aber was hülfe es, wenn ich meine Vorräte abgäbe. Es wäre weniger als nichts. Die Not ist zu groß. Es gibt Divisionen, die schon seit der Einschließung hungern. In den Trümmern von Stalingrad hausen neuerdings Versprengte, die sich zu Banden zusammengetan haben, um mit Gewalt an das Brot zu kommen, das ihnen nicht zusteht, weil sie nirgends mehr zuständig sind. Die Zersetzung macht Fortschritte, meine Herren. Wenn Hoth sich nicht beeilt, wird es nichts mehr mit der Befreiung der Armee, weil Verhungerte nicht mehr kämpfen können.«

»Wie steht es, Herr Rittmeister?«, fragte Leutnant Göbel. »Gibt es etwas Neues?«

»In Woroponowo war nichts außer den bekannten Parolen zu erfahren«, antwortete der Rittmeister. »Und Sie wissen ja, auf dem normalen Nachrichtenweg kommt nichts durch. Ich denke, ich werde mich morgen in Stalingrad beim Korps umsehen.«

Er wandte sich zu mir.

»Haben Sie Lust, mich zu begleiten, Herr Lemke? So eine Fahrt nach Stalingrad ist höchst aufschlussreich für solche, die die Augen offen haben.«

»Sie machen mich neugierig, Herr Rittmeister«, sagte ich. »Aber ich kann mir nicht vorstellen, dass es da etwas Besonderes zu sehen gibt.«

Der Rittmeister nahm sein Einglas ab und rieb es mit einem erstaunlich weißen Taschentuch.

»Sie werden sich wundern«, sagte er. »Sie kommen von einem Frontabschnitt, den eine Truppe hält, die ihre Feuerprobe längst hinter sich hat. Auch wir hier in unserer Bereitstellung leben mitten im Kessel wie auf einer Insel. Wir haben zwar einen Rückzug hinter uns, aber von Panik war bei uns nicht die Rede. Dagegen werden Sie sich an das erinnern, was damals über den Don geflutet ist. Es war nur ein Rinnsal, Herr Lemke, nur eine von Dutzenden von Kolonnen, die in den denkwürdigen Novembertagen hier im Kessel zusammengeströmt sind, Werkstatt-, Schlächterei- und Bäckereikompanien, Organisation Todt, Trosse, die ihre Kampfeinheiten verloren haben, Hiwis, Rumänen, was weiß ich? Über diese Leute ist etwas hereingebrochen, was sie niemals für möglich gehalten hätten – jedenfalls nicht bei uns. Bisher hat man den Russen eingekesselt, und die, die jetzt mit in der Falle sitzen, waren von weitem die Zuschauer. Fünf, sechs Tage lang waren sie auf dem Marsch durch Eis und Schnee, und jetzt vegetieren sie zwischen den Trümmern von Stalingrad und den umliegenden Ortschaften, knabbern das bisschen Brot, das Hermann Göring für sie einfliegt, sofern sie überhaupt noch an die Verpflegung angeschlossen sind, und warten, in der Gewissheit, dass sie sich selbst nicht helfen können, darauf, dass etwas von außen geschieht. Ich schätze, dass diese passiven Elendsgestalten, die wenig oder gar keinen Kampfwert haben würden, wenn es möglich wäre, sie zu erfassen, mehr als ein Drittel der dreihunderttausend Eingeschlossenen ausmachen. Auch das ist Stalingrad, Herr Lemke, und wenn man davon etwas gesehen hat, kommt man zu dem Schluss, dass schon jetzt nur ein Teil der Armee, nämlich die unangeschlagene Kampftruppe, zu retten sein wird, falls es überhaupt noch Rettung gibt. Am 24., spätestens am 25. November, hätten wir mit allem, was greifbar war, durch die Russen durchstoßen müssen, anstatt auf die Linie zurückzugehen, die man im Führerhauptquartier willkürlich auf der großen Karte eingezeichnet hat.«

Der Rittmeister hob sein Glas und trank es auf einen Zug leer, als müsse er einen bitteren Geschmack hinunterspülen. Zweifellos war er einer jener Offiziere, in denen sich Tradition, Abneigung gegen Hitler und Draufgängertum zu einer seltsamen Mischung vereinigen. Zu jener Zeit war er nur noch darauf bedacht, seine Abteilung nicht in der Befehlsmühle zermahlen zu lassen und sich seine Bewegungsfreiheit zu bewahren, um gegebenenfalls mit einem Handstreich ein Schicksal zu wenden, das drohend auf uns alle zukam. Schon damals war ich mir darüber klar, dass er ein überwacher, heller Kopf war, kompromissloser Feind der in Deutschland herrschenden Partei und zugleich mit Leib und Seele Soldat.

Im Laufe des Gesprächs, das wir – er, Hauptmann Spengler, Leutnant Göbel und ich – bei reichlichem Kognakgenuss im Keller der russischen Fabrik einige Kilometer westlich von Woroponowo führten, fragte er mich, wie lange ich schon den »bunten Rock« trüge. Er drückte sich wahrhaftig in dieser Weise aus, obgleich ich außer dem EK-Band und dem Band der Ostmedaille nichts Buntes an mir habe.

»Mit einer längeren Unterbrechung seit dreizehn Jahren«, antwortete ich, und da ich damit begreiflicherweise Staunen hervorrief, schilderte ich in kurzen Zügen meinen militärischen Werdegang. Es war keine übermäßig aufregende Geschichte, und ich wiederhole sie hier nur, weil ich der Überzeugung bin, dass sie in meinen Aufzeichnungen nicht fehlen darf.

Nachdem ich nach dem Hingang meines Vaters, der eigentlich längst in Flandern hätte liegen müssen, wo seine beiden Beine seit 1916 begraben waren, mit Hilfe einer kärglich bemessenen Waisenrente die Schule absolviert hatte, trat ich meinem Versprechen zufolge, das ich meinem Vater am Totenbett gegeben hatte, im Jahre 1929 in die Reichswehr ein. Ich wurde als Fahnenjunker ausgebildet, besuchte die Infanterieschule, diente als Fähnrich meine Zeit bei der Truppe, und als ich gerade zum Leutnant befördert worden war, marschierte in Berlin – zum ersten Mal legal – die SA durchs Brandenburger Tor. Es kam die von vielen gepriesene nationale Erhebung. Nur wenige machten sich Gedanken darüber, dass ein aus

Österreich stammender Anstreicher in Deutschland ans Ruder gekommen war oder vielmehr an die Macht, wie es die Angehörigen seiner Partei offen nannten. Ein Jahr nach der Machtergreifung musste mein bester Kamerad, Leutnant und Zugführer in dem Bataillon, in dem ich den Adjutantenposten innehatte, den Dienst quittieren, weil seine Großmutter den rassischen Anforderungen der neuen Herren nicht genügte. Etwa zur gleichen Zeit, im Spätwinter 1934, fiel mir die Erbschaft eines Bruders meines Vaters zu, der es im Ausland zu Wohlstand gebracht hatte und, ohne Nachkommen zu hinterlassen, zum Sterben ins »neue Deutschland« heimgekehrt war.

Die Entlassung meines Freundes hatte im Offizierkorps meines Regiments einige Aufregung verursacht, aber die Aufregung legte sich, weil sich zu gleicher Zeit vieles anbahnte, was von den Waffenträgern der Nation, wie wir jetzt hießen, als durchaus positiv angesehen wurde. Im Übrigen hingen wir doch wohl alle an dem »bunten Rock«, wie Rittmeister Graf Lerchenau achteinhalb Jahre später im Kessel von Stalingrad unsere Oberkleidung bezeichnete. Wir kamen uns gemeinsam mit der Reichsmarine als die berufenen Hüter einer Ordnung vor, die längst untergraben war, ohne dass wir es ahnten.

Als ich mit meinem Bericht so weit gekommen war, warf Lerchenau verwundert ein: »Dann sind Sie seit fast zehn Jahren Leutnant, Herr Lemke. Wir sind beinah Jahrgangskameraden. Sie müssten doch längst Hauptmann sein.«

»Ich könnte Hauptmann sein, Herr Rittmeister«, sagte ich, »aber am 30. Juni 1934, dem Tag des so genannten Röhmputsches, hat sich etwas ereignet, was sich nachteilig auf meine Karriere auswirkte.«

»30. Juni«, bemerkte Lerchenau. »Ich stand damals in Breslau unter Kleist. Es ist der heutige Feldmarschall, der jetzt mit seiner Panzerarmee drunten im Kaukasus am Terek festliegt. Meine Schwadron rückte damals feldmarschmäßig in die Gegend von Oels aus, um den Kronprinzen zu schützen. Und Sie, was hatten Sie mit dem 30. Juni zu tun?«

»Eigentlich nicht viel«, sagte ich. »Mein Bataillon, in dem ich nach meiner Ablösung vom Adjutantenposten den Zug meines entlassenen Freundes führte, war in der Kaserne vom Frühsport weg alarmiert worden. Mein Zug hatte den Auftrag, in der Nähe unserer Garnisonstadt Amberg eine Brücke gegen einen etwaigen Aufmarsch der SA zu sichern. Dabei passierte mir das Missgeschick, dass ich Braun und Schwarz verwechselte. Ich hielt eine SS-Kolonne an, ließ sie entwaffnen und verabreichte dem Untersturmführer, der etwas vorlaut protestierte, vor versammelter Mannschaft eine Ohrfeige. Die Folge war ein Donnerwetter meines Kommandeurs, ein schwarzer Punkt in meiner Konduite - und etwas später kam von oben, von einschlägiger Stelle, der Wink, mich nach einer anderen Tätigkeit umzusehen. Ich befolgte den Rat und schloss mich einer Expedition an, die den oberen Amazonas zum Ziel hatte. Es war eine Filmexpedition. Wir blieben drüben. Im August 1939 kam ich nach Deutschland, um Verhandlungen mit einer Gesellschaft in Berlin zu führen. Den Rest können Sie sich wohl denken. Am 1. September um vier Uhr fünfundvierzig brach ich mit einem Infanteriezug in der Gegend von Schneidemühl in die polnischen Stellungen ein, anstatt, wie vorgesehen, auf der Nordsee in Richtung Südamerika zu schwimmen.«

»Sie sind ein Glückspilz, Herr Lemke«, sagte Hauptmann Spengler, der bis dahin nur wenig gesprochen hatte. »Stellen Sie sich nur vor, was Ihnen entgangen wäre, wenn Sie ein paar Tage früher abgereist wären!«

»Das ist es ja, Herr Hauptmann«, entgegnete ich. »Ich bin nicht abgereist. Ich habe mich bei meinem Regiment gemeldet. Heute sehe ich es mit anderen Augen, nämlich mit den Augen der jungen Dame, die mich damals hinüberbegleiten wollte. Am 4. Oktober 1939 wäre sie, wenn ich ihren Rat, das nächste Schiff zu nehmen, befolgt hätte, in Iquitos am Amazonas meine Frau geworden.«

»Ziemlich weit entfernt von der Wolga«, versetzte Lerchenau in seiner trockenen Art, »und auf jeden Fall wärmer. Wenn ich nicht befürchten müsste, in einen Ehrenhandel mit Ihnen zu geraten, könnte ich Ihnen nur bestätigen, dass Sie ein grandioser Esel waren. Für unsereinen gab es keine andere Wahl, aber Sie! Jetzt haben Sie die Quittung dafür.«

»Ich habe sie noch nicht, Herr Rittmeister«, widersprach ich. »Ich denke an die Pläne, mit denen Sie sich befassen.«

Er gab mir lachend Recht. Wir waren noch nicht verloren. Wir sahen den Sturm heraufziehen, doch wir waren leichtfertig und glaubten nicht daran. Für uns war ja auch noch nichts Einschneidendes geschehen. Ich hatte zwar einen Finger eingebüßt, aber ich bewegte mich unter meinen Mitmenschen wie einer ihresgleichen. Stalingrad hatte mich noch nicht gezeichnet.

Wenn der Rittmeister am nächsten oder einem der folgenden zwei oder drei Tage seine Pläne hätte verwirklichen können, wenn er mich mitgenommen hätte mit meiner Kompanie, wären wir irgendwo in der Steppe, in der Gegend von Aksay, mit den Panzern der dezimierten Armee Hoth zusammengetroffen. Und nichts würde mich daran gehindert haben, zu Margot zurückzukehren. Denn auch eine verstümmelte Hand ist im Stande, eine Mädchenwange zu streicheln.

Aber die Aufklärungsabteilung, bei der ich mich zu Gast befand, hatte Befehl, zu warten, bis Hoth auf dreißig Kilometer heran wäre. Mit angehaltenem Atem warteten sie und andere zum schnellen Vorstoß bereitgestellte motorisierte Verbände auf das Näherkommen der Divisionen, die sich von Kotelnikowo her nach Nordosten vorankämpften.

Es wurde Abend. Wir stiegen aus dem Keller hinauf in den zweiten Stock des vom Krieg noch unversehrten Fabrikgebäudes. Der Rittmeister zeigte mir mit der Geste eines Festveranstalters das nächtliche Feuerwerk, das im Süden, Westen und Nordwesten und schemenhaft sogar im Norden über der unter dem Schnee erstarrten Steppe geisterte. Leuchtspur wie Schnüre feuriger Perlen. Zitternd sich entfaltender und rasch wieder verblassender weißer, grüner oder roter Schein. Flackerndes Mündungsfeuer und grelle Explosionsblitze. Und dazu ein ständiges fernes Grummeln, das wie das Gemurmel einer erregten Volksmenge klang. Dann wurde Gebrumm hörbar. Im Westen flammten die Lichtfühler von Scheinwerfern auf. Russische Flakgranaten zerplatzten und versprühten Funken wie Wunderkerzen. Eine der Versorgungsmaschinen, die jetzt nur noch nachts fliegen konnten, versuchte die Zone der feindlichen Flakabwehr zu durchbrechen.

»Verrückt«, sagte der Rittmeister. »Wir haben alles treiben lassen. Einen Fritsch, einen Beck, einen Brauchitsch hat man kaltgestellt und zuletzt Halder und List, und dafür hat man uns Hermann Göring als Reichsmarschall vorgesetzt. Diesen Komödianten, schmierig und fett, der seinen Degen gegen ein Bühnenschwert vertauscht und seine Offiziersehre hingegeben hat, um zweiter Mann nach seinem Führer und Meister zu werden. Ein Vermessener, eitel, größenwahnsinnig und ohne Gewissen. ›Fünfhundert Tonnen täglich für Stalingrad!‹ – ›Klar, mein Führer, Kleinigkeit für meine Luftwaffe.‹ Und das im russischen Winter – Vereisungsgefahr, Nebel, Schneestürme, ein Flakgürtel, der täglich stärker wird, und ein Transportraum, der kaum für ein Armeekorps ausreichen würde, geschweige denn für mehr als dreihunderttausend Mann, die essen sollen, die versorgt werden sollen, wenn sie verwundet werden, die ihre Geschütze, ihre Karabiner, Granatwerfer und MG nicht mit Propagandatönen laden können, wenn der Feind angreift oder wenn ihnen der Angriff befohlen wird.«

Plötzlich unterbrach der Rittmeister seinen zornigen Monolog.

»Kommen Sie«, sagte er, »gehen wir hinunter! Hier oben ist es kalt.«

Wir kehrten in den Keller zurück. Eine Ordonnanz servierte das Abendessen, zu dem sich auch der Abteilungsarzt, jener junge Assistenzarzt Schmitt, der Zahlmeister und der Adjutant des Chefs, ein zugeknöpfter, starr blickender Oberleutnant namens von Sassenhausen, einfanden. Dieser Sassenhausen führte in ruhigen Zeiten allein die Geschäfte. Der Rittmeister ging dem Papierkrieg aus dem Weg, wie er überhaupt in auffälliger Weise bestrebt war, sich die Privilegien eines Sonderdaseins zu erhalten, das er in manchem für seine ganze Abteilung in Anspruch nahm. Ich hatte bereits herausgefunden, dass er unmittelbar dem Generalkommando eines Armeekorps unterstellt war, das am südwestlichen Stadtrand von Stalingrad saß. Durch verwandtschaftliche Beziehungen zum Chef des Stabes hatte er in den Tagen der Verwirrung dieses Unterstellungsverhältnis erreicht. Die Führungsabteilung seiner weit gehend zersprengten und zerschlagenen Division war beim russischen Durchbruch im November nach Westen zum Tschir-Abschnitt abgedrängt worden und somit außerhalb des Kessels geblieben.

Das Gespräch an der weiß gedeckten Abendbrottafel bewegte sich um das Thema, um das alle unsere Gedanken kreisten. Es war die Frage: Wann kommt Hoth? Wann wird der Angriff befohlen?

»In acht Tagen ist Weihnachten«, sagte der Doktor, den sie »Assi« nannten. »Glauben Sie, dass wir es bis dahin geschafft haben, Herr Rittmeister?«

Irgendwo in der Nähe brummte eine »Nähmaschine«. Laut hallend detonierte eine Bombe. Der gipserne Kitsch auf dem Vertiko des Fabrikdirektors klirrte und klapperte leise.

Der Rittmeister klemmte sein Einglas ein, das ihm einen Ausdruck von Blasiertheit und Arroganz verlieh.

»Mein lieber Assi«, sagte er, und seine Stimme klang durchaus nicht herablassend, »wenn uns das glückt, wenn wir bis dahin den Versorgungsschlauch hergestellt haben, der den Patienten sechste Armee wieder so weit aufmöbelt, dass er bewegungsfähig wird, dann wäre das für uns und nicht nur für uns das schönste Weihnachtsgeschenk. An uns soll's nicht liegen, und dass Hoth auf die Tube drückt, wie er nur kann, braucht man wohl kaum zu erwähnen.«

Er wandte sich seinem Adjutanten zu.

»Haben Sie was 'rausgekriegt, Sassenhausen?«

»Nicht viel, Herr Rittmeister«, antwortete der Oberleutnant im harten Deutsch der Balten. »Der Russe scheint etwas vorzuhaben. Sein Propagandasender plappert immer das gleiche alberne Zeug. Nach meinem Dafürhalten zieht sich vor der neuen Donfront etwas zusammen, und der Druck gegen die vierte Panzerarmee versteift sich. Der Führer müsste an Ort und Stelle sein, um die Lage richtig einschätzen zu können. Ich befürchte beinahe, der Augenblick zum Losschlagen ist verpasst.«

Nach dieser für ihn wohl ungewöhnlich langen Rede versank Oberleutnant von Sassenhausen wieder in Schweigen und richtete sein Augenmerk auf seinen Teller, der mit einer Suppe gefüllt war, in der ein paar magere Fleischfasern schwammen. Das Fleisch schmeckte süßlich, nach langsamem Galopp.

»Ich fahre morgen zum Korps«, sagte Lerchenau. »Dieses Stillsitzen habe ich satt. Werde meinem Onkel mal bisschen Zunder geben, damit die Herren aufwachen aus ihrem Zweckoptimismus.«

Diese Ankündigung rief bei den anwesenden Offizieren Zuversicht hervor. Offenbar traute man im Abteilungsstab dem unerschrockenen Chef alles Mögliche zu.

Wir fuhren am nächsten Morgen sehr zeitig los. Der Rittmeister steuerte selbst seinen winterweiß getarnten Kübelwagen.

Beim HV-Platz in Woroponowo hielten wir an,

da ich den Verband an meiner Hand erneuern lassen musste. Tags zuvor war ich, benommen vom Wundschock, wie blind durch die Stätte der Wunden und des Elends gegangen. Jetzt sah ich alles wie übersteigert mit erschreckender Klarheit. Gänge und ausgeräumte Werkhallen waren mit Verwundeten überfüllt. Sie lagen auf Stroh in ihren dreckigen, mit Blut verkrusteten Uniformen unter dünnen Wehrmachtsdecken, und durch zerbrochene Fenster pfiff der eisige Wind. Das Stöhnen und Wimmern, das von schmerzzerbissenen Lippen kam, vereinigte sich zu einem Chor, der mir anklagend ins Ohr drang.

Vor dem Behandlungsraum musste ich warten. Verwundete standen an die Wand des halbdunklen Ganges gelehnt. Ihre stumme Geduld ergriff mich noch mehr als der monotone, von Schreien und dem irren Gestammel der Fiebernden übertönte Chor in den überfüllten Hallen.

Nach einer Stunde kam ich an die Reihe. Der diensttuende Sanitätsoffizier war diesmal ein Oberarzt mit dem flackernden Blick eines Morphiumsüchtigen. Mit scheinbarer Gefühllosigkeit riss er den festgeklebten Verband ab, murmelte etwas, legte einen neuen Verband an und sagte: »Saal sieben, wenn Sie noch 'nen Platz und 'ne Decke finden.«

»Kann ich nicht zurück zu meiner Kompanie?«, fragte ich.

Auf einmal schien der Oberarzt wie aus einer Betäubung zu erwachen.

»Meinetwegen«, sagte er. »Vielleicht überstehen Sie's dort besser als hier. Obwohl's ziemlich egal ist, wo Sie sich am großen Sterben beteiligen.«

Ich schob die höllisch schmerzende Hand in die Schlinge, legte meinen Mantel mit Hilfe eines Sanitäters um und verließ die Stätte, über deren Eingang man ein Schild mit der Aufschrift: »Lasst alle Hoffnung fahren!« hätte anbringen können.

Im Wagen erwartete mich der Rittmeister. Er reichte mir eine kleine Flasche mit goldgelbem Inhalt. »Sie sehen ziemlich käsig aus, mein Lieber«, sagte er. »Hoffentlich wird das, was noch kommt, nicht zuviel für Sie.«

In diesem Augenblick fuhr ein Sanitätskraftwagen vor. Zwei Verwundete halfen einem dritten, der einen blutigen Verband um den Kopf hatte, beim Aussteigen. Vier andere »Sitzende« folgten, dann hoben Sanitäter zwei auf Tragen gebettete »Liegende« heraus. Wenn der Zuzug schon jetzt, wo die Front noch einigermaßen ruhig war wie in den vergangenen Tagen, so anhielt, würde der Hauptverbandsplatz bald nicht mehr zur Aufnahme der Verwundeten ausreichen.

»Arme Teufel«, sagte der Rittmeister. »Was soll aus denen werden, wenn die Armee ausbricht? Nur die schwersten Fälle werden ausgeflogen. Ich möchte nicht der Oberbefehlshaber sein. Diese Verantwortung, nein, schönsten Dank!«

Wir fuhren los. In schnellem Tempo steuerte der ehemalige Kavallerist den Wagen über die schneeglatte, von vereisten Räderspuren durchzogene Straße. Pferdekadaver ragten halb aus dem Schnee. Zwei ausgebrannte russische Panzer flankierten den Torso eines zersplitterten Baumes. Im Hintergrund reckte sich ein schwärzlicher Kaminstumpf als letztes Überbleibsel einer menschlichen Behausung auf. In der weißen Öde kam mir der Stumpf wie der verkohlte Finger eines Riesen vor. Ein Krähenschwarm flog vor uns über die Steppe.

In schneeverwehten Schluchten stauten sich Fahrzeuge. Aus Ofenrohren, die aus dem Schnee hervorstanden, stieg Rauch.

Ein Trupp stumpfsinnig blickender Rumänen trottete uns entgegen. Als Letzter folgte ein schnauzbärtiger Sergeant auf einer sattellosen, bis zum Skelett abgemagerten Mähre.

Wir gelangten an den südwestlichen Rand der Stadt, die Stalins Namen trug. Eine breite Straße nahm uns auf, von Ruinen umsäumt.

Schnee lag auf zerhackten Mauern und den Simsen leer gähnender Fenster. In der Nähe schlugen Granaten dröhnend ein. Im Frühherbst hatte unsere Artillerie, als unsere Angriffsspitzen sich der Riesenstadt an der Wolga näherten, mit dem Zerstörungswerk begonnen. Seither setzten es die russischen Geschütze fort, die am Ostufer der Wolga aufgefahren waren.

Gestalten huschten umher, scheu und verstohlen, wie Ratten, die sich nur ungern ans Licht wagen. Deutsche Soldaten, Rumänen und vereinzelt vermummte russische Männer, auch Frauen und sogar Kinder.

Vor einem nur leicht beschädigten grauen Gebäude, das an das schwarze Gerippe einer ausgebrannten Ruine grenzte, bremste der Rittmeister den Wagen und bog in eine schmale Hofeinfahrt ein.

Ein Feldgendarm in Stahlhelm und Schafpelzmantel kam heran, grüßte und öffnete die mit Reif überzogene Wagentür.

Meine Füße waren wie Eisklumpen. Ich war froh, aussteigen zu können.

Wir betraten das Gebäude, dessen Fenster mit Pappe, Zeltbahnen oder Decken abgedichtet waren. Im Treppenhaus brannte Licht. Ein draußen im Hof tuckerndes Aggregat lieferte den Strom. Das Gebäude, das früher ein Amt der Sowjets beherbergt haben musste, wies lange Gänge mit vielen Türen auf. An den Türen waren kleine bedruckte Pappschilder befestigt. »Ic – IIa – Ia – Ib – Arko – Chef«. Ein größeres Schild hatte die Aufschrift: »Eintritt verboten!«

An diese Tür klopfte der Rittmeister, nachdem er mir bedeutet hatte, auf einer der für Wartende bestimmten Bänke Platz zu nehmen.

Ordonnanzen in sauberen Uniformen, in Haltung und Auftreten an gut geschulte Diener erinnernd, gingen mit Blickwendung und erhobenem rechten Arm grüßend vorbei. Ein Hauptmann mit glattem Scheitel, der an der knapp sitzenden Feldbluse das Kriegsverdienstkreuz erster Klasse und das Zitronengelb der Nachrichtentruppen trug, erschien aus einem der Zimmer, kam auf mich zu und verneigte sich. Ich stand auf, nannte Dienstgrad und Namen und reichte ihm die linke Hand.

»Kommen Sie doch bitte zu mir herein, Herr Lemke«, sagte der Hauptmann und führte mich in sein Zimmer am Ende des Ganges.

Während ich in dem nur mäßig geheizten Zimmer wartete, bediente der Hauptmann, dessen Miene einen verschlossenen, fast abweisenden Ausdruck zeigte, beinahe ununterbrochen den Fernsprecher.

Ich fand bald heraus, dass es seine Aufgabe war, Anrufer abzuwimmeln, die in weniger dringenden Angelegenheiten den Kommandierenden General oder den Chef des Stabes sprechen wollten.

Als der Apparat einmal gerade nicht weckte, sagte der Hauptmann bedauernd: »Ich kann Ihnen leider nichts anbieten, Herr Lemke. Wir beim Korpsstab leben sehr spartanisch.«

Für mich war das von äußeren Einflüssen unberührte und offenbar reibungslos und zudem fast lautlos laufende Getriebe in dem Gebäude des Generalkommandos gespenstischer als das, was ich auf der Fahrt durch die tote Stadt gesehen hatte. Es war, als befände man sich im windstillen Zentrum eines weltweit tobenden Orkans.

Ich rauchte meine eigenen Zigaretten und fühlte mich geradezu erleichtert, als der Rittmeister die Tür öffnete, den Hauptmann kurz grüßte und mir mit den Worten »Auf in den Kampf!« auffordernd zunickte:

Als wir im Hof zum Wagen gingen, fragte er den wachhabenden Feldgendarm, wie es aussehe in der Stadt. Droben hatte er darüber wohl nichts erfahren.

»Die Truppe, die vorn in den Stellungen liegt«, sagte der Feldgendarm, »die ist in Ordnung, Herr Rittmeister. Aber was sich hier so herumtreibt, ist zum Grausen.«

»Na ja«, meinte der Rittmeister, »wenn erst mal wieder Bewegung in den Laden kommt, werden die armen Teufel schon spuren.«

»Glauben Sie, dass es hier nochmal so etwas wie Bewegung geben wird?«, fragte der Feldgendarm.

»Mann, das wäre ja noch schöner«, entgegnete der Rittmeister. »Wir wollen doch hier nicht verschimmeln!«

Wir stiegen ein und fuhren auf die Straße hinaus. »Ich hätte Ihnen gern noch einiges von Stalingrad gezeigt«, sagte Lerchenau. »Es wäre die letzte Gelegenheit für Sie gewesen.«

»Wieso das?«, fragte ich.

Graf Lerchenau zwinkerte mir zu.

»Es geht los, mein Lieber. Hoth ist schon auf etwas weniger als fünfzig Kilometer heran. Noch siebzehn oder achtzehn Kilometer, dann ist es so weit. Ist auch die allerhöchste Zeit. Seit gestern greift der Russe am Don zwischen Weschenskaja und Kalitwa an. Die Stellungen der achten italienischen Armee sind schon durchstoßen. Auch am Tschir-Abschnitt wird es lebhaft, und Hoth wird in der Flanke angegriffen. Für Sie gibt es übrigens etwas Neues, Herr Lemke. Ihre Division ist herausgezogen worden. Sie wird gegenwärtig an die Südfront bei Zybenko verlegt. Merken Sie was? Sie sind bei der ersten Welle. Die fußmarschierenden Teile werden auf Lkw verladen, sobald der Weg frei ist. Die Fahrzeuge, Sprit und alles ist bereits vorhanden. Auch wir ziehen vor. In spätestens drei Tagen, schätze ich, hauen wir schwer auf die Pauke. Und Weihnachten, mein Lieber, Weihnachten feiern wir draußen, wenn mich nicht alles täuscht.«

Noch am gleichen Tag brachte mich ein Fahrzeug der Aufklärungsabteilung zu meiner Kompanie, die schon in die Bereitstellung bei Zybenko eingerückt war.

Die Aufregung war groß. »Hoth kommt!«, hieß es. »Mensch, dreißig Kilometer. Da reicht ein Gurt fürs MG. Wer den ersten Panzer sieht, gibt einen aus.«

Es war regelrechte Vormarschstimmung. Die langen Tage der Unsicherheit und Bedrückung waren vergessen. Niemand zweifelte daran, dass es uns gelingen würde, die russische Einschließungsfront zu durchbrechen, zumal diese, wenn Hoth auf dreißig Kilometer herankam, auch im Rücken bedroht war.

Feldwebel Stamm war sichtlich erleichtert, als ich

die muffige Lehmkate betrat, in der er als stellvertretender Kompanieführer den Gefechtsstand eingerichtet hatte.

»Gut, dass Sie wieder bei uns sind, Herr Leutnant«, erklärte er. »Wissen Sie, was die Leute sagen? ›Der Lemke muss her, dann klappt der Laden‹.«

Kurz vor dem Abrücken der Kompanie aus der Stellung an der Südwestfront hatte starkes feindliches Artilleriefeuer nochmals Ausfälle verursacht. Drei Mann waren gefallen. Die Toten waren begraben worden, aber die Verwundeten hatte Feldwebel Stamm mitgebracht, um zu verhindern, dass sie beim Ausbruch zurückblieben. Sein Glaube an den Führer war nicht erschüttert, trotzdem war er besorgt, dass nur die zum Angriff vorgesehenen Truppenteile hinauskämen und dass der Russe hinter uns wieder zumachen könnte.

Drei Tage lang standen wir auf Abruf bereit, warteten auf Hoth und auf den Befehl, der der eingeschlossenen Armee die Bewegungsfreiheit wiedergeben sollte. Stundenlang saß ich am Fernsprecher. Jedesmal, wenn ein Anruf kam, elektrisierte es mich förmlich. Aber immer war es belangloser Kram. Einmal rief der Rittmeister an.

»Lemke«, sagte er, »will sie nur kurz informieren. Kann nicht offen sprechen. Nur soviel, mein Bester: Der Herr, dem wir entgegenspazieren sollten, hat sich festgerannt. Befürchte, dass unser Spaziergang abgeblasen wird. Behalten Sie's für sich. Wir hören wieder voneinander. Ende.«

Er läutete ab, und ich wischte mir mit der gesunden Linken den Schweiß von der Stirn, der mir plötzlich trotz der Kälte in der windigen Bude ausgebrochen war.

Lerchenaus düstere Prognose traf zu. Der Angriffsbefehl blieb aus, wenn auch niemand eine Erklärung gab. Wir feierten Weihnachten nicht »draußen«. Wir feierten es überhaupt nicht, da es keine Zuteilung gab.

Den Soldaten blieb wenigstens noch die Hoffnung. Mir blieb nicht einmal diese mehr. Und jedes Mal, wenn ich davon sprach, dass alles sicherlich nur verschoben worden sei, stockte mir der Atem, und ich fragte mich, ob es gerechtfertigt war, den Soldaten, die die Zusammenhänge nicht kannten, den Glauben zu erhalten. Denn ich glaubte nicht mehr an Rettung und Befreiung.

Vor der Verlegung in den für den Angriff bestimmten Raum hatte unsere Division in der sicheren Annahme, in Kürze Anschluss an die seit dem 19. November nahezu abgerissene Versorgung zu gewinnen, den Armeebefehl zur Abgabe der Vorräte befolgt. Nun war es so weit, dass auch wir auf Hungerrationen gesetzt wurden. Aber niemand murrte, und das war es, was mich mehr bedrückte als alles andere.

Meine Kompanie, die einzige noch vorhandene des Bataillons, das seit Major Schillings Tod von Hauptmann Wiesner, einem älteren, vom Divisionsstab abgestellten Offizier, geführt wurde, erhielt am zweiten Weihnachtsfeiertag, der nichts anderes als ein grauer eisiger Kriegsalltag war, den Marschbefehl. Man steckte uns in einen neuerdings gefährdeten Abschnitt in der Nähe von Pestschanka, südwestlich Woroponowo.

Wir richteten uns in halb verfallenen Feldstellungen ein, die die Russen im Herbst in aller Eile ausgehoben hatten. Die Stellungen befanden sich am Ausgang einer tief eingefrästen Balka. In die Steilhänge der Schlucht hatten unsere Vorgänger, Pioniere, die an die Westfront zum Stellungsbau verlegt worden waren, heizbare Unterstände geschachtet. Die Eingänge dieser geräumigen und jedenfalls bombensicheren Erdhöhlen waren mit Zeltbahnen verhängt. Das Heizmaterial für die ständig rauchenden Bunkeröfen lieferten die spärlichen Holzreste eines zerschossenen Steppendorfes. Das Dorf lag im Niemandsland. Nur nachts konnten kleine Trupps von Freiwilligen es wagen, den Weg zu den im Schnee vergrabenen Trümmern anzutreten, um einen zersplitterten Balken, Bretter einer Bettlade oder ein paar Dachsparren hervorzuscharren. Immer häufiger kamen die Soldaten, die nach Einbruch der Dunkelheit loszogen, um sich und den frierenden Kameraden ein wenig Wärme zu verschaffen, mit leeren Händen zurück. Als in zwei aufeinander folgenden Nächten Verluste eintraten, da die Russen Leuchtkugeln hochjagten und ihr Vorgelände mit MG bestrichen, musste ich den Befehl geben, die nächtlichen Ausflüge einzustellen, und fortan brauchte sich niemand mehr über den Rauch zu beklagen, der, als wir noch heizen konnten, aus den Fugen und den undichten Rohren der Bunkeröfen quoll.

Die Kompanie hungerte bei einer täglichen Brotration von knapp 100 Gramm, dünnem Ersatzkaffee und Wassersuppen, die nur noch ganz entfernt nach Erbsen oder Graupen schmeckten. Die Posten vorn im Graben, der oft unter dem ständig wehenden Treibschnee halb versank, mussten stündlich abgelöst werden. Die Wachsamkeit der entkräfteten Männer, die mit ihren hohlwangigen, stoppelbärtigen Gesichtern wandelnden Leichen ähnlicher waren als lebenden Menschen, ließ immer mehr nach. Ich wunderte mich längst darüber, dass in den vom Elend niedergebeugten Gestalten noch so viel Kraft steckte, die Russen abzuwehren, wenn sie zu örtlichen Zermürbungsangriffen aus ihren Stellungen hervorbrachen.

Zusehends verstärkte sich die Artillerie drüben beim Feind. In der Neujahrsnacht, in der uns keine Glocken läuteten, veranstaltete er mit einer neu herangeführten Stalinorgel ein höllisches Konzert, und ich glaubte schon, das Ende, das nun unausbleiblich schien, sei nahe. Wie in der Christnacht, in der es für uns keine Bescherung gab, ging ich von Bunker zu Bunker, und sprach beim trüben Schein der Hindenburglichter mit den Soldaten, die mir näher standen, als sie ahnen mochten. Keiner klagte, aber in ihren Augen war der stumme Vorwurf leidender Menschen, die sich dagegen aufbäumen, für nichts zugrundezugehen.

»Was soll nun werden?«, war die ständig wiederholte Frage. Der einfache Grenadier stellte sie ebenso wie die Unteroffiziere und wie Feldwebel Stamm.

Was konnte ich darauf antworten? Ich wusste nichts. Ich hatte keine Beziehungen nach oben wie Rittmeister Graf Lerchenau, der jetzt mit seiner Abteilung als Eingreifreserve im Norden der Bahnlinie nach Woroponowo lag. Seit dem 18. Dezember hatte ich ihn nicht gesehen. Auch in den ersten Tagen des Januar traf ich nicht mit ihm zusammen.

Erst am Morgen des 9. Januar, als ich auf dem Weg zum Bataillonsarzt war, um meine stark schmerzende verwundete Hand untersuchen zu lassen, kam mir ein weißgestrichener Kübelwagen entgegen. Hinter der vereisten Windschutzscheibe sah ich halb verschwommen das hagere Gesicht mit dem Einglas, das im Schein der blassen Wintersonne blitzte.

Lerchenau hielt an, öffnete die Wagentür, beugte sich heraus und sagte: »Dieser Zufall, Lemke! Ich war auf der Fahrt zu Ihnen.«

Seine Stimme klang ungewöhnlich erregt. Ich war mir sofort darüber klar, dass er mir etwas Besonderes mitzuteilen hatte.

»Zu mir?«, sagte ich. »Wollten Sie sich meine Kompanie ansehen, die allmählich verkommt und erfriert und verhungert?«

»Steigen Sie ein«, sagte er. »Wohin gehen Sie?«

»Zum Arzt«, sagte ich. »Mit meiner Hand ist etwas nicht in Ordnung. Mein Feldwebel hat es dem Bataillon gemeldet. Der Bataillonsführer hat mir befohlen, mich bei unserem Doktor zu melden. Unser Truppenverbandplatz liegt in dem winzigen Kaff nordwestlich Pestschanka. Ich sollte mit einem Wagen vom Bataillonsstab hinfahren.«

»Lassen Sie nur«, sagte der Rittmeister, »das besorge ich schon.«

Er wendete den Wagen, und ich stieg zu ihm ein. Die Front war auffallend ruhig. Seit etwa vierundzwanzig Stunden schwieg die russische Artillerie. Die unsere war ohnehin still, da sie kaum mehr Munition zur Verfügung hatte.

»Herr Lemke, ich muss mit Ihnen sprechen«, sagte der Rittmeister, während er den Wagen durch die tiefen Spurrinnen des Weges lenkte, auf dem nachts unser spärlicher Nachschub nach vorn rollte.

Ich horchte auf. Der Graf schien seine gelassene Überlegenheit eingebüßt zu haben.

»Was gibt's denn?«, fragte ich.

»Die Russen haben Paulus zur Kapitulation aufgefordert«, sagte er. »Die Aufforderung, die gestern von zwei Parlamentären gebracht wurde, ist bis heute zehn Uhr befristet. In einer Stunde, Lemke, läuft die Frist ab. Ich weiß vom Korps, dass die Armee nicht darauf eingeht. Wissen Sie, was jetzt kommt? Ich will es Ihnen sagen: Die sechste Armee wird ausgelöscht. Ich warte dieses Ende nicht ab.«

»Was wollen Sie tun?«, fragte ich.

»Ausbrechen«, sagte er, »angreifen, ganz gleich, was daraus wird. Meine Leute stehen bis zum letzten Mann zu mir. Und Sie, Lemke?«

»Ich habe einen Abschnitt, den ich halten muss«, sagte ich.

Er lächelte nachsichtig.

»Wie lang werden Sie halten, Lemke? Vielleicht ein paar Stunden, mag sein einen Tag, wenn der Russe zu trommeln anfängt.«

Um Zeit zu gewinnen, gab ich vor, ich müsse den Bataillonsführer informieren.

»Gut«, sagte der Rittmeister, »fahren wir als Erstes zum Bataillonsgefechtsstand.«

Kaum fünf Minuten später platzte der rechte Vorderreifen. Der Wagen schlingerte und kam in einer Schneewehe zum Stehen.

Fluchend stieg der Rittmeister aus. Ich folgte ihm und half ihm beim Reifenwechsel mit der linken Hand, so gut ich konnte. Als der Rittmeister den Reservereifen aufsetzen wollte, rutschte die eisüberzogene Achse vom Wagenheber. Der Wagen kippte, und wir hatten Mühe, ihn aufzurichten und wieder hochzuwinden. Endlich gelang es, das Reserverad zu verschrauben.

Ich blickte auf meine Uhr. Es war zehn Uhr und zwei Minuten.

Im Süden setzte plötzlich der Paukenwirbel von Artillerieabschüssen ein.

Zwischen uns fiel kein Wort. Mit hoher Geschwindigkeit fuhren wir über den fast schnurgeraden Weg durch die weiße Steppe. Der Bataillonsgefechtsstand befand sich in einem einsam gelegenen Gehöft, das bald in Sicht kommen musste.

Auf einmal bremste der Rittmeister mit scharfem Ruck. Ich wurde nach vorn gegen die Windschutzscheibe geschleudert, verspürte einen stechenden Schmerz in meiner verwundeten Hand und hörte halb betäubt den Ruf: »Raus!«

Als ich benommen die Füße in den Schnee brachte, donnerte eine Kette russischer Kampfflugzeuge über uns hinweg. Andere folgten dicht dahinter. Ich hörte das Gehämmer von Bordwaffen. Geschosse spritzten in den Schnee.

Ich stolperte und rannte blindlings über die gefrorene verharschte Fläche. Immer wieder brach ich ein, und mehrmals stürzte ich, wie von Schlingen festgehalten, vornüber. Aber ich raffte mich auf und hastete weiter. Wieder durchbrach mein Fuß die Schneekruste und stieß auf etwas Hartes. Ich sah einen spukhaften Feuerblitz. Donnerndes Getöse schlug über mir zusammen.

Als ich halbwegs zu mir kam, wurde mir unklar bewusst, dass jemand mich auf den Armen trug. Vor meinen Augen war ein roter Schleier. Ich hörte Schreien und hatte das dumpfe Gefühl, dass ich selbst es sei, der schrie. Auf meinem Gesicht war warme Nässe und zugleich war mir, als schlügen Flammen, harte heiße Flammen dagegen.

Dann verlor ich wieder das Bewusstsein. Es kehrte erst zurück, als mein Kopf mit einem Verband umwickelt wurde. Ich schrie wieder, was meine Stimme hergab. Etwas stach in meinen linken Arm, mir wurde leichter, die höllischen Schmerzen in meinem Gesicht schwanden, und ich hörte auf zu schreien.

Eine Stimme sprach. Es war die Stimme des Rittmeisters. Sie schien aus großer Entfernung an mein Ohr zu dringen.

»Sie sind auf eine Mine gelaufen, auf eine verdammte russische Mine«, sagte die leise, ferne Stimme. »Seien Sie ruhig! Seien Sie ganz ruhig! Ich bin bei Ihnen, Lemke.«

Ein Gemurmel folgte, von dem ich nichts verstand, und dann lag ich, in viele Decken gewickelt, in einem Kraftwagen, und der Kraftwagen fuhr.

Unterwegs hielten wir mehrmals an. Immer waren es Verbandplätze oder Verwundetensammelstellen, bei denen wir hielten. In dem dicken Verband waren Schlitze für meine Augen. Aber ich sah alles wie durch wogenden, kreisenden Nebel. Jedesmal, wenn ich aus dem Kraftwagen in ein mit Verwundeten angefülltes Gebäude getragen wurde, erhielt ich eine Injektion.

Einmal sagte der Rittmeister: »Halten Sie aus, Lemke! Sie müssen aushalten! Ich bringe Sie zum Flugplatz. Sie werden ausgeflogen.«

Ich erfasste den Sinn dieser Worte nicht. Alles war mir gleichgültig.

Heute weiß ich, dass an jenem 9. Januar, an dem Rittmeister Graf Lerchenau die letzte Gelegenheit zum Ausbruch hatte wahrnehmen wollen und stattdessen die unwiederbringliche Zeit damit verschwendete, mich – ausgerechnet mich – zu retten, die Schicksalsuhr der 6. deutschen Armee endgültig ablief. Das Führerhauptquartier hatte den Untergang der Armee befohlen, und das Oberkommando im Kessel beugte sich dem Befehl.

Sechs Wochen lang hatten die Russen gewartet, jetzt, nachdem die dem Armeeoberkommando gestellte Frist verstrichen war, traten sie an der Kesselfront mit Artillerie, Panzern und winterfesten Schützendivisionen zum Großangriff an. Im Süden, Westen und Norden entbrannte ein Ringen, dessen Ausgang schon beim Krachen der ersten Granateinschläge feststand, während ein deutscher Offizier seinen Kübelwagen über die vereisten Straßen steuerte, um einen Einzelnen vor dem Los zu bewahren, das mehr als zweihunderttausend Stalingradkämpfern bestimmt war.

Der Rittmeister brachte seinen Verwundeten, der in einem Dämmerzustand zwischen Leben und Sterben schwebte, zum großen Flugplatz vor Pitomnik. Ein Gewitter schien über dem Rollfeld zu toben. Aber es war kein Gewitter. Der Feind belegte Pitomnik mit Bomben.

Ich hörte, als die Fahrt, das grausame Geschaukel auf den von Rädern, Kufen, Füßen und Hufen gebahnten Wegen weiterging, das Wort »Gumrak«.

Spät abends trugen mich Sanitätssoldaten in einen schwach erleuchteten Raum, der mit jammernden, heulenden und stöhnenden Gestalten vollgepfercht war.

Der Rittmeister beugte sich über mich. Undeutlich sah ich sein Gesicht, in dem das Einglas wie zum Trotz den Schein der Deckenlampe spiegelte.

»Sie haben den Ausflugschein, Lemke«, sagte er. »Hals- und Beinbruch! Ich muss zu meinen Leuten. Wer weiß, wo und wie ich die Abteilung wieder finde!«

»Meine Kompanie«, brachte ich mit Mühe und unter wild aufbrandenden Schmerzen hervor. »Was wird aus meiner Kompanie?«

Aber Lerchenau war schon verschwunden.

Es kam die Nacht. Nah und fern detonierten Bomben. Am Morgen des 10. Januar trugen mich Sanitäter auf das Flugfeld hinaus. Eine große Ju stand zum Abflug bereit. Am Einstieg wachte ein Feldgendarm mit gezogener Pistole. Ich wurde auf der Trage hochgestemmt und in die Maschine geschoben. Andere folgten, bis im Frachtraum kein Platz mehr für »Liegende« war. Zuletzt kam jemand aufrecht durch die Luke. Ich sah das Gold auf Schulterstücken und Mütze und das Rot der Mantelaufschläge. Ein General. Er blickte starr durch alles hindurch, als schäme er sich vor denen, die auf den dicht bei dicht gestauten Tragen lagen. Er setzte sich auf eine Munitionskiste. Draußen erhob sich wirrer Stimmenlärm. Ich hörte Schreie und Flüche. »Lasst mich mit! – Weg vom Einstieg! – Ich will hinaus – hinaaaaus!«

Ein Schuss fiel. Die Luke wurde geschlossen, und die Maschine erzitterte unter dem Anlaufen ihrer Motoren. Dann rollte sie wiegend über den Platz, erhob sich, legte sich schräg und schraubte sich hoch, immer höher. Wir schwebten. Ich sah im Halbdunkel den General. Er saß steif wie ein Stock und hielt sich mit einer Hand fest. An einem Ohr hatte er ein Pflästerchen.

Wir flogen kurze Zeit, als ein Geknatter zerplatzender Sprenggranaten den Lärm der Motoren übertönte. Die Ju vollführte Kapriolen wie ein Kunstflugzeug, und das Krachen verstummte schließlich. Dafür erfassten uns Windböen. Bald stiegen wir, bald sackten wir ab.

Auf dem Flugfeld von Nowotscherkassk ging die Maschine nieder. Wir wurden in eine Sanitäts-Ju umgeladen. Den General, der mit uns ausgeflogen war, verlor ich aus den Augen.

So kam ich in diese Stadt – aus dem Kessel von Stalingrad nach Krakau, dem Sitz des Generalgouverneurs im besetzten Polen. Aber ich bin nicht mehr der, der ich am Morgen des 9. Januar gewesen war, als ich meine Kompanie verließ, ohne zu ahnen, dass ich sie nie wieder sehen sollte. Eine russische Schützenmine hat mir die Maske vom Gesicht gerissen, die falsche Haut des Heuchlers, der »nein« dachte und »jawohl« sagte, wie alle, die sich im Kessel von Stalingrad dem Befehl von oben beugten. Ein russischer Pionier mochte die Mine im September vergraben haben, als unsere Divisionen vorstürmten, um Stalin die Stadt zu entreißen, die Hitler haben wollte. Sie hatte die Herbstregen, hatte Schneefall und Frost überstanden, um für den Fuß des Leutnants Lemke bereit zu sein.

Während der zweiundzwanzigtägigen Agonie der 6. Armee, die für den Wahn eines Einzigen auf verlorenem Posten sterben musste, lag ich, dem Patienten an der Wolga ähnlich, sieben Mal auf dem Operationstisch.

Auch später, im Februar und März, als die Front bis dorthin zurückfiel, wo wir ein Jahr zuvor gestanden hatten, kam ich noch mehrmals unters Messer, erhielt Bluttransfusionen und wurde aufgepäppelt, um nicht ganz vom Fleisch zu fallen.

Und gestern früh kam der Augenblick, auf den ich vier Monate und neun Tage lang gewartet und den ich zugleich von mir geschoben hatte, weil ich ahnte, was zu Tage kommen würde.

Als der Verband von meinem Gesicht abgenommen war, und nachdem Stabsarzt Nüßle mir in wohl tuend unpathetischer Form das goldene Verwundetenabzeichen – den vom Führer verliehenen Ausgleich für das Erlittene – überreicht hatte, sagte ich: »Jetzt, Herr Stabsarzt, brauche ich nur noch einen Spiegel. Dann, glaube ich, bin ich restlos bedient.«

Bei diesen Worten kam Schwester Thekla in den nach Jod und Äther riechenden blitzblanken Raum. Sie kam, um mich abzuholen, nahm resolut meinen Arm, führte mich hinaus, da ich zeitweilig Sehstörungen hatte, und geleitete mich den Gang des polnischen Krankenhauses entlang, das zur Zeit nur Deutsche beherbergte, die mit Verwundungen oder Erfrierungen aus Russland zurückgekommen waren. Auf dem Gang begegneten uns Patienten im weißblau gestreiften Lazarettdress. Einige humpelten, andere hatten hochgebundene und geschiente Arme, einer besaß nur noch zwei kurze Armstümpfe, und einer hüpfte auf einem Bein an Krücken. Sie alle waren hart geschlagen, weder Gebete noch Flüche hatten sie bewahrt. Aber vor mir, ich spürte es deutlich, wandten sie sich schaudernd ab.

Ist es so grauenhaft, dachte ich, so grausig, dass sogar abgebrühte Ostkrieger davor zurückschrecken? Schwester Thekla schien meine Gedanken zu erraten. Sie drückte meinen Arm an sich, es war der rechte, der ebenso wie die beschädigte Hand wieder voll gebrauchsfähig war.

Sie duftete nach einer wohlriechenden Seife. Ihr braunes Haar lockte sich unter dem gestärkten weißen Häubchen. Auch ihre weiße Schürze war gestärkt. Den weißen Kragen am lichtgrauen Schwesternkleid hielt eine Brosche mit dem Roten Kreuz zusammen.

Wir betraten mein Zimmer, das Einzelzimmer, das ich seit mehr als vier Monaten bewohnte. An der Wand hing ein Bild des Führers. Anfangs hatte ich daran gedacht, es entfernen zu lassen, weil es nur bittere und hasserfüllte Regungen in mir wachrief. Aber dann hatte ich mich damit abgefunden, dass die Augen des Mörders der 6. Armee ständig auf mich herabsahen, als warteten sie nur darauf, dass auch ich hinüberginge ins Reich der Schatten, in dem die großdeutsche Wehrmacht nach und nach zum Großen Zapfenstreich aufmarschierte.

Schwester Thekla schloss die Tür hinter uns beiden. Sie blickte mich voll aus ihren großen Augen an, und ich las keinen Abscheu, kein Zurückschrecken in ihrem Blick. Ihre auf Zartheit geeichte Schwesternhand strich mir sacht übers Haar.

»Nicht dran denken, mein Junge«, sagte sie, »bitte, nicht dran denken!«

»Wie alt sind Sie eigentlich, Schwester Thekla?«, fragte ich.

»Achtundzwanzig«, sagte sie. »So ist es recht, mein Junge. Denk an mich! Sieh mich an! Gefalle ich dir?« Sie legte ihre Arme um mich und küsste mich sanft. »Nicht daran denken«, flüsterte sie nah an meinem Gesicht. »Sieh doch! Ich bin ja bei dir.«

Täglich war sie bei mir im Zimmer gewesen und hatte mich versorgt. Eine gewisse Intimität verband uns, wie sie stets zwischen Patient und Krankenschwester entstehen mag, selbst wenn diese eine Nonne ist. Doch Thekla war keine Nonne. Sie war zum Roten Kreuz gegangen, weil sie helfen wollte, die Not lindern wollte, die der Krieg den Männern, die ihn führen müssen, bringt. Ihr Herz schlug für uns, die Verwundeten, und an diesem Tag schlug es allein für mich.

Bevor sie mich verließ, weil sie ihren Dienst wieder antreten musste, verschwand sie für kurze Zeit. Als sie zurückkam, brachte sie einen Spiegel mit.

»Jetzt darfst du dich sehen«, sagte sie.

Sie befestigte den Spiegel über dem Waschbecken, wo er hingehörte: Bei meinem Einzug hatte man den Spiegel entfernt, wohl um mir den Anblick meines weiß vermummten Kopfes zu ersparen.

Es war dämmerig. Im Zimmer war das Licht nicht eingeschaltet.

Ich sah etwas Fremdes, Verzerrtes, was mich nur ganz entfernt an das erinnerte, was ich einmal gewesen war. Die Haut an Stirn, Kinn und Wangen war unnatürlich rosig und von wulstigen frischen Narben durchkreuzt. Meine Augenbrauen waren verschwunden und die Wimpern wie gebleicht, kurz und spärlich.

Schwester Thekla schmiegte ihr Gesicht an das entstellte Gebilde, mit dem ich fortan leben sollte.

»Deine blauen Augen sind dir geblieben«, sagte sie. »Du musst sie schonen. Mit deinen Augen kannst du noch viele Mädchen erobern, schönere, als ich es bin.«

Ihre Natur und ihr erwählter Beruf befähigten sie dazu, Trost zu spenden.

Im Kreisel

Nachts, wenn es still geworden ist in der polnischen Stadt, glaubt man das Scharren von Wühlern zu hören, das Kratzen menschlicher Maulwürfe, die mit blutigen Pfoten heimlich Stollen unter die Hochburgen der Eroberer treiben. Und man glaubt, von ferne das Knistern im Gebälk Großdeutschlands zu vernehmen.

Vielleicht habe ich unter dem Eindruck dieser unwirklichen, nur in der Einbildung sich vollziehenden Vorgänge, in dem Gefühl, alles werde nur noch von kurzer Dauer sein, zur Feder gegriffen? Zu dem Schreibzeug, das mich von Polen nach Frankreich und von Frankreich wieder durch Polen und durch halb Russland bis nach Stalingrad begleitet hat. Aus dem ersten Feldpostpäckchen hatte ich es aus viel Papier herausgeschält. Ein Lederetui mit Füllfeder und Drehblei. Alles echt Gold. Ein nobles Geschenk und eigentlich zu kostbar und anspruchsvoll für einen jungen Mann von dreißig Jahren, der in Feindesland den Wechselfällen des Krieges ausgesetzt ist.

»Damit du immer an mich denkst und recht oft schreibst! Alles Liebe. Margot.«

Margot. Ich habe oft geschrieben, einen stattlichen Stapel Feldpostbriefe vom September 39 bis Dezember 42. Alles war in Ordnung gewesen – wenigstens zwischen uns – halbwegs in Ordnung, wenn man das Voneinander-Fernsein in Rechnung stellt. Wir sahen uns ja auch ein paar Mal in den drei Jahren. Es gab die menschenfreundliche Einrichtung des Urlaubs. Und hin und wieder traf einen etwas, ein glattes Geschoss, ein Stück gezacktes Eisen. Man kam ins Lazarett, erhielt im Anschluss an die Genesung eine kurze Gnadenfrist und hatte wieder einmal Gelegenheit, auf Besuch zu Hause zu sein.

»Fahren Sie heim, Leutnant Lemke. Vierzehn Tage Genesungsurlaub. Und vergessen Sie nicht, der Führer braucht auch in zwanzig Jahren Soldaten. Halten Sie sich ran!«

Der Ausspruch einer der Ärzte, denen ich in der langen Zeit in die Finger geriet. Er hatte im Blut gewatet, war darüber zum Zyniker geworden und wusste wohl im Übrigen nicht, dass ich nicht verheiratet bin. Der Termin unserer Hochzeit war auf den 4. Oktober 1939 festgelegt gewesen, aber infolge höherer Gewalt hatte weder unsere Hochzeit noch unsere gemeinsame Reise nach Übersee stattgefunden. Margot und ich hatten daraufhin beschlossen, abzuwarten und nichts zu überstürzen. Kriegstrauung schmeckt nach Birkenkreuz. Ich wollte Margot nicht heiraten, nur um sie zur Witwe zu machen.

Und jetzt habe ich den Abschiedsbrief an Margot zusammenfabuliert. Nicht, dass meine Gefühle während der langen Trennung erkaltet wären. Nichts dergleichen. Es gab keinen anderen Weg für mich. Als Einbeiniger oder Armamputierter, selbst als Bein- oder Armloser würde ich nicht auf den Gedanken gekommen sein, Margot von mir zu stoßen. Aber mit geschlossenen Augen, vor der Wirklichkeit verschlossenen Augen kann man nicht durchs Leben gehen. Jedenfalls will ich es Margot nicht zumuten, mich anzusehen. Deshalb musste es sein. Deshalb musste der Brief geschrieben werden, der mich den Schlaf mancher Nacht gekostet hat.

»Vergiss, was gewesen ist! Such dir einen Mann, der eine reelle Chance hat, diesen Krieg zu überdauern. Mit uns beiden wäre es ja doch nichts mehr geworden.«

Besser dieser Schrieb als einer mit dem Vermerk: »Für Großdeutschland gefallen.«

Lieber als Schurke dastehen, als so, wie ich jetzt bin, vor sie hinzutreten, als von ihr zu erwarten, dass sie sich mit dem abfände, sich an das gewöhnte, was für mich unabänderlich ist.

Ich habe mit Thekla über den Brief gesprochen. Sie hat mir abgeraten, ihn fortzuschicken.

»Ihr Männer seid alle gleich«, waren ihre Worte. »Keiner von euch bringt es fertig, sich in die Empfindungswelt von uns Frauen zu versetzen. Wir verstehen euch viel besser. Wie kannst du annehmen, dass deine Margot – du liebst sie doch noch? – so oberflächlich ist? Wenn ich Margot wäre und deinen Brief bekäme, gäbe es für mich nur eins: in den nächsten Zug nach Krakau zu steigen und dir gehörig den Kopf zu waschen. Und überhaupt«, sagte sie und lächelte mir zu, »wie kannst du mit deiner Krankenschwester eine Liebschaft anfangen, wenn du eine Margot zu Hause hast?«

»Wer hat angefangen?«, sagte ich. »Im Übrigen kann Margot gar nicht kommen. Sie ist dienstverpflichtet.« Wie Goebbels im ersten Winter zur Ski-, Wollsachen- und Pelzsammlung aufgerufen hat, um die »Heimatfront« von den Rückschlägen bei uns im Osten abzulenken, hat er mit der ihm eigenen satanischen Wendigkeit nach dem Schock der Katastrophe von Stalingrad das Volk aufgeputscht, indem er den totalen Krieg verkündet hat. Die Folgen freilich hat er nicht vorausgesehen. Oder vielleicht doch? Womöglich gehört es zu den säkularen Plänen der Partei, das alte Deutschland in Trümmer sinken zu lassen, um es nach dem prophezeiten Endsieg von Grund auf neu aufzubauen. Ich habe von einem aus dem Urlaub zurückgekehrten Sanitätsfeldwebel eine sehr eindrucksvolle Schilderung darüber erhalten, wie seit der Verkündung des totalen Krieges englische und neuerdings auch amerikanische Bombergeschwader trotz »Herrn Maiers« Garantie nahezu ungestört ein- und ausfliegen, wie ganze Stadtviertel in einer Nacht unter dem Wüten von Spreng- und Brandbomben ausgelöscht werden und wie sicher die Bunker sind, die in aller Stille für die Bonzen angelegt wurden, während die Volksgenossen reihenweise in den Kohlenkellern unter den Schuttmassen der einstürzenden Häuser sterben.

In Krakau dagegen merkt man davon nichts. Auf dem Wawel residiert ungestört »König« Frank, und im Deutschen Haus und anderen Stätten der Geselligkeit vergnügen sich die »Weichselkapitäne«, die zu seinem Hofstaat gehören. Nur im Ghetto ist es, wie ich mir sagen ließ, stiller geworden.

Im Mai 1941, als ich zum ersten Mal, aus der Gegend des in »Reichshof« eingedeutschten Rzeschow abkommandiert, nach Krakau kam, war die Mauer um das neu geschaffene Judenviertel nahezu vollendet gewesen. Damals, vor zwei Jahren, als wir noch an das Märchen glaubten, der Aufmarsch unserer Divisionen sei eine Tarnungsbewegung, um die bevorstehende Invasion auf den britischen Inseln zu verschleiern, damals erhielt ich meinen ersten Anschauungsunterricht über die Doppelzüngigkeit der Partei und ihrer schwarzen Prätorianergarde. Damals wie heute war das Kabarett »Kreisel« einer der Treffpunkte von »König« Franks starker Leibwache. »Vogel auf Arm nix gut«, sagten schon in jenen Tagen die geknechteten Polen und meinten damit das Hoheitszeichen, das die SS-Leute auf dem Ärmel ihrer Uniformen trugen.

Wir vom Weiterleitungsstab hatten keinen Kontakt mit der SS. Ich erhielt ihn erst nach meinem Zusammentreffen mit Lore Fischer. Am ersten Abend ihres Engagements im »Kreisel« war ich mit zwei Herren unseres Stabes dort, die kurz zuvor in der Stadt an der Weichsel eingetroffen waren. Ich kannte Lore von München her. 1933, im Jahre der nationalen Erhebung, trat sie in einem Schwabinger Kabarett auf. An einem Februarabend, zu später Stunde, machte ich ihre Bekanntschaft, und es stellte sich heraus, dass wir uns gut verstanden, zumal auch sie die ans Ruder gelangten neuen Herren nicht liebte.

Als ich sie an jenem Maiabend des Jahres 1941 im »Kreisel«, dem Kabarett der Besatzer in Krakau, wieder sah, fand ich, dass sie zwar etwas fülliger geworden, aber sonst noch immer die gleiche erfreuliche Erscheinung war. Sie trug ein bis an die Grenze des Schicklichen dekolletiertes, eng anliegendes Abendkleid von der Farbe frischen Grünspans, die gut mit ihrem dunklen Haar und ihren dunklen Augen harmonierte. Sie sang noch immer ihre frechen, gewagten Chansons. Ihre Stimme war nicht vollkommener geworden, aber ihr Vortrag gefiel mir besser als damals. Sie sang – jedenfalls mir schien es so – herablassend und mit wegwerfenden Gesten, als wollte sie der Mehrzahl ihrer Zuhörer zu verstehen geben, dass sie ihr gestohlen bleiben konnten.

Ich begrüßte sie nach ihrem Auftritt und bat sie an unseren Tisch. Sie saß einige Minuten bei uns und trank ein Glas von dem teuren französischen Champagner, der im »Kreisel« ausgeschenkt wurde. Dann beugte sie sich zu mir und sagte leise: »Sei mir nicht bös, ich muss jetzt zur Prominenz. Es ist eine Klausel in meinem Vertrag.«

Die »Prominenz«, der sie sich für den Rest des Abends und, wie ich später erfuhr, auch darüber hinaus widmen musste, war eine Anzahl SS-Führer, die nach Beendigung des Kabarettprogramms mit lauten Stimmen einschlägige Lieder grölten. Wir fühlten uns nicht mehr wohl, hatten auch genug getrunken und verließen den »Kreisel«, um unsere Quartiere aufzusuchen.

Einige Tage später traf ich Lore Fischer im Café »Kristall« bei den Tuchhallen. Sie verriet mir, dass sie durch Heirat Schweizerin geworden sei, und forderte mich auf, am Abend zu ihr in den »Kreisel« zu kommen.

»Da kannst du Eindrücke sammeln, die du nicht vergessen wirst«, sagte sie und weckte damit meine Neugier.

Am Abend wurde ich in die Tafelrunde aufgenommen, deren Mittelpunkt die spaßige Lore war, die mit den Gardeoffizieren des Generalgouverneurs umging, als handle es sich um die zweifelhaften Gäste einer finsteren Spelunke. Aber den teils aalglatten, teils plump martialischen Gestalten, die durchaus nicht alle blond und blauäugig waren, sagte der Ton zu, den Lore anschlug. Es war wohl der Ton ihrer früheren Sturmlokale aus der unvergessenen Kampfzeit. Sie sprachen mit einer Offenheit, die mir zuweilen den Atem raubte, und kümmerten sich nicht im Mindesten darum, dass ich, ein Offizier des Heeres, dem sie sonst nur Argwohn entgegenbrachten, in ihrer Mitte saß.

Als der »Kreisel« geschlossen wurde, waren sie alle bereits in wüster Stimmung – alle bis auf einen, einen blutjungen Sturmführer, der sich offensichtlich nur gezwungenermaßen an dem Trubel beteiligte. Im Durcheinander des Aufbruchs flüsterte Lore mir verstohlen zu: »Komm mit! Du wirst Einiges erleben.«

Draußen parkte eine Anzahl Autos, alle mit den Nummernschildern der SS. Fahrer dagegen waren nicht vorhanden. Ich kam bald dahinter, weshalb die Herren, obgleich sie fast ausnahmslos schwer geladen hatten, ihre Kraftwagen selbst steuerten. Der kleine SS-Mann sollte nicht erfahren, auf welche Weise seine Führer sich im nächtlichen Krakau zu vergnügen pflegten.

Ich richtete es so ein, dass ich in dem gleichen Wagen fuhr, in dem auch Lore Fischer, an der Seite eines stark angetrunkenen Sturmbannführers, Platz gefunden hatte. Immer wieder zwinkerte sie mir heimlich zu. Ich fragte mich, wo die Fahrt wohl enden würde. Die Kolonne raste durch leere Straßen, dann über die Weichselbrücke und schließlich zu meiner Bestürzung ins Ghetto, dessen Umfassungsmauer Öffnungen zur Durchfahrt aufwies. Ich bereute es schon, dass ich mich von Lore hatte überreden lassen, an dem nächtlichen Ausflug teilzunehmen, in dem Bewusstsein, nun unfreiwillig Zeuge irgendeiner Schändlichkeit zu werden.

Die Fahrzeuge hielten an. Die Herren in ihren

nach Maß geschneiderten Uniformen mit den schwarzen Spiegeln und dem »Vogel auf dem Arm« stiegen aus und drangen in die umliegenden Häuser ein. Sie schienen ihre Wege zu kennen. Auch der blutjunge Sturmführer verschwand in einem Haus, dessen Fenster alle dunkel waren. Nur Lore und ich blieben im Wagen zurück.

»Für unsere Freunde gelten die Rassengesetze natürlich nicht«, sagte Lore leise, als sitze ein Lauscher neben uns. »Es ist zum Erbrechen grausig. Sie schleifen mich fast jede Nacht mit. Du musst dich verstellen, so gut du kannst. Zeig ihnen um Gottes willen nicht, wie dich das anwidert, was du jetzt vorgeführt bekommst. Zu deinen Gunsten nehme ich jedenfalls an, dass es für dich genau so abschreckend ist wie für mich.«

Eine der Haustüren öffnete sich. Der Sturmbannführer, der bei uns im Wagen gesessen hatte, trug wie ein Riesengorilla in einem Urwaldfilm seine Beute auf den Armen. Die Beute war ein schwach wimmerndes Mädchen in einem schadhaften Nachtgewand. In der Tür erschien der Kopf einer alten Frau mit zerzaustem Haar. Sie zeterte etwas auf Jiddisch, aber dann zeigte sich ein Mann mit einem langen dunklen Bart und zerrte sie ins Dunkel zurück. Diese Szene wiederholte sich in ähnlicher Weise da und dort. Aber nicht überall waren die Eltern, denen man die Töchter raubte, einsichtig genug, sich der Gewalt zu fügen. Ich sah Fäuste, die in bärtige Männergesichter oder ins schreckensbleiche Antlitz einer verzweifelten Mutter fuhren. In einer Hand sah ich sogar eine drohend erhobene Pistole.

Die schlaftrunkenen verstörten Mädchen, die von den »Siegern« aus den Häusern geholt wurden, wehrten sich nicht. Willig ließen sie sich in den Autos verstauen. Vielleicht hatten sie böse Erfahrungen hinter sich.

Ich verkrampfte die Hände zu Fäusten. Tränen des Zorns und der Scham stiegen mir in die Augen. Aber ich wusste, dass ich ebenso machtlos war wie die Juden, denen man nachts die zum Teil noch halbwüchsigen Töchter aus den Betten holte.

Lore beugte sich zu mir zurück und packte wie Halt suchend mein Handgelenk. Ihr Gesicht war bleich. Zuletzt erschien der junge Sturmführer mit einem Mädchen, das im Gegensatz zu den anderen angekleidet war, als habe es auf seinen Besuch gewartet. Mir schien es, als bestehe zwischen den beiden ein geheimes Einvernehmen, als führten sie das Entführungsspiel auf, um die anderen zu täuschen. Vielleicht wollte ich, dass es so wäre, dass wenigstens einer sich ein menschliches Gefühl bewahrt hätte.

Wenn ich mir die ungeheuerlichen Vorgänge jener Nacht in Krakau vergegenwärtige, die Ergebenheit der Mädchen, das Trinkgelage in den Räumen einer in einem Park versteckten Villa, das sich bald zur Orgie steigerte, erhebt sich vor mir die peinigende Frage: »Warum bist du nicht eingeschritten? Warum hast du es geduldet, warum nicht protestiert?«

Als ich mich gegen Morgen von Lore Fischer trennte und mich davonstahl, fühlte ich mich zerschlagen, als hätte ich an den Ausschweifungen der anderen teilgenommen.

Ich besuchte den »Kreisel« nicht mehr. Vier Wochen später, einen Tag vor dem Abmarsch unseres Stabes aus Krakau, nur wenige Tage vor Beginn des Feldzuges gegen Russland, traf ich Lore Fischer wieder im Café »Kristall«.

»Weißt du schon?«, sagte sie leise, nachdem ich an ihrem Tisch Platz genommen hatte.

»Was soll ich wissen?«, fragte ich.

Sie dämpfte ihre Stimme zu einem kaum verständlichen Flüstern.

»Die beiden sind verschwunden.«

Seltsamerweise wusste ich sofort, wen sie meinte: den jungen SS-Sturmführer und das Mädchen, mit dem er in jener Nacht ebenso wild und ausgelassen getanzt und getrunken hatte wie die anderen mit ihren Opfern.

In vielen Nächten waren die beiden zusammen gewesen. In aller Heimlichkeit mussten sie ihren Fluchtplan vorbereitet haben. Vielleicht hatten sie Helfer gefunden, polnische Patrioten, die ihnen Unterschlupf gaben?

Lore war im Begriff, zur Vorführung des »Ohm-Krüger«-Films zu gehen.

Sie fragte mich, ob ich Lust hätte, sie zu begleiten. Emil Jannings in der Rolle des Ohm Krüger solle großartig sein. Er war es auch, ungeachtet dessen, dass der Film kaum mehr als unverhüllte Hetzpropaganda gegen England und seine Kolonialmethoden war.

Als wir nach dem Ende des Films die Treppe des Lichtspieltheaters hinunterstiegen, stand auf jedem Absatz ein zerlumpter polnischer Junge mit trotzig verschlossenem Gesicht. Beim Anblick der vom Hunger gezeichneten Kindergestalten spürte ich zum ersten Mal, dass es im besetzten Polen eine Fronde gegen jene Kräfte gab, deren Werkzeuge wir Soldaten waren.

Beim Abschied drückte mir Lore ein Medaillon mit dem Bildnis der Gnadenmutter von Tschenstochau in die Hand.

»Ein Talisman«, sagte sie. »Trag es immer bei dir. Es soll dich beschützen. Du bleibst doch sicher nicht mehr lange in Krakau.«

Ich fragte sie, wie sie darauf komme.

»Bevor der Juni zu Ende ist«, sagte sie, »steht ihr im Krieg gegen Russland. Ich weiß es von meinen Freunden aus dem ›Kreisel‹. Die werden freilich nicht dabei sein. Sie haben hier wichtigere Aufgaben. Du weißt, was ich meine.«

Am 30. Juni lief ihr Engagement im besetzten Polen ab. Sie hatte sich zur Wehrmachtsbetreuung nach Frankreich gemeldet.

»Dort gibt es solche schrecklichen Probleme nicht«, meinte sie.

Sie hatte Recht. Frankreich war ein Land, in dem man sich die Blößen nicht geben durfte, die man im Osten schamlos zur Schau stellte. In Frankreich musste der Stiefel der Besatzungsmacht leise auftreten, wenn man nicht Kräfte wecken wollte, die einen früher oder später verschlingen würden. Denn schon regte sich dort die Resistance, die sich im niedergeworfenen Polen noch längst nicht offen hervorwagen konnte.

Auch jetzt, nach zwei Jahren, im Mai 1943, gab es noch keinen einheitlichen Widerstand. Nur über Warschau sickerte etwas durch, Gerüchte von einem Aufstand der Ghettobewohner, von Kämpfen mit SS und Polizei und sogar vom Einsatz von Stukas.

In den letzten Tagen habe ich Schwester Thekla nur selten gesehen. Das Ärzte- und Pflegepersonal des Lazaretts kommt kaum mehr zur Ruhe. Ein neuer Schub Schwerverwundeter ist eingetroffen. Die meisten von ihnen kommen von einem Frontabschnitt, den man Kubanbrückenkopf nennt. Es ist der letzte Zipfel Nordwestkaukasiens, in den sich die 17. Armee nach dem Fall von Stalingrad und dem Zusammenbruch der Donfront zurückgezogen hat.

Heute früh habe ich mit einem Unteroffizier gesprochen, der in der Nähe einer kleinen Stadt Krymskaja einen Granatwerfertrupp führte. Er hat sehr anschaulich die Abwehrschlacht geschildert, in der er verwundet worden ist. Die Russen drücken mit ungeheurer Wucht und einem Materialaufwand, der darauf hindeutet, dass sie sich von allen Schlappen und Niederlagen der letzten zwei Jahre erholt haben. Neben dem bekannten T 34 treten neuerdings amerikanische Sherman-Panzer auf.

Der Unteroffizier war trotz seiner Brustverletzung erstaunlich guter Dinge. »Sie hat es ja auch ganz nett erwischt, Herr Leutnant«, sagte er und fügte grinsend hinzu: »Besser die Fresse weg als im Massengrab, was, Herr Leutnant? Wo haben Sie sich denn dieses Andenken geholt?«

»Im Kessel von Stalingrad«, sagte ich.

Er blickte mich nachdenklich an und fragte: »Was war denn da eigentlich nun wirklich? Der Hermann hat groß hinausposaunt, dass alle bis zur letzten Patrone gekämpft haben und dass keine Überlebenden dem Russen in die Hände gefallen sind. So habe ich es mir wenigstens von einem Nachrichtenfritzen sagen lassen. Aber bei uns hat der Russe Flugblätter mit langen Namenslisten abgeworfen. Er behauptet auf den Flugblättern, es wären Namen von Überlebenden.«

»Haben Sie noch so ein Flugblatt?«, fragte ich.

»Du lieber Himmel«, sagte er, »nein, Herr Leutnant. Die müssen alle abgegeben werden. Ist doch Feindpropaganda. Im KiK, der jetzt KaK heißt, werden wir immer wieder aufgefordert, Feindflugblätter bei den Vorgesetzten abzuliefern.«

»Was ist KiK und KaK?«, fragte ich.

»Unsere Frontzeitung«, sagte der Unteroffizier. »Bis Januar hieß sie ›Kämpfer im Kaukasus‹. Jetzt ist es der ›Kämpfer am Kuban‹. Wenn es so weitergeht, wird es bald der ›KadKri‹, der ›Kämpfer auf der Krim‹ sein, vorausgesetzt, dass es dann überhaupt noch welche gibt, die das Blättchen lesen können.«

»Sieht es denn bei euch so schwarz aus?«, fragte ich. Der Unteroffizier wendete den Kopf.

»Woher denn! Wir wehren den Russen alle Mal noch ab. Zappenduster wäre es nur, wenn er zum Hintertürchen reinkäme.«

Es war eine lehrreiche Unterhaltung. Der Unteroffizier bestätigte die Erfahrungen, die ich bei meiner Kompanie gemacht hatte. Die Front bleibt trotz aller Nackenschläge unerschüttert. Der Soldat blickt nach vorn, nicht zurück. Er kämpft und fällt dort, wohin der Befehl ihn stellt. Seine Gedanken sind nicht heroisch. Das gehört zu ihm wie seine Ausrüstung, seine Waffe und die Munition in seinen Taschen.

Was gäbe ich für ein Flugblatt mit den Namen von Überlebenden aus Stalingrad! Was mag aus meiner Kompanie geworden sein, was aus Rittmeister Graf Lerchenau, dem ich mein Leben verdanke?

Ich war im Begriff auszugehen, zum ersten Mal seit viereinhalb Monaten. An der Pforte des Lazaretts traf ich mit einem alten Hauptmann zusammen. Ich grüßte, indem ich die vier Finger meiner rechten

Hand zur Feldmütze hob, die ich mir inzwischen neu beschafft hatte. Der Hauptmann erwiderte dankend meinen Gruß, doch als ich die Tür für ihn hielt, wehrte er ab.

»Sie haben den Vortritt, Herr Kamerad«, sagte er. »Sie sind ja auch sonst vorn, nicht wahr? Ich alter Etappenhengst dagegen hocke jetzt seit zweieinhalb Jahren in dieser Stadt und wundere mich nur, dass ich noch nicht festgewachsen bin.«

Ich sollte im Park spazieren gehen, der um den ausgedehnten Gebäudekomplex des Lazaretts angelegt ist. Doch ich entschloss mich, den Hauptmann ein Stück Weges in die Stadt zu begleiten. Die Sehstörungen sind seit drei Tagen nicht mehr aufgetreten.

Der Hauptmann – er heißt Nöhmaier und stammt aus Franken – erzählte mir von seiner Tätigkeit. Er leitet eine Dienststelle, die sich mit dem Transport von Nachschubgütern und der Zusammenstellung von Lastzügen befasst. Auch die Bereitstellung von Lazarettzügen, soweit sie über Przemysl und Lemberg rollen, gehört in sein Ressort. Aus den Anforderungen, die alle durch seine Hand laufen, ergibt sich jeweils für ihn ein deutliches Bild der Lage an der Front.

»Im Februar hat es am Dnjepr einmal ganz übel ausgesehen«, sagte er. »Aber der Manstein hat die Geschichte wieder gemeistert. Jetzt ist die Front vom Mijus nach Norden hinauf begradigt. Nur am Kubanbrückenkopf sieht es zur Zeit etwas kritisch aus. Unsere Verluste sind enorm.«

Er fragte mich, wo ich mir meine Verwundungen geholt hätte.

»Im Kessel von Stalingrad«, sagte ich.

»Herrgott«, sagte er, »dann sind Sie einer von den Glücklichen, die herausgeflogen worden sind.«

»Ja«, sagte ich. »Vor zwei Jahren, als ich zum ersten Mal hier in Krakau war, habe ich mir nicht träumen lassen, wie höllisch zugerichtet ich in diese Stadt zurückkommen würde. Meine Bekannten von damals würden mich nicht wieder erkennen.«

»Vor zwei Jahren«, sagte Hauptmann Nöhmaier. »Das war vor Beginn des Ostfeldzuges. Wir waren damals so angespannt, dass wir oft nachts durcharbeiten mussten. Die Heeresgruppe Süd unter Generalfeldmarschall von Rundstedt marschierte in der Zeit von März bis Juni 41 mit insgesamt zweiundvierzig Divisionen auf. Ich erinnere mich gut an das Leben, das in diesen Wochen hier in der Stadt war. Seither ist es ruhiger geworden. Kein Wunder – der Krieg in Russland hat ja wohl andere Formen angenommen, als es ursprünglich vorgesehen war. Mit der raschen Niederwerfung der Roten Armee ist es nichts geworden. Ich sage immer, man hat es versäumt, die Polen zu Freunden zu gewinnen. Trotz seiner Furcht vor der Sowjetunion ist der Pole heute unser erbittertster Feind. Die Fehler, die man sich hier geleistet hat, wirken sich jetzt aus, und sie werden uns noch mehr zu schaffen machen, wenn die rückläufige Bewegung, die am Don und im Kaukasus begonnen hat, sich weiter fortsetzen sollte. Wir haben seinerzeit auf Umwegen Einiges vernommen, was mich tief empört hat. Das war schon nicht mehr Übermut der Sieger – das war Frevel.«

Plötzlich kam er auf etwas zu sprechen, das mich aufs tiefste berührte. Er wohnte in jenen Monaten heimlicher Spannung, als wir uns ahnungslos gegen Russland bereitstellten, in einem kleinen Hotel nahe dem Hallenbad, in dem auch die Kabarettistin Lore Fischer, meine Bekannte, untergekommen war.

Ohne dass ich ihn dazu ermunterte, erwähnte der Hauptmann die vollschlanke und trotzdem so bewegliche Chansonnette.

»Ihr Glück war, dass sie einen Schweizer Pass hatte. Sie war in eine ganz undurchsichtige üble Geschichte verwickelt. Immer wieder wurde von Exzessen gemunkelt, die sich einige Leute hier leisteten. Man hörte von nächtlichen Fahrten ins Ghetto. Im Zusammenhang mit diesen Vorkommnissen verschwand eine junge Jüdin und mit ihr ein SS-Führer. Die Dame Fischer soll dabei die Hand im Spiel gehabt haben.

Am 22. Juni – ich erinnere mich sehr deutlich an diesen Tag, weil es ja das Datum des Angriffsbeginns gegen Russland war – kam ein SS-Kommando ins Hotel und verhaftete die Kabarettsängerin. Zufällig hörte ich später, dass sie in die Schweiz abgeschoben worden sei.«

»Und die beiden anderen?«, fragte ich. »Die beiden, die verschwunden sind? Hat man sie erwischt?«

»Soviel ich weiß, nein«, sagte Hauptmann Nöhmaier. »Sie ahnen ja nicht, Herr Kamerad, welche Kräfte hier am Werk sind. Wir haben einen kleinen Begriff davon. Erst kürzlich ist vor Lemberg ein Munitionszug auf eine Mine gefahren. Sie können sich vorstellen, was davon übrig geblieben ist.«

Ich verriet nicht, dass ich Lore Fischer kannte und Bescheid über Einiges von dem wusste, was sich im Ghetto und außerhalb abgespielt hatte.

Der Gedanke, dass meine Bekannte, die damals zu meinem Befremden an den nächtlichen Orgien teilnahm, sich offensichtlich nur dazu bereitgefunden hat, um den beiden Liebenden helfen zu können, erfüllt mich mit Genugtuung.

Inzwischen ist, wie ich von Hauptmann Nöhmaier hörte, das Ghetto weit gehend entvölkert worden. Viele der Bewohner hat man nach Auschwitz gebracht, die einen zum Arbeiten, die anderen, wie Hauptmann Nöhmaier vermutet, zum Sterben.

An der Front sterben die Soldaten, im Hinterland die Geknechteten. Wer von uns hat noch reine Hände?

Ich verabschiedete mich von dem Hauptmann und kehrte zum Lazarett zurück. Vor dem Haupteingang wurden Sankas entladen, die laufend vom Bahnhof oder vom Flugplatz kommen. Neuzugänge nennen es die Arzte. Es reißt nicht mehr ab.

Ich stieg hinauf zum zweiten Stock, wo mein Zimmer lag. Auf dem Gang begegnete ich Schwester Thekla. Sie war ganz in Weiß und befand sich auf dem Weg zum Operationssaal. Sie versuchte zu lächeln, aber ihre Lippen brachten nur ein schwaches Zucken zustande.

Mittwoch, der 26. Mai.

Draußen ist heller Sonnenschein.

Ich sitze am offenen Fenster. Das lichte Grün des Parks tut den Augen wohl.

Über die verschlungenen Kieswege humpeln Männer an Krücken, manche in weißblau gestreifter Lazarettkleidung, manche in Uniform. Blinde werden von Schwestern oder von Kameraden geführt. Andere tragen ihre geschienten Arme vor sich her. Sanitätssoldaten schieben Rollstühle mit ihrer traurigen Fracht. Auch ich habe einmal einen Rollstuhl über Parkwege geschoben. Damals trug ich eine bunte Schülermütze, und Vater philosophierte über den Krieg, aus dem er vorzeitig ausgeschieden war.

Stumm ragt das große vielfenstrige Gebäude im Sonnenschein. Ein Haus der Schmerzen mit Sälen und Einzelzimmern. In ungezählten Betten, über deren Kopfende das Zickzack der Fieberkurven aufgezeichnet ist, liegen diejenigen, die nicht »gehfähig« sind. Viele werden nie wieder gehen können. Nachts öffnen sich die Türen für die Totenträger.

Sie alle, die das Haus der Schmerzen in der polnischen Stadt bewohnen, sind aus dem Gebrüll der Schlachten eingekehrt in die große Stille. Tag und Nacht sind die Ärzte in weißen Mänteln am Werk. Sind sie sich, wenn sie schneiden und nähen, dessen bewusst, dass sie mit ihrer Kunst dem Krieg nur wieder neue Opfer zuführen? Wer als geheilt entlassen wird, fährt für vierzehn Tage oder drei Wochen zur Genesung nach Hause und kehrt dann zurück in ein Dasein, das keines ist, in die Welt der Männer, die täglich und stündlich sagen können »er fiel an meiner Seite«, bis sie selber an der Reihe sind.

Einer drückt auf den Knopf, und Tausende marschieren, sie begeben sich dorthin, wo Maschinengewehre ihre tödliche Saat ausstreuen, wo explodierende Granaten ihre glühenden Splitter versprühen, wo Scharfschützen über Kimme und Korn oder durchs Zielfernrohr ihre Opfer suchen. Keiner will, und alle gehen. Sie stürzen sich ins Gefecht, und viele sind unter ihnen, die immer wieder von den Sanitätern weggetragen worden sind. Drüben beim Feind ist es nicht anders. Der eine heißt Hitler, der andere Stalin. Sie hetzen die Menschen gegeneinander und reden ihnen ein, nur die eigene Sache sei die gerechte. Und Hitler spricht von Vorsehung. Er spricht auch dann noch von ihr, wenn er eine Armee ins Verderben geschickt hat. Vielleicht glaubt er sogar an das, was er sagt, denn er hält sich für den Erwählten. Man darf nicht darüber nachdenken, man darf nicht an Stalingrad denken. Der Soldat kann seine Knarre nicht wegwerfen, der Kompaniechef kann nicht den Rückmarsch befehlen. Wir alle sind in das Netz verstrickt, das der Mann an der Spitze geflochten hat.

Soeben ist Schwester Thekla für einen Augenblick bei mir im Zimmer gewesen – nur rasch zwischen zwei Operationen. Stabsarzt Nüßle hat ihr für heute frei gegeben. Sie hat mich aufgefordert, mit ihr auszugehen. Wie sehr sie darauf bedacht ist, mein Selbstbewusstsein zu stärken!

Donnerstag, 27. Mai.

Unser Ausflug in die Stadt war nicht übermäßig vergnüglich. Im Deutschen Haus drängten sich die »Weichselkapitäne« in grauen, offiziersmäßigen Diplomatenuniformen mit ihren Sekretärinnen. Auch SS- und SD-Leute saßen an den Tischen. Manche glotzten mich missbilligend an, als sprächen sie mir im Stillen das Recht ab, sie in so augenfälliger Weise an den Krieg zu erinnern, dem sie ihre Pfründe verdanken.

»Hast du was gegen diese Leute?«, fragte Thekla, als wir auf dem Heimweg waren.

Ich deutete an, was ich vor zwei Jahren in Krakau hatte erleben müssen.

»Das sind Auswüchse«, sagte sie. »Ich kann nur Gutes über die SS berichten. Denk nur, am 15. Februar, als Charkow unter dem Druck der Russen geräumt werden musste, hatte man unser Feldlazarett vergessen. Im letzten Augenblick – die russischen

Panzer schossen schon in die Stadt – kam eine SS-Kolonne und lud die transportfähigen Verwundeten und uns Schwestern auf. Viele von uns sind in Charkow geblieben. Vier Wochen später, als Charkow wiedererobert wurde, erfuhr man, was aus den Schwestern und den Wehrmachtshelferinnen geworden ist. Es ist so unvorstellbar schrecklich, dass ich nicht darüber sprechen will.«

»Trotzdem«, sagte ich, »es ist ein Verbrechen, sich Mädchen zu Willen zu machen, die man außerhalb des Gesetzes gestellt hat. Hast du die Plakate nicht gesehen, die heute wie damals überall angeklebt sind? Jude – Laus – Fleckfieber. Aber für die Feste dieser Herren waren die bedauernswerten wehrlosen Geschöpfe gut genug. Ich möchte nur wissen, ob noch eines von den Mädels aus dem Ghetto lebt.«

Wir waren nahe daran, uns zu zanken. Aber schließlich lenkte Schwester Thekla ein.

»Wenn dieser Krieg nur zu Ende wäre«, sagte sie seufzend, »wenn es keine blutigen Verbände, keine eitrigen Wunden, keine Schussbrüche, Durchschüsse und keine amputierten Glieder mehr gäbe.«

Sie begleitete mich auf mein Zimmer. Sie blieb bei mir. Bevor sie früh am Morgen hinaushuschte, sagte sie: »Bald wirst du fortgehen. Bald ist unsere Episode vorbei. Ich habe gehört, dass du nach Bayern in ein Erholungsheim kommst. Was wirst du dann tun?«

»Ich gehe an die Front«, sagte ich. »Ich weiß, dass mich dort keiner so anstarrt, wie ich es gestern Abend wieder erlebt habe. Die draußen achten nicht darauf, ob einer ein Gesicht hat oder so herumläuft wie ich.«

»Es wäre gut für dich, wenn deine Mutter noch am Leben wäre«, sagte sie.

»Das wäre egoistisch gedacht«, widersprach ich

ihr. »Sie hat so viel mitmachen müssen, bis mein Vater starb. Ich bin froh, dass es ihr erspart geblieben ist, mich so zu sehen.«

»Was erwartest du eigentlich?«, fragte Thekla. »Soll ich dir sagen, was mit dir los ist? Du behauptest, du willst kein Mitleid, aber trotzdem verlangst du es. Du verlangst Schonung, Takt und Zartgefühl. Keiner soll dich anschauen. Du wirst es schwer haben, Junge.«

»Ja«, sagte ich, »wenn ich dich nicht mehr habe.«

»Und sie?«, fragte Thekla. »Wie hat sie auf deinen Brief reagiert?« – Sie meinte Margot – »Hast du schon Antwort?«, fragte sie.

»Nein«, sagte ich, »keine Zeile. Ich rechne auch nicht damit, dass sie mir schreibt.«

»Das ist schlimm für dich«, meinte Thekla. »Du brauchst eine Hand, die dich hält. Wie kannst du dich sonst wieder zurechtfinden?«

Ich wunderte mich über so viel Selbstlosigkeit. »Wünschst du es denn, dass eine andere, dass Margot mir dabei hilft?«, fragte ich.

»Ja«, sagte sie, »ich wünsche es. Mein Platz ist hier, das weißt du ja. Wir werden uns bald trennen. Ich muss an deine Zukunft denken. Du brauchst jemanden, der dich versteht, der dich zurückführt in die Welt, aus der du dich ausgeschlossen fühlst.«

»Vielleicht will ich gar nicht zurück«, sagte ich. »Vielleicht ist es notwendig, dass ich mir meine Bitterkeit bewahre. Soll denn Stalingrad vergessen werden? Einer muss den Kampf aufnehmen, einer muss sich auflehnen.«

Thekla nahm das, was einmal mein Gesicht, das Gesicht eines gut aussehenden jungen Mannes gewesen war, in ihre Hände.

»Wie sprichst du denn?«, sagte sie. »In dir ist so viel zerstört worden. Ich habe Angst um dich.« Nach einer Pause fügte sie hinzu: »Ich muss jetzt gehen. Man braucht mich. Es gibt so viele in diesem Haus, die mich brauchen.«

Das Wetter ist sehr warm, schon fast sommerlich. Um mir die Zeit zu vertreiben, beschloss ich, zur Weichsel zum Baden zu gehen. Eine Badehose besorgte ich mir bei einem Sanitäter.

Ich ging über die Brücke. Die Mauer des Ghettos ragte abweisend im Sonnenschein. Sie ist die Trennungslinie. Man müsste sie niederreißen und allen, die guten Willens sind, die düsteren Geheimnisse offenbaren, die sich dahinter verbergen.

Ich stieg zum Ufer hinunter und ging den Pfad entlang, der zwischen Weiden stromauf führte. Als ich die ersten Badenden sah, schlug ich mich in die Büsche, um die Menschen, die sich friedlich im Wasser tummelten oder am Ufer sonnten, nicht zu erschrecken.

Ich zog mich aus und pirschte mich wie ein Aussätziger durch die Weiden, wo sie am dichtesten waren, eine Strecke flussauf, wandte mich schließlich an einer einsamen Uferstelle zum Wasser und sprang hinein. Ich schwamm eine Weile. Es war gut, sich seiner wiederkehrenden Kraft bewusst zu sein. Dann legte ich mich auf den Rücken und ließ mich mit der Strömung treiben. Als ich anhielt, hörte ich Rufe und Lachen von Kindern. Was mir anhaftete, hatte ich vergessen. Ich suchte mit den Füßen Grund und stampfte gegen die Strömung an Land. Die Kinder, die am Ufer spielten, hielten auf einmal inne. Sie starrten mich an, und plötzlich rannten sie schreiend davon.

Das ist aus mir geworden: ein Kinderschreck. Nicht einmal die Sonne verträgt mein neues Gesicht, das ich aus Stalingrad mitgebracht habe. So also endete mein Badeausflug, mein Wunsch, mir die Zeit angenehm in Sonne und Wasser zu vertreiben.

Wie gut, dass ich auf dem Heimweg den Stabszahlmeister traf, der ebenfalls in der Weichsel gebadet hatte. Ich begleitete ihn in sein Quartier, eine polnische Villa. Die Besitzer, ein altes Ehepaar, sind ins Souterrain verwiesen worden. Aber der Stabszahlmeister steckt ihnen alles mögliche zu. Sein Name ist kurioserweise Panitzki. Der Kognak, von dem er ein ganzes Lager besitzt, alter preisgekrönter »Napoléon« aus la douce France, erinnert mich an die Stunden bei Woroponowo, als ich bei Rittmeister Graf Lerchenau zu Gast war, und zugleich an die unwiederbringlichen Monate im Herzen von Burgund.

Der Stabszahlmeister hat oder hatte einen Bruder, der in Stalingrad war. Er hat mir eine Flasche seines sorgsam gehüteten »Napoléon« mitgegeben. Vielleicht hat ihn das, was ich von Stalingrad erzählte, dazu veranlasst?

Thekla hat nur einen kleinen Schluck getrunken. Dann hat sie sich mit den Worten »Heute hast du ja Gesellschaft« zurückgezogen. Sie hat mich meinen Träumen überlassen, den Erinnerungen an die Zeit in St. Gilles: »Sicherung der Demarkationslinie«. Wie viele von denen, die damals zu meiner Kompanie gehörten, liegen unter der Erde, unter russischer Erde. Wie sehr erschreckten uns damals die Verluste an der Aisne. Aber was war die Aisne gegen den Dnjepr, gegen den Donez gewesen? Und gegen den Don? Ausflüge nach Châlon sur Saône. Die Fahrt nach Paris, zu den Mädchen vom Montmartre. Was für ein Leben! Ein Dienst wie im Schlaraffenland. Was bedeutete mir der Streifschuss, den ich mir an der Aisne geholt hatte. So bald waren die Tage der Kämpfe vergessen. Wie verzaubert lebten wir im Hügelland von Burgund. Oder vielleicht war nur ich wie verzaubert, weil Susette mich so sehr verwöhnte? »Mon lieutenant«, sagte sie selbst in den zärtlichsten Stunden. In der Küche wetteiferte sie mit ihrer rundlichen Mutter, dem deutschen Quartiergast die besten Leckerbissen Frankreichs zu bereiten. Morgens feierliche Flaggenhissung. Abends wurde die Flagge ebenso feierlich eingeholt. Wir waren die Sieger, aber wir übten ein mildes Regiment. Die linde Luft Burgunds hätte es nicht zugelassen, dass wir uns wie Barbaren gebärdeten. Eine Zeit lang wurde der Dienst etwas verschärft. Es gab Gefechtsübungen im Gelände, Waffenappelle und dergleichen. Man sprach viel von einem bevorstehenden Angriff gegen England. Aber das schlief alles wieder ein. Wir akklimatisierten uns. Unsere französischen Sprachkenntnisse machten gewaltige Fortschritte. Die Mädchen waren gute Lehrmeisterinnen. La douce France hatte uns in ihre Arme genommen. Und Hitler war weit. Niemand beschäftigte sich mit ihm. Er ließ uns in Ruhe. Sein Eroberungsdrang schien beschwichtigt. Wir ließen uns einlullen, alles war angenehm und erträglich. Wozu denn nachdenken? Der Wein war so billig. Es gab Traubenschnaps, es gab Champagner und Kognak. Die Soldaten lebten nicht schlechter als wir. Mittags kamen die Armen des Dorfes zu unserer Feldküche und ließen sich ihre Töpfe füllen. Wer glaubte noch an das Ende unseres Idylls in Burgund? Als ich im Spätherbst 1940 auf Urlaub war, zur gleichen Zeit, da der russische Außenminister Molotow den neuen Freunden in Berlin seinen Besuch abstattete, wunderte ich mich darüber, dass Margot durchaus nicht so zuversichtlich war wie wir dort unten an der Côte d'Or.

Wir wachten auf, als 1941, Anfang März, der Marschbefehl kam, als wir in Dijon verladen und in sechstägigem Bahntransport nach Krakau verfrachtet wurden. Aber an Russland dachte noch niemand. Niemand ahnte, dass Hitler in einem Sommerfeldzug die Sowjetmacht niederwerfen wollte, um den Rücken frei zu haben für den Angriff gegen England und um die schmale Ernährungsbasis zur Fortsetzung des Krieges zu erweitern. Das waren ja in dürren Worten die Motive. Der Traum von Frankreich war zu Ende, aber auch in Polen lebte man friedlich. Erst nach meiner Begegnung mit Lore Fischer war ich aufgeschreckt. Doch klare Sicht hatte ich noch immer nicht. Es muss einem wohl an die Haut gehen, bis man hellsichtig wird.

Es gab eine Zeit, da hielt ich nicht übermäßig viel von den Zahlmöpsen. Viele von ihnen waren knickerig, als sollten sie von ihrem Eigenen abgeben, verknöcherte Wehrmachtsbeamte, die in dem Führer einer Fronteinheit ein bösartiges Monstrum sahen, das ihnen die sorgsam gehorteten Marketenderwaren rauben wollte.

Das ist anders geworden, seit ich mit Stabszahlmeister Panitzki im Salon einer Polenvilla echten »Napoléon« aus dickbauchigen Schwenkgläsern getrunken und obendrein eine Flasche des edlen Getränks als Seelentröster zum Geschenk erhalten habe.

»Napoléon« – seltsam, auch wir haben an der Spitze einen von der Sorte, die sich berufen fühlt, Europa neu zu gestalten. Auch ihm fällt eine Haarsträhne in die Stirn. Auch er hat sich vermessen, einen raschen Feldzug gegen Russland zu führen.

Als ich mit Panitzki beisammensaß, sagte der wohl konservierte Stabszahlmeister, der aus der »heimgekehrten« Ostmark stammt:

»Schauen S', seinerzeit, im März 38, hab ich in Wien halt auch Heil geschrien. Heut schrei ich: Wo ist mein Bruder? Wo ist der Grenadier Werner Panitzki, der mir im Dezember 42 zum letzten Mal aus Stalingrad geschrieben hat? Ist er tot? Ist er in Gefangenschaft? Was wird denn da verschwiegen?« Nach einer Pause, während der er angestrengt atmete, fügte er hinzu: »Meiner Seel', haben Sie ein Glück gehabt, Herr Leutnant, dass Sie da herausgekommen sind.«

»Glück«, sagte ich, »wie man's nimmt. Drunten an der Weichsel sind ein paar Kinder vor mir davongelaufen. Nennen Sie das Glück?«

Panitzki schenkte erst mir und dann sich wieder ein.

»Trotzdem«, sagte er. »Wer weiß, was die durchgemacht haben oder noch durchmachen müssen.«

Ich bin es nicht mehr gewohnt, muss mich erst wieder ans Trinken gewöhnen. Oder ist der Napoléon so stark?

Als ich im Bett lag, begann das Zimmer sich zu drehen, und ich hatte einen merkwürdigen Wachtraum. Mir war es, als säße ich in einem Kreisel, der schnurrend umherwirbelte, mit dem gleichen Schnurren, das die russischen »Nähmaschinen« an sich haben. Der Kreisel war durchsichtig. Er wirbelte durch roten Nebel, durch ein Meer von Blut. Sein Passagier aber, der vom »Napoléon« berauschte Leutnant Lemke, versuchte auf das Bild eines Mannes zu schießen, dem eine Haarsträhne ins Gesicht fiel, und das immer, wenn er anlegte, wie ein Spuk im roten Nebel oder im wogenden Blut verschwand.

Führerreserve

»Sie sollten das aufschreiben, Herr Lemke«, sagte Hauptmann Harnisch mit seiner rasselnden Stimme, die immer wieder in chaotischem Räuspern explodierte. Er hatte einen Halsdurchschuss, der zwar gut ausgeheilt war, ihm aber doch noch zeitweilig schwer zu schaffen machte. »Das ist ja pyramidal, was Sie da erzählen, einfach pyramidal«, setzte er hinzu. »Sie müssen es unbedingt für später festhalten, für die Zeit danach!«

Das Gespräch, in dessen Verlauf der aus Schlesien stammende Jägerhauptmann Harnisch sich zu diesem Ausspruch herbeiließ, fand am Pfingstsonntag, den 13. Juni 1943, auf der Veranda eines kleinbürgerlichen russischen Hauses an der Uliza Sewastopol von Cherson statt. Cherson liegt am Unterlauf des Dnjepr, unweit der Mündung des Riesenstromes ins Schwarze Meer. Neben einer Anzahl anderer Dienststellen von mehr oder minder großer Wichtigkeit beherbergt die Stadt auch die Führerreserve der Heeresgruppe A. Die Heeresgruppe A, unter dem Oberbefehl des Generalfeldmarschalls von Kleist, besteht aus der 17. Armee, der neu aufgestellten 6. Armee und der 1. Panzerarmee, die Kleist im Juli und August des vergangenen Jahres zum Kaukasus und dann über Rostow und das Eis des Asowschen Meeres zurückgeführt hat. Die Front der südlichsten Heeresgruppe reicht vom Schwarzmeerhafen Noworossijsk, dem rechten Eckpfeiler des Kuban-Brückenkopfes, bis über Slawiansk in der Nähe des Donez hinauf. Die Führungsabteilung der Heeresgruppe hat ihr Hauptquartier in Simferopol, der Hauptstadt der Krim. Die Führerreserve in Cherson, bei der ich am 11. Juni gelandet bin, umfasst Offiziere aller Dienstgrade, die bei Bedarf zur Front abgerufen werden. Es gibt, je nach dem Grad der Tauglichkeit, verschiedene Kategorien. Hauptmann Harnisch mit seinem durchschossenen Hals und ich gehören zu denen, die mit einem langen erholsamen Aufenthalt in Cherson zu rechnen haben. Wir bezeichneten uns selbst als »letztes Aufgebot aus dem Siechenhaus«.

Noch Anfang Juni ahnte ich nicht, wie bald ich Russland wieder sehen sollte, das ich an jenem unvergessenen Januartag auf dem Luftweg verlassen hatte. Anlass zu meiner unvorhergesehenen raschen Rückkehr nach dem Osten war eigentlich Schwester Theklas Geburtstag. Er fiel auf den 1. Juni. Wir feierten ihn bei Stabszahlmeister Panitzki, der außer dem kostbaren »Napoléon« noch andere Sachen auf Lager hatte, die im vierten Kriegsjahr geradezu sagenhaft erschienen. Wir feierten ausgiebig, und Stabszahlmeister Panitzki erwies sich nicht nur als vollendeter Gastgeber, sondern auch als routinierter Charmeur. Er überhäufte Thekla mit Komplimenten. Sie war sehr gelöst an diesem Abend, lachte ausgelassen, tanzte mit Panitzki und mir und sang mit klangvoller Stimme die neuesten Schlager, deren Melodien aus dem Lautsprecher von Panitzkis Radio auf uns eindrangen. Zuletzt, bevor wir gingen, sang sie »Lili Marleen«, das kleine Lied vom Belgrader Wachtposten, das die Stimmung der Soldaten mehr belebt als alle Propagandareden des Großdeutschen Rundfunks.

Panitzki fuhr uns in seinem Dienstwagen zum Lazarett. Er verabschiedete sich von uns, und wir gingen auf mein Zimmer, um das Fest zu zweit fortzusetzen. Thekla, die sonst von unermüdlichem Pflichteifer war, hatte vergessen, dass sie ab Mitternacht Dienst hatte. Um zwei Uhr morgens klopfte es an meiner Tür. Wir verhielten uns still, aber weil sich das Klopfen wiederholte, öffnete ich schließlich. Draußen auf dem Gang stand Oberarzt Dr. Stelzer, ein trotz seiner Jugend durch und durch humorloser Herr. Er ließ mich nicht zu Wort kommen, sondern gab mir in barschem Ton zu verstehen, Schwester Thekla solle sich unverzüglich zum Dienst einfinden, und ich hätte kein Recht, das weibliche Pflegepersonal von seinen Pflichten abzuhalten.

Um neun Uhr morgens wurde ich zu Stabsarzt Nüßle gerufen.

»Lemke«, sagte er, »Sie sind ein fürchterlicher Mensch. Nicht nur, dass Sie uns die größten Scherereien gemacht haben, bis Sie wieder zurechtgeflickt waren. Jetzt verführen Sie auch noch meine Krankenschwestern. Damit Sie es wissen, Schwester Thekla ist vor einer Stunde in Marsch gesetzt worden. Im Feldlazarett von Smela bei Tscherkassy wird sie keine Gelegenheit mehr zu Eskapaden mit ihren Patienten haben.«

Die Front, das »Feld der Ehre«, ist neuerdings eine Art Verschickungsort. Wer zu Hause oder im Hinterland über die Stränge schlägt, wird mit Abstellung an die Front gemaßregelt. Ein unverkennbares Symptom des beginnenden Ausverkaufs aller gültigen Werte.

Auch ich verließ noch am gleichen Tag die Stadt Krakau. Mein Reiseausweis war auf einen kleinen Ort im Chiemgau ausgestellt. Dort lag das Erholungsheim, in dem ich mich aufhalten sollte, bis über meine weitere Verwendung entschieden wäre.

Ich fuhr über Berlin und suchte dort in einer Dienststelle des OKH Major Gruber auf, einen Regimentskameraden meines Vaters, der früher in meinem Elternhaus oft zu Gast gewesen war.

Der Major, ein älterer Herr, erkannte mich zunächst nicht, als ich sein Dienstzimmer in der Villa am Tiergarten betrat.

»Sie wünschen?«, sagte er mit der abweisenden Routine des Bürooffiziers, der von Antragstellern aller Arten überlaufen wird.

»Onkel Fred«, sagte ich, »ich bin es doch, der Sohn von Adalbert Lemke. Erinnerst du dich nicht mehr an mich?«

Er stand hinter seinem Schreibtisch auf, breitete die Arme aus und drückte mich mit größer Herzlichkeit an seine mit Orden bedeckte Brust.

»Junge«, sagte er, indem er mich von sich wegschob, »mein Junge, natürlich, wo hatte ich nur meine Augen?«

Ich erzählte ihm, was mir wichtig schien, auch von Margot, die ich frei gegeben hatte, und von Schwester Thekla, die meinetwegen an ein Lazarett hinter der Front strafversetzt worden war. Zuletzt erklärte ich, dass ich kein Verlangen hätte, in einem Erholungsheim für ausrangierte Offiziere auf Eis gelegt zu werden.

»Was willst du denn, mein Junge?«, fragte der Major. »Was kann ich für dich tun?«

»Ich will wieder eine Kompanie«, sagte ich. »Ich

fühle mich gesund und tauge nicht zum Herumhocken.«

Onkel Fred wiegte überlegend den ergrauten Kopf. »Man kann es ja verstehen«, meinte er. »Es ehrt dich, mein Junge. Man könnte vielleicht in der Gegend von Biarritz, in der Provence oder in Italien etwas für dich ausfindig machen.«

Wir redeten hin und her, und am Schluss überzeugte ich ihn, dass ich wieder zurück nach Russland müsste. Major Gruber führte einige Telefongespräche, gab mir den Rat, ein paar Tage Berlin zu genießen, und lud mich für den Abend in seine Wohnung zu einer Flasche »Rotspon« ein.

Ich nahm mir ein Zimmer im Hotel Excelsior, und am Abend suchte ich den Major in seiner Wohnung an der Kaiserstraße auf. Er hauste dort allein. Frau Gruber war seit dem Einsetzen der schweren Luftangriffe zu ihrer Schwester auf ein Gut in Mecklenburg übergesiedelt.

Wir sprachen lange, und es war nicht nur eine Flasche, die wir miteinander leerten.

Der Major erwähnte gewisse Krisenerscheinungen, die sich in Italien bemerkbar machten. Der Sessel des Duce wackle bedenklich, meinte er. Nordafrika sei ja nun endgültig verloren. Mit der Landung der Angloamerikaner in Sizilien sei wohl in Kürze zu rechnen.

»Wie beurteilst du die Lage im Osten?« fragte ich.

»Tja«, sagte er, »die starre Kriegführung, die trotz der bitteren Lehre von Stalingrad immer wieder praktiziert wird, hat dem Ostheer neue empfindliche Verluste gebracht. Wenn die Front trotzdem hält und da und dort sogar bei kleineren Aktionen die Initiative ergreift, ist es nicht das Verdienst der obersten Führung. Es ist dem Mann zu verdanken, der in seinem Schützenloch aushält, dem kleinen Infanteristen, der nun seit fast zwei Jahren im Osten die Hauptlast trägt.«

»Also Kritik an der Führung«, sagte ich.

Der alte Stabsoffizier blickte nachdenklich auf sein gefülltes Glas, das im Lampenlicht funkelte, als seien statt des Rotweins Rubine sein Inhalt.

»Ich weiß, was du meinst«, murmelte er nach einer Weile. »Das ist, mit Fontane gesprochen, ein weites Feld. Kritik an der Führung, oder präziser ausgedrückt, am Führer bedeutet, alles andere gutzuheißen. Ich habe einen Weltkrieg überlebt, war in Pension gegangen und sitze nun hier als ein unscheinbares Rädchen im Mechanismus des OKH. Wenn ich dir sage, man hätte dem Regime von der ersten Stunde an Widerstand entgegensetzen müssen, man hätte den Eid auf den Führer nicht leisten dürfen, klage ich mich selber an. Du denkst an Stalingrad, mein Junge. Wir alle denken daran. Aber seien wir doch ehrlich. Man kann nicht die militärisch und politisch unsinnige Opferung der sechsten Armee verurteilen und sich zu dem Übrigen bekennen. Entweder ein klares Ja oder ein entschiedenes Nein. Zum Ja können wir uns nicht durchringen, weil uns zu vieles missfällt, und zum Nein – zum offenen Nein fehlt uns der Mut oder die Zivilcourage, wie man es nennen will. Aufgrund meines Wissens und meiner Erfahrung bin ich mir darüber klar, dass unsere Kriegführung fehlerhaft, bisweilen dilettantisch ist. Das heißt, wir stünden besser da, wenn wir eine bessere Führung hätten. Mit dieser Folgerung bekenne ich mich zu diesem Krieg und somit auch zu dem, der ihn heraufbeschworen hat. Aber gerade das kann ich nicht. Demnach lebe und handle ich wie ungezählte andere gegen meine Überzeugung. Oft habe ich euch draußen an der Front beneidet. Für euch ist alles einfacher als für uns. Ihr habt auch weniger Zeit zum Nachdenken. Vor meinem Schreibtisch steht kein Gegner, auf den ich mich konzentrieren muss. Wenn du wieder hinauswillst, kann ich dich verstehen. Aber weißt du auch, dass es Flucht ist? Flucht aus der Verantwortung für das Ganze? Hast du dir schon einmal überlegt, wie dein Vater sich zu diesem für uns unlösbaren Problem gestellt hätte?«

»Ja, Onkel Fred«, sagte ich. »Ich glaube, er hätte nicht mitgemacht, um das abgedroschene Wort wieder einmal zu verwenden. Aber vielleicht ist es auch nur so, dass wir die Toten idealisieren. Vielleicht wäre er in die gleiche Sackgasse geraten wie so viele von uns. Die Befehle, die von oben kommen, sind Gesetz. Paulus hätte, als er noch Generaloberst war, ein Beispiel geben können.«

»Sehr wahr«, fiel Major Gruber ein. »Als er die Ernennung zum Generalfeldmarschall annahm, war es zu spät. Möglicherweise war seine Stunde, die er ungenützt verstreichen ließ, die Schicksalsstunde für uns alle.«

Ich erinnere mich sehr deutlich, dass sich bei diesen Worten des Majors, wie von einem geschickten Regisseur entfacht, ein auf- und abschwellendes Wimmern und Heulen über der Stadt erhob, das mit seinen überwältigend grausigen durchdringenden Tönen selbst in mir abgebrühtem Feldsoldaten so etwas wie eine tief innen schlummernde Urangst wachrief.

Jemand klopfte aufgeregt gegen die Wohnungstür.

Es war der Luftschutzwart, der die Aufgabe hatte, die Verdunklung zu überwachen und bei Alarm die Bewohner des Hauses in den Keller zu treiben.

Als wir den Keller betraten, war dieser, von ein paar lächerlichen Pfosten zusätzlich abgestützt, bereits mit verängstigten Menschen angefüllt. Kinder heulten, und die Gesichter der Frauen erschienen im grellen Licht nackter Glühbirnen blass und aller Anmut beraubt. Auch etliche Männer waren zugegen. Einer von ihnen trug die khakigelbe, Parteiuniform eines politischen Leiters. Dieser Blockleiter beschwichtigte mit trockenen Berliner Redensarten die verstörten Gestalten, als in der Nähe das Krachen schwerer Sprengbomben dröhnte.

Als die Entwarnung kam, verabschiedete ich mich von Major Gruber und ging zu Fuß durch das gespensterhaft dunkle Berlin, über dem da und dort der Schein von Bränden flackerte, zu meinem Hotel. Ich ging durch Straßen, die mich an Stalingrad erinnerten. Sie waren unbewohnt, verödet. Hinter leeren Fensterhöhlen sah man den Himmel, an dem schon wieder Scheinwerfer hin- und herhuschten.

Zwei Tage später hatte ich meinen Marschbefehl nach Cherson am Dnjepr in der Hand.

Vor meiner Abreise, die für den nächsten Tag festgesetzt war, ging ich zur Heereskleiderkasse in der Budapester Straße, um das zu besorgen, was mir an Bekleidung und Ausrüstung fehlte. Auch einen mit Daunen gefüllten Schlafsack erstand ich, der mir in meinen künftigen Bunkerbehausungen von Nutzen sein sollte. Meinen alten hatte ich mit meinem gesamten Gepäck am 19. November 42 eingebüßt.

Aber zunächst, als ich nach fünftägiger Bahnfahrt

in Cherson am Dnjepr eintraf, zeigte es sich, dass ich den neuen Schlafsack nicht benötigte. Das Quartier, das mir zugewiesen wurde, ist, selbst das kleine Haus von Rada Filippowna in Charkow miteingerechnet, das beste, das ich je in Russland bewohnte. Das Bett, tagsüber mit einer Zierdecke geschmückt, ist blütenweiß bezogen. An der Wand hängt eine Fotografie, die einen hünenhaften Offizier in zaristischer Uniform darstellt.

Eine streng blickende alte Frau mit den Körpermaßen einer Walküre empfing mich an der Haustür. Sie schien keinen Anstoß an meinem Aussehen zu nehmen. Sie nicht, doch zwei Tage später, als mir an Stelle der Wirtin eine junge schwarzhaarige Person mit unverkennbar tatarischem Einschlag den »Tschai«, den üblichen Tee, aufs Zimmer brachte, konnte ich gerade noch das Tablett ergreifen, während sich die junge Frau mit dem entsetzten Ausruf »Boschemoi!« auf russische Art bekreuzigte.

Ich stellte das Tablett auf den Tisch. Die Russin – es war die Nichte meiner Quartierwirtin, natürlich Studentin wie hier zu Lande viele intelligente Mädchen – kam zaghaft näher. Ihr bleiches, ungesund aufgedunsenes Gesicht versuchte krampfhaft zu lächeln. Die dunklen, schräg gestellten Augen musterten mich mit unsicherem Blick, während ihre linke Hand verlegen mit dem langen schwarzen Zopf spielte, der über ihre Schulter fiel.

»Woina«, sagte sie, »Krieg nje gut.«

Mit einer scheuen Geste, als wolle sie mich für das, was der Krieg mir angetan hatte, um Vergebung bitten, berührte sie meinen Arm und strich unbeholfen über den rauen Stoff meiner Feldbluse.

In diesem Augenblick klopfte es. Hauptmann

Harnisch, der in einem der benachbarten Häuser sein Quartier hatte, trat, ohne meine Aufforderung abzuwarten, ein.

»Entschuldigung«, sagte er grinsend, »wusste nicht, dass Sie Besuch haben.«

Er gab dem Mädchen einen Klaps auf die Kehrseite. Mit einem halb ärgerlichen, halb geschmeichelten Ausruf wich sie zur Seite und verließ kichernd das Zimmer.

»Sie gehen aber tüchtig ran«, meinte der Hauptmann. »Alle Achtung. Ich muss nochmals um Entschuldigung für mein Eindringen bitten. Habe etwas für Sie, das Sie interessieren wird, Herr Lemke. Im Kasino sitzt ein Stalingrader. Er behauptet, Sie zu kennen. Sein Name ist Kurz – Leutnant Kurz.«

Ich entsann mich nicht, in den Tagen im Kessel einem Leutnant dieses Namens begegnet zu sein. An den Panzerunteroffizier Kurz, der nach dem Rückzug in den Kessel mit seinem Kampfwagen in die Abteilung Lerchenau eingegliedert wurde, dachte ich nicht.

An der Haustür trennte sich der Hauptmann von mir, da er, wie er vorgab, in seinem Quartier eine Verabredung hatte.

Ich ging zum Kasino. Es lag nicht weit von der Uliza Sewastopol, war zu Sowjetzeiten ein Restaurant für Parteifunktionäre gewesen und jetzt für das »Unterhaus«, wie wir es nannten, bestimmt. Das »Oberhaus« – Stabsoffiziere vom Majorsrang aufwärts – nahm seine Mahlzeiten gesondert in einem eigenen Kasino ein, wie auch die Generale, die gelegentlich die Führerreserve beehrten, streng unter sich zu speisen pflegten.

An einem der Tische, die noch nicht gedeckt waren, saß, mit dem Rücken zum Eingang, ein Leutnant in schwarzer Panzeruniform.

Als ich vor ihn hintrat und sein Gesicht sah, erkannte ich ihn sofort. Es war der einstige Unteroffizier Kurz, der im Morgengrauen des 20. November mit seinem Panzer zu meiner Kompanie gestoßen war.

»Mensch«, sagte ich, »Sie sind's also. Gratuliere zur Beförderung.«

Er stand auf und musterte mich mit befremdetem Ausdruck. An seiner schwarzen Bluse trug er neben dem Panzerkampfabzeichen das EK I. Es sah so neu aus wie seine Schulterstücke.

»Würden Sie«, sagte er, »verzeihen Sie, aber ich weiß nicht recht – würden Sie mir, bitte, Ihren Namen nennen?«

»Lemke«, sagte ich, »schlicht und einfach Lemke. Ich gebe zu, dass ich mich seit damals etwas verändert habe, wie?«

Spontan streckte er seine Hand aus.

»Herr Lemke«, sagte er, »Herrgott, dass wir uns nochmal wieder sehen. Ich erfuhr schon von Hauptmann Harnisch, dass Sie hier sind. Nehmen Sie mir's bitte nicht übel, dass ich Sie nicht gleich erkannt habe. Ich hörte damals, dass Sie ausgeflogen worden sind. Hat übrigens deswegen noch mächtigen Stunk gegeben.«

»So«, sagte ich, »davon hab ich natürlich keine Ahnung. Wie sind denn Sie herausgekommen?«

Leutnant Kurz, frisch befördert, wie ich später während unseres Zusammenseins nebenbei erfuhr, holte tief Atem, als wolle er eine beklemmende Erinnerung abschütteln.

»Das ist eine umständliche und lange Geschichte«,

sagte er. »Was halten Sie von einem Spaziergang? Habe bisher mit keinem Menschen richtig drüber sprechen können. Aber Sie – Sie waren ja auch dort. Sie gehören dazu und werden das alles verstehen.«

Wir verließen das Kasino, in dem natürlich das übliche Führerbild einen beherrschenden Platz einnahm.

Es war hochsommerlich heiß. Mächtige Wolkengebilde zogen am leuchtend blauen Himmel nach Osten. Im Gegensatz zu den hässlichen, willkürlich aufgeschossenen Siedlungen des Donezgebietes hatte die Stadt, ähnlich wie Poltawa, etwas Provinzielles und Behäbiges an sich.

Wir gingen zum Dnjepr hinunter und stromab am Ufer entlang. Dem gewaltigen Wasserlauf, der sich breit und träg dem Schwarzen Meer entgegenwälzt, war nicht anzumerken, dass er droben zwischen Dnjeprostroj und Saporoshje durch eine riesige Staumauer gebändigt wurde.

Wir ließen uns im Ufersand nieder. Lachen und Rufe, die aus einiger Entfernung zu hören waren, machten uns auf eine Anzahl Mädchen aufmerksam, die im Fluss badeten. Wir entdeckten die Köpfe der Schwimmerinnen, sahen, wie sie sich planschend dem Land näherten und dann mit der Unbekümmertheit von Naturkindern in ihrer Nacktheit aus dem Wasser stiegen. Ihre Gesichter, die Unterarme und die Beine bis zu den Knien waren von der Steppensonne gebräunt, die Körper dagegen hell, als trügen sie weiße Trikots. Sie verschwanden zwischen den Uferbüschen. Als sie angezogen waren, wanderten sie singend landein. Woina, der Krieg, schien ihnen ihren Frohsinn noch nicht geraubt zu haben.

»Keiner von uns«, sagte unvermittelt Leutnant

Kurz, der am 1. Januar im Kessel von Stalingrad zum Feldwebel OA befördert worden war, »keiner hat an dem Tag, an dem Sie verwundet wurden, Herr Lemke, noch an das Wunder geglaubt, dass wir aus dieser verfahrenen Kiste aussteigen könnten. Dieser neunte Januar! Gegen zwölf Uhr mittags, ich erinnere mich ganz deutlich, kam die Meldung, dass der Russe zum Angriff angetreten war und schon auf Anhieb da und dort Einbrüche erzielt hatte. Überall wurde nach dem Rittmeister gefragt. Er war in der Frühe weggefahren, niemand wusste, wohin. Vom Korps kam der Befehl, bei Pestschanka die alte HKL, die eingedrückt war, im Gegenstoß wiederherzustellen. Oberleutnant von Sassenhausen – Sie kannten ihn ja – nahm den Laden in die Hand und erzählte jedem, dem Chef des Korpsstabes, den Kampfkommandanten der Nachbarabschnitte und allen anderen, die immer wieder anriefen und den Rittmeister verlangten, der Graf sei zur Erkundung nach vorn gefahren. Punktum. Sie wissen ja, was für ein Kaliber der Rittmeister war.«

»War?«, warf ich ein. »Soll das heißen, dass er gefallen ist?«

»Lassen Sie mir Zeit«, entgegnete der Panzerleutnant, der nicht mehr so jugendlich unbekümmert schien wie in den ersten Tagen der Katastrophe von Stalingrad, »ich sagte Ihnen doch, dass es eine lange und umständliche Geschichte ist.«

Er begann zu berichten, chronologisch und oftmals stockend, wenn ihm etwas besonders nahe ging.

Ich blickte auf die langsam vorbeiströmenden, im Sonnenlicht flimmernden Dnjeprwellen. Es war mir verständlich, dass Kurz seine Geschichte zum ersten

Mal preisgab. Nur einer, der wie ich »dort« gewesen war – wenigstens in den ersten Wochen –, konnte ihm Verständnis entgegenbringen.

Den Wortlaut, diesen besonderen Ton des Leutnants Kurz, genau wiederzugeben, ist unmöglich. So will ich versuchen, mit meinen Worten die Vorgänge zu schildern, über die Leutnant Kurz mir am Dnjeprstrand in nüchterner Darstellung Aufschluss gab.

Sein Bericht begann mit dem Gegenstoß, zu dem sich die Abteilung in Abwesenheit des Rittmeisters bereitstellte. Er war links vom Abschnitt meiner Kompanie angesetzt, die nach Meinung von Leutnant Kurz zu diesem Zeitpunkt bereits überrollt war. Die gepanzerten Fahrzeuge der Abteilung, darunter auch der Panzer von Kurz, gingen gestaffelt gegen den in unsere Hauptkampflinie eingebrochenen Feind vor. Die Kradschützen, die zu diesem Zeitpunkt längst keine Krafträder mehr besaßen und schon den Rückzug auf Lkw hinter sich gebracht hatten, folgten zu Fuß. Sie sollten die wiedergewonnenen Stellungen so lange besetzen, bis ein Infanteriebataillon nachrückte, das von Woroponowo her auf dem Marsch war. Für Kurz steht es fest, dass der Gegenstoß von oben befohlen war, jedenfalls von einer Stelle, die nach den Gegebenheiten der Lage auf dem Schlachtfeld nicht fragte. Das Artilleriefeuer, in das sie während der Entfaltung zum Angriff gerieten, war das nachhaltigste, das der Panzermann Kurz in seiner ganzen bisherigen Kriegszeit erlebte und überlebte. Es war, um mit Kurz zu sprechen, »die verdammteste Teufelshölle, die ein Überaufgebot an schweren Geschützen, Granatwerfern von der überschweren Sorte und Stalinorgeln mit hageldicht einschlagenden Granaten auf einen kleinen Geländeabschnitt hineinhauen konnte«.

Als Oberleutnant von Sassenhausen eigenmächtig den Angriff abbrach, war die Aufklärungsabteilung des Rittmeisters Graf Lerchenau ein ausgeglühter, verzweifelter Haufen, den man kein zweites Mal ins Feuer schicken konnte. Was von den Panzerfahrzeugen übrig geblieben war, rollte zurück. Dabei wurden sie von Kampffliegern gefasst und nochmals, wie Kurz sagte, »durch den Wolf gedreht«. Er selbst war mit seinen Leuten, die wie er unverwundet waren, aus dem in Brand geschossenen Panzer ausgestiegen. Wie die Irren waren sie um ihr Leben gerannt, und dabei hatte es drei Mann erwischt. Zu zweit kamen sie beim Abteilungsstab an, wo sich das sammelte, was noch vorhanden war. Ein kläglicher Rest, in einer halben Stunde war das aus der Abteilung geworden, und Kurz wusste, dass jetzt alles aus war.

»Bei uns zu Hause hat einmal ein Wirbelsturm einen ganzen Wald niedergelegt«, sagte er. »So ähnlich war es bei Pestschanka. Wir waren fertig, alle Mann, die herausgekommen waren, fertig und erledigt. Aber Sassenhausen schickte uns doch noch einmal vor. Viele Verwundete waren liegen geblieben. Die sollten wir aus dem Feuer holen.«

»Habt ihr es geschafft?«, fragte ich.

»So ziemlich«, sagte Kurz, ganz im Bann seiner düsteren Erinnerungen. »Das angekündigte Infanteriebataillon kam uns zu Hilfe. Aber es war natürlich in Wirklichkeit kein Bataillon, sondern kaum eine schwache Kompanie.«

Wie erwachend blickte er auf und suchte in seinen Taschen nach Zigaretten. Da auch die meinen aufgeraucht waren, beschlossen wir, zur Stadt zurückzukehren, zumal es schon bald Mittagszeit war.

Wir suchten den Weg, auf dem wir gekommen waren. Zwischen hoch stehendem Weizen und erblühenden Sonnenblumen führte er zur nahen Stadt, die in der beinahe subtropischen Hitze zu schlafen schien. Es war wie im tiefsten Frieden. Sommerlicher Friede. Und es fiel mir nicht leicht, mir das Geschehen auf der verschneiten Steppe zu vergegenwärtigen, über der die Qualmpilze russischer Granaten aufwuchsen.

Als wir die erste Straße erreichten, eine Vorstadtstraße mit dürftigen Häuschen, halb zerfallenen Schuppen und aufgehäuftem Gerümpel in verkommenen Gärten, stolzierten uns zwei rumänische Offiziere in prächtigen Khakiuniformen entgegen. Sie grüßten schwungvoll wie auf einer Operettenbühne.

»Die haben wir damals kennen gelernt«, sagte Kurz, als die beiden außer Hörweite waren. »Erinnern Sie sich? Wie kann man sich nur auf solche Verbündete verlassen?« Unvermittelt unterbrach er sich und setzte hinzu: »Haben Sie den Wehrmachtsbericht gehört? Die Alliierten sind in Sizilien gelandet.«

Ich dachte an mein Gespräch mit Major Gruber in Berlin.

»Für Mussolini sehe ich schwarz«, sagte ich. »Vor kurzem habe ich mit jemandem gesprochen, der in Berlin beim OKH sitzt. Er hält es für möglich, dass der Duce gestürzt wird.«

»Ja, gibt es denn so was?«, fragte Leutnant Kurz staunend. »Ich denke, Mussolini ist der starke Mann in Italien?«

»Sie haben dort den König«, sagte ich. »Außerdem hat auch der faschistische Großrat ein Wörtchen mitzureden. Es ist nicht so wie bei uns, wo ein Einziger befiehlt.«

»Ich möchte nur wissen, was sich der Führer damals gedacht hat, als der Klamauk am Don anfing«, sagte Kurz.

»Nichts«, antwortete ich. »Er kann gar nicht militärisch denken. Das muss man gelernt haben.«

Der frisch gebackene Panzerleutnant starrte mich betroffen an.

»Sie sprechen das so nüchtern aus«, warf er ein. »Wissen Sie, was Sie damit sagen, Herr Lemke? Feldmarschall Keitel, Jodl, der Chef des Generalstabes und die ganze Generalität sollten sich von einem kommandieren lassen, der nichts von Kriegführung versteht?«

»Das ist ja das Unbegreifliche«, sagte ich. »Sie haben nicht rechtzeitig die Weichen gestellt. Jetzt ist der Karren im Rollen. Ich habe keine Vorstellung, wie man ihn noch aufhalten könnte. Was im vergangenen November am Don geschehen ist, hätte genauso gut schon im ersten Winter passieren können. Wir haben nur insofern Glück gehabt, als damals die russische Führung noch unzulänglicher als die unsere war.«

»Glauben Sie wirklich?«, fragte Kurz, als hätte ich ihn noch immer nicht ganz überzeugt. »War es nicht so, dass bei Kletzkaja die Verhältnisse stärker waren?«

»Natürlich«, gab ich zurück. »Sie waren auch stärker. Aber gehört es nicht zu den Aufgaben des Oberkommandos, so etwas rechtzeitig zu erkennen? Schon der Befehl damals im November, uns nach Osten anstatt nach Westen durchzuschlagen, war die erste grundlegende Fehlentscheidung. Das Übrige war eine Kettenreaktion verbrecherischer Starrköpfigkeit. Ich sage Ihnen, Graf Lerchenau hat das von der ersten Stunde an klar erkannt. Wenn alle so gedacht hätten wie er, und wenn sie in jeder Hinsicht so schneidig gewesen wären, wäre die sechste Armee sofort nach der Einschließung zum Angriff angetreten, hätte am Don eine neue starke Front aufgebaut und stünde vermutlich noch dort. Wobei ich die Frage offen lasse, ob das Verbrechen nicht schon am 22. Juni 1941 anfing, als Hitler seinen Krieg mit der Sowjetunion begann.«

»So sehen Sie das alles«, murmelte Kurz bedrückt. »Jetzt ist mir vieles klar. Auch das eine. Keiner in der Aufklärungsabteilung hat es damals begriffen.«

»Was begriffen?«, fragte ich.

»Das, was der Rittmeister getan hat«, sagte Kurz. »Es war am zehnten Januar gegen Abend. Wir waren bis zur Bahnlinie zurückgegangen und hatten uns am Bahndamm festgesetzt. Der Russe kam nur zögernd nach. Bei allem, was er unternahm, ging er auf Nummer sicher. Der Abteilungsgefechtsstand, wenn man überhaupt noch von einer Abteilung reden will, war in einer Balka, wo ein Tross, der geflüchtet war, sich Wohnbunker eingerichtet hatte. Was sich an diesem Abend im Gefechtsstand ereignete, hörte ich von einem der Melder, die beim Stab eingeteilt waren. Gegen sechs Uhr – es war längst dunkel – kam der Rittmeister mit seinem Kübelwagen an. Sassenhausen machte ihm Vorwürfe, weil er sich fast zwei Tage lang nicht hatte blicken lassen. Der Oberleutnant wies darauf hin, dass alle möglichen Kommandostellen angerufen und immer wieder nach dem Rittmeister gefragt hätten. ›Schon gut‹, sagte der Graf, ›lassen Sie nur, Sass, geht in Ordnung. Die werden nicht mehr lange nach mir fragen. Ich habe mich nicht irgendwo herumgedrückt. Ich habe Leutnant Lemke nach Gumrak zum Flugplatz gebracht. Er war schwer verwundet. Es war meine Pflicht, ihn vor dem Massengrab von Stalingrad zu bewahren, meine Menschenpflicht.‹

Was dann kam, muss für alle, die dabei waren, furchtbar gewesen sein. Der Melder, von dem ich es erfuhr, war nahe am Heulen.

Stellen Sie sich vor, Herr Lemke, der Rittmeister ging zum Fernsprecher, drehte die Kurbel, nahm den Handapparat ab, verlangte die Korpsvermittlung und ließ sich mit dem Chef des Stabes verbinden. Als der Oberst am anderen Ende der Leitung war, meldete sich der Rittmeister mit Dienstgrad und Namen und sagte: ›Ich habe eine Erklärung abzugeben. Melde Herrn Oberst gehorsamst, dass ich in diesem Augenblick aus der deutschen Wehrmacht ausscheide, da es mit meiner Ehre nicht mehr vereinbar ist, Befehle auszuführen, die nichts anderes als die Weisungen eines Massenschlächters sind.‹

Mit der linken Hand hielt er den Hörer vor sich hin, in der rechten hatte er plötzlich seine Pistole. Ehe jemand eingreifen konnte, hatte er sich eine Kugel in den Kopf geschossen. Sassenhausen griff zum Hörer und sagte: ›Hier Oberleutnant von Sassenhausen. Melde Herrn Oberst, dass Rittmeister Graf Lerchenau sich soeben erschossen hat.‹

Es kam keine Antwort. Sassenhausen läutete ab. Erst dann kümmerte er sich um den Toten.

Am gleichen Abend musste der Abteilungsstab die Balka räumen, weil der Russe nachdrängte. Der Rittmeister war in einem Splittergraben beigesetzt worden. Ein Grab konnte man in der Eile nicht ausheben. Der Boden war zu fest gefroren.«

Leutnant Kurz schwieg. Auch mir war die Kehle

wie zugeschnürt. So also hat der Mann geendet, der mir das Ausfliegen ermöglicht hat, sagte ich mir und fragte mich, ob es einen anderen Weg für ihn gegeben hätte, wenn ich nicht gewesen wäre. Aber ich kam zu dem Ergebnis, dass Graf Lerchenau keine andere Wahl hatte. Im Übrigen erklärte Kurz, viele andere, gleich welchen Dienstgrades, hätten im Kessel von Stalingrad Hand an sich gelegt. Es fragt sich nur, ob bei allen das Motiv so klar zu Tage lag wie bei Lerchenau.

Wir gingen zum Mittagessen ins Kasino. Danach begaben wir uns in mein Quartier und nahmen auf der schattigen Veranda Platz, die an mein Zimmer grenzte.

Leutnant Kurz setzte seinen Bericht fort. Es war eine Odyssee unmenschlicher Leiden, die er an diesem stillen Juninachmittag vor mir enthüllte. Unter den pausenlosen Angriffen überlegener russischer Kräfte zogen sich die Eingeschlossenen ins Ruinengewirr von Stalingrad zurück. Wer fiel, wer verwundet zusammenbrach, blieb liegen. Es gab keine Sankas, und den Männern fehlten die Kräfte, die Verwundeten mitzuschleppen. Es gab kaum mehr Verpflegung, und die Munition wurde knapp.

»Ich glaube, die Armee hätte am achten Januar kapitulieren sollen«, sagte Kurz. »Es bedeutete zwar Gefangenschaft, aber die war für die Überlebenden doch unvermeidlich, und zu diesem Zeitpunkt war, jedenfalls bei der Kampftruppe, der Gesundheitszustand noch halbwegs erträglich. Was dann am Schluss, als Paulus endlich aufgab, mit erhobenen Händen aus den Ruinen von Stalingrad kroch, hatte keine Widerstandskraft mehr, im russischen Winter in die Gefangenschaft zu marschieren.

Wir waren am sechzehnten Januar in Stalingrad angelangt. Oberleutnant von Sassenhausen hat uns in Etappen in die Stadt geführt. Bis zum vierzehnten Januar kämpften wir als Nachhut. Am vierzehnten ging der Flugplatz Pitomnik verloren. Dann war eigentlich alles nur noch Flucht. Aber Sassenhausen hielt uns zusammen. Ich weiß nicht, ob er immer noch Hoffnung auf eine Wendung hatte. Von außen konnte sie nicht mehr kommen. Die Front, die notdürftig nicht etwa am Donbogen, sondern weiter rückwärts am unteren Donez aufgebaut wurde, war mehr als zweihundert Kilometer von uns entfernt. Das erfuhren wir von einem Jagdflieger, der mit seiner Maschine abgeschossen und mit dem Fallschirm bei uns niedergegangen war. ›Die sind froh, wenn sie Rostow so lange halten können, bis die erste Panzerarmee, die sich vom Kaukasus zurückzieht, durchgeschleust ist‹, sagte der Luftwaffenfeldwebel, der dann bei uns blieb. Er war es übrigens, der mich auf die Idee gebracht hat, doch noch auf eigene Faust den Ausbruch zu versuchen. ›Verrecken musst du so oder so‹, sagte er. ›Ist's da nicht besser, wenigstens noch eine letzte Kraftanstrengung zu machen? Vielleicht glückt es. Die Russen sind nicht überall. Ich weiß es. Nach dem Ssal und Manytsch zu ist alles feindfrei.‹«

Der damalige OA-Feldwebel Kurz begann über die Worte seines Kollegen von der fliegenden Fakultät nachzudenken. Aber noch war es nicht so weit, dass er sich ernsthaft mit einem Ausbruchsplan hätte beschäftigen können. Die Auflösungserscheinungen, die sich später auch in der Kampftruppe bemerkbar machten, hatten die Abteilung Lerchenau noch nicht erfasst. Sassenhausen, der seit dem Freitod des Rittmeisters noch schweigsamer und verschlossener geworden war, hielt die Zügel straff. Es war, als ob er dem toten Abteilungsführer beweisen wollte, dass man auch in auswegloser Lage Disziplin bewahren konnte. Kurz war übrigens zu dieser Zeit bereits wieder Panzerführer. Der Fliegerfeldwebel, der sich Kurz angeschlossen hatte, besaß unter anderem auch ein unübertreffliches Organisationstalent. Auf einem seiner Streifzüge hatte er einen fahrbereiten Panzer ausfindig gemacht, dem nichts weiter fehlte als Sprit. Und weil sie an den noch vorhandenen Benzinvorrat der Abteilung nicht herankonnten, da Sassenhausen sich die Ausgabe vorbehalten hatte, klaute der Luftwaffenmann zehn Kanister bei einem Stab, der in einer Balka auf seine Regimenter wartete, die aller Vermutung nach längst zerblasen waren. Der Tank des verlassenen Panzers wurde gefüllt. Außer dem Fliegerfeldwebel, der für ihn so etwas wie die Gewähr für eine Rettung in letzter Stunde war, und dem Soldaten, der mit ihm aus der Hölle von Pestschanka entkommen war, suchte Kurz zwei Mann zur Besatzung aus, die sich in den letzten Tagen des überstürzten Rückzugs als besonders brauchbar erwiesen hatten. Oberleutnant von Sassenhausen den Zuwachs zu melden, hielt Kurz für überflüssig. Der Panzer kam ihm wie eine letzte Zuflucht vor. Er wollte ihn nicht verlieren.

Die fünf in dem weißgestrichenen Koloss, in dem sich auch noch reichlich Munition für das MG und die Kanone angefunden hatte, führten eine Art Eigenleben. Dank der besonderen Gabe des Fliegerfeldwebels, der seinen Spürsinn in erster Linie für den kleinen Kreis in Anwendung brachte, konnten sie eine gewisse Reserve an Lebensmitteln anlegen, besaßen reichlich Rauchwaren und sogar etwas zu trinken zur Aufmunterung in besonders schwarzen Stunden.

Die zusammengeschossene Abteilung, die seit Tagen keine Befehle mehr erhielt, war in einem Außenviertel von Stalingrad angelangt. Sassenhausen wachte eifersüchtig über die wenigen Fahrzeuge, die man gerettet hatte, und vor allem über den Sprit. Kurz fragte sich, ob der Oberleutnant sich mit ähnlichen Gedanken trug wie Feldwebel Sandner, der abgeschossene Jagdflieger, sie bei ihm angeregt hatte.

Auf meine Frage, ob denn Hauptmann Spengler und Leutnant Göbel zu dieser Zeit nicht mehr bei der Abteilung gewesen wären, antwortete Kurz mit einem Achselzucken. Er wusste nichts von den beiden.

»Sassenhausen«, sagte er, »war unser einziger Offizier. Er wurde immer merkwürdiger. An einem Morgen kam er zu mir und lobte mich dafür, dass ich meinen Panzer nicht im Stich gelassen hätte. ›Ich verleihe Ihnen im Namen des Führers und Obersten Befehlshabers das EK I‹, sagte er. Er hatte glatt vergessen, dass mein Schlitten am neunten Januar in Brand geschossen worden war und dass wir ihn hatten aufgeben müssen. Ich widersprach ihm nicht und ließ es zu, dass er mir sein eigenes EK ansteckte und die Verleihung in meinem Soldbuch vermerkte. Daher der Orden. Ich hab mich schon gefragt, ob ich ihn überhaupt tragen darf, aber es laufen so viele Dekorierte herum, die ihre Nase nicht in den Qualm gesteckt haben, in dem wir mehr als einmal beinah erstickt sind.«

Ich bin mir darüber klar, dass Kurz in seinem Bericht untertrieb und manches ausließ, in der Voraussetzung, dass ich es mir ohnehin vorstellen konnte.

Seine Streifzüge durch die Ruinenviertel von Stalingrad jedoch, die er gelegentlich mit Feldwebel Sandner unternahm, schilderte er mit beklemmender Ausführlichkeit. Sandner wollte erkunden, wie es im Allgemeinen stand, und ob es nicht an der Zeit sei, sich selbstständig zu machen. Es war ein wirres Durcheinander, das die beiden antrafen. Während in einer Straße ein Infanteriezug sich zur Verteidigung bis zum Letzten eingerichtet hatte, trieben sich in der nächsten Marodeure herum, die Verpflegungs-Lkw ausplünderten und buchstäblich vor nichts zurückschreckten. Am schlimmsten aber war es um die Krankensammelstellen, Verbandplätze und Lazarette bestellt. Trotz des Artilleriefeuers, das fast ständig auf die Ruinen einhieb, als sollte ganz Stalingrad vor der Besetzung durch die Rote Armee pulverisiert werden, stauten sich vor den Eingängen, die mit dem Roten Kreuz gekennzeichnet waren, Scharen von Einlassbegehrenden, die auf den Abgang von Gestorbenen warteten. Männer mit erfrorenen Gesichtern, Händen oder Füßen hockten neben Verwundeten im fest getrampelten Schnee. Kein Engel kam vom grauen Winterhimmel, um die Leidenden zu trösten und zu stärken. Vielmehr kamen Granaten und Bomben, scheuchten diejenigen, die noch gehen konnten, auf und trieben sie in Kellerlöcher, wo sie wie verlassene Tiere verendeten.

Leutnant Kurz stellte die Frage, ob denn der Armeeoberbefehlshaber, der mit der Führungsabteilung von Gumrak in den bombensicheren Keller unter der Ruine des großen Warenhauses übergesiedelt war, nichts davon wusste, ob es ihm denn gleichgültig war, wie seine Armee zerbröckelte und starb.

Der Einschließungsring verengte sich. Tausende,

vielleicht Zehntausende waren auf dem Rückzug ins Ruinengewirr von Stalingrad, das schließlich die Reste der 6. Armee aufnahm, zu Grunde gegangen. Der Russe folgte nur langsam. Für Sandner und Kurz stand fest, dass er Truppen von der Kesselfront abgezogen hatte. Am Morgen des 26. Januar ereignete sich etwas, das die beiden bestimmte, am Nachmittag, nach Einbruch der winterlichen Dunkelheit, ihren Plan zu verwirklichen und das Letzte zu wagen.

An diesem Morgen kam Oberleutnant von Sassenhausen aus dem Kellerloch hervor, in dem er sich einquartiert hatte, und trat mit steif ausgestrecktem rechtem Arm auf die im Hof zur Kaffeeausgabe versammelten Soldaten zu, bei denen auch Sandner und Kurz waren. Der Kaffee war kein Kaffee, sondern geschmolzenes Schneewasser, das, mit den Worten von Kurz, nach toten Ratten schmeckte. Aber das spielte keine Rolle mehr.

Der Blick des Oberleutnants flackerte sonderbar.

»Heil Hitler!«, schrie er, der sonst so still und schweigsam war. »Leute, ich habe soeben ein langes Gespräch mit dem Führer beendet. Er hat mir die Zusage gegeben, dass heute die Stunde der Befreiung schlagen wird. Ich begebe mich zum Herrn Oberbefehlshaber der Armee, um dem Herrn Generaloberst Bericht zu erstatten. Heil Hitler!«

Die Soldaten sahen sich betreten an. Aber keiner lachte, als der Oberleutnant steifbeinig auf die Straße hinausschritt. Und keiner hielt ihn zurück. Er ging nicht zum Stadtzentrum, sondern in entgegengesetzter Richtung. Wenig später begann ein russisches MG zu rattern. Kurz konnte nicht angeben, ob es dem Oberleutnant galt. Anzunehmen war es, denn Sassenhausen kam nicht wieder.

Kurz übernahm die Führung. Er ließ die Abteilung durch Melder zusammenrufen und erklärte, er werde es aus eigenem Ermessen wagen, sich zur Front, die südlich des Don am Manytsch zu vermuten sei, durchzuschlagen. Er stellte es jedem frei, zu bleiben oder mitzuhalten, und gab offen zu, dass die Aussicht, die eigenen Linien zu erreichen, weniger als gering, also praktisch gleich Null sei.

Von den sechzig Mann, die im Hof zwischen den Ruinen versammelt waren, meldeten sich vierzig. Am Nachmittag setzten sie sich in Marsch, vorweg Kurz mit seinem Panzer. Die vierzig Mann folgten in einem gepanzerten Mannschaftstransportwagen und einem Lkw, der mit Schneeketten ausgerüstet und förmlich mit MG und Granatwerfern gespickt war. Für Proviant hatte der findige Sandner seit Tagen vorgesorgt. Er reichte für eine Woche. Sie nahmen außerdem den gesamten Spritvorrat mit und einen großen Teil des Munitionsbestandes.

»Sie begreifen jetzt«, sagte Kurz, »warum ich bisher zu keinem Menschen über das alles gesprochen habe. Ich habe zwanzig Soldaten in Stalingrad ihrem Schicksal überlassen, wenn man auch annehmen kann, dass ich nichts mehr hätte tun können für sie. Aber noch schwerer wiegt es, dass ich außer meiner Panzerbesatzung vierzig Mann, die sich mir anvertraut haben, in ein Unternehmen geführt habe, das Wahnsinn war, heller Wahnsinn, nichts anderes.«

»Was wollen Sie denn?«, warf ich ein. »Sie sind doch herausgekommen.«

»Ja, ich«, erwiderte er und lachte bitter auf, »natürlich, sonst wäre ich ja nicht hier, sondern läge in einem der Massengräber von Stalingrad oder säße irgendwo, sei es am Ural, sei es in Sibirien hinter Stacheldraht. Aber wenn Sie glauben, dass alle, die an diesem verfluchten Januarabend mit mir angetreten sind, es geschafft haben, sind Sie im Irrtum. Vergessen Sie nicht, es war ja Winter. Und der Marschweg, den Feldwebel Sandner auf seiner Luftwaffenkarte festgelegt hatte, ging durch unbewohnte Gebiete. Und dann war da noch der Russe.«

Er schwieg. Sein schmales Gesicht nahm einen abwesenden Ausdruck an, als fühle er sich zurückversetzt in die Schneewüste, in der er mit seinen vierundvierzig Begleitern ums nackte Leben kämpfte. Um seinen Mund prägte sich ein harter Zug. In diesem Augenblick hätte ihm kein Außenstehender geglaubt, dass er erst dreiundzwanzig war.

Ich fand, dass er eine Belebung nötig hatte, und bot ihm einen Schluck von dem Obstschnaps an, den ich auf der Herreise in Jassy von einer Rumänin gekauft hatte.

Kurz lehnte mit einer fast schroffen Geste ab.

»Danke, Herr Lemke«, sagte er. »Verdammt, mir ist nicht nach Schnaps zu Mute.«

Doch die Zigarette, die ich ihm reichte, nahm er. Er beugte sich vor, als suche er ein fernes Ziel, und rauchte mit hastigen Zügen.

Nach einer Weile fuhr er mit seinem Bericht fort. Mit knappen Worten schilderte er den Beginn der Fahrt ins Ungewisse. Sie hielten sich an die Rollbahn in Richtung Pestschanka, die trotz der Dunkelheit nicht zu verfehlen war. Zusammengeschossene oder zerbombte Fahrzeuge oder solche, die wegen Spritmangels liegen geblieben waren, wiesen ihnen unübersehbar den Weg. Die russische Artillerie schoss ihr Störungsfeuer wie fast immer in den vergangenen Tagen und Nächten. Im Rumpeln und Dröhnen der

Abschüsse und Einschläge ging das Motorengeräusch der kleinen Kolonne unter. Nach kurzer Zeit stießen sie, wie erwartet, auf die erste russische Sicherung. Aber es war nur ein schwacher MG-Posten, den Kurz mit zwei Schuss aus der Panzerkanone niederkämpfte. Auch dieses rasch beendete Feuergefecht fiel dem Feind nicht auf. Geschossen wurde überall, und daran, dass ein paar Germanski so verrückt sein könnten, aufs Geratewohl in die winterliche Steppe auszubrechen, dachte beim Russen wohl niemand. Was bedeutete es auch schon?

Nach den Worten von Kurz rollten sie durch die Front, ohne recht zu wissen, wie. Feldwebel Sandner hatte mit seiner Behauptung, die feindliche Linie sei nach Südwesten zu nur schwach besetzt, Recht gehabt. Gegen vier Uhr morgens hielten sie vor einer Balka an. Kurz begab sich mit ein paar Mann durch tief angewehten Schnee zur Erkundung in die Schlucht. Außer toten Soldaten, verendeten Pferden und einer Anzahl verlassener Motorfahrzeuge und Panjewagen fanden sie nichts. Kurz schickte einen Melder zurück und ließ seinen Panzer, den MTW und den Lkw folgen. Er entdeckte einen Bunker, in dem dicht gedrängt Verwundete lagen, die erfroren waren. Sie schafften die Toten hinaus in den Schnee und verbrachten den ersten Tag ihrer Flucht in dem Bunker. Tagsüber wollten sie erst dann marschieren, wenn sie die freie Steppe erreicht hatten.

Am Abend, als sie nach dem Kompass in südwestlicher Richtung weiterfuhren, versuchte eine Gruppe Rotarmisten, die plötzlich vor ihnen auftauchte, sie anzuhalten. Die Russen nahmen wohl an, es seien Fahrzeuge der Roten Armee. Vielleicht hatten sie Befehl, alles zu kontrollieren, was aus Stalingrad kam, oder sie wollten mitgenommen werden. Kurz fuhr unbeirrt weiter. Zwei oder drei der Rotarmisten walzte er nieder, die übrigen konnten entkommen. Wenig später erhielten sie von rechts Feuer. Es mussten Panzer oder Pakgeschütze sein. Ein Treffer fuhr in den am Schluss folgenden Lkw. Ein Splitter riss einen der Benzinkanister auf. Das Benzin geriet in Brand. Die Besatzung sprang ab. Die Flammen breiteten sich rasch über den ganzen Wagen aus, die Munition explodierte. Vier Mann lagen mit tödlichen Wunden im Schnee, die übrigen saßen auf den Panzer und den MTW auf. Kurz rechnete mit Verfolgung. Aber wie so oft, reagierten die Russen auch diesmal nicht so, wie man erwartete. Unbehelligt fuhren der Panzer und der MTW weiter. Als sie gegen Morgen, wiederum in einer der zahlreichen Schluchten, anhielten, stellte es sich heraus, dass vier von den acht Mann, die auf dem Panzer aufgesessen waren, sich schwere Erfrierungen, zugezogen hatten. Am Abend waren zwei von ihnen tot. Die Gruppe Kurz war achtundvierzig Stunden unterwegs und hatte bereits sechs Mann verloren.

Am nächsten Tag schneite es aus niedrig hängenden schwefelgelben Wolken. Die Sicht war dementsprechend schlecht. Es gab keine Feindberührung. Sie fuhren, so schnell der tiefe Schnee es zuließ, und glaubten schon, das Schlimmste überstanden zu haben. Zum Aksay-Abschnitt, wo die Panzer von Hoth vor Weihnachten hängen geblieben waren, war es nicht mehr übermäßig weit. Immer wieder mussten sie anhalten, um sich in der beißenden Kälte Bewegung zu machen.

Dann, es war am vierten Tag, streikte der Motor des MTW. Der Frost hatte den Zylinderblock gesprengt. An eine Reparatur war nicht zu denken. Die Besatzung stieg ab. Zum ersten Mal hörte Kurz Flüche. Zum ersten Mal gab es zwei oder drei Mann, die ihn und seinen Ausbruch offen verwünschten. Er achtete nicht darauf, überließ Feldwebel Sandner die Führung des Panzers, der den Weg durch den Schnee bahnte, und folgte mit den Leuten, die gezwungen waren, den Marsch zu Fuß fortzusetzen. Der Proviant, der noch übrig war, die Munition und alles, was an Waffen überzählig war, hatte man in den Panzer umgeladen. Der Kampfwagen war der Rückhalt. Kurz war sich darüber klar, dass sie hilflos in der winterlichen Steppe umkommen würden, wenn auch der Panzer ausfiel. Am späten Nachmittag machten sie im eisigen Wind auf der ungeschützten freien Fläche halt. Die erschöpften Soldaten warfen sich in den Schnee, aber Feldwebel Sandner trieb sie hoch und zeigte ihnen, wie man Iglus baute, Schneehütten, die auch bei arktischer Kälte ausreichend Schutz boten. Doch am Morgen mussten wieder drei Mann mit erfrorenen Füßen in den Panzer gehoben werden. Es schneite nicht mehr. Die Wolken zogen nach Westen. Eine blasse Wintersonne kam hoch, aber sie wärmte nicht.

Bald nach dem Aufbruch sichtete Sandner, der wieder im Panzer den Platz von Kurz eingenommen hatte, eine Kolonne russischer Infanterie, der eine Reiterabteilung und ein Anzahl mit Pferden bespannter Schlitten folgte. Sandner bog nach Süden ab. Aber es war schon zu spät. Auch sie waren entdeckt worden. Die Reiter scherten aus der Kolonne aus und trabten, zunächst wohl nicht in feindlicher Absicht, auf sie zu. Kurz vermutete, dass die Russen sie für eigene hielten, die versprengt waren oder sich in der Steppe verirrt hatten. Im Näherreiten winkten einige, aber dann stoppten sie, und Kurz befahl seinen Leuten, in Stellung zu gehen. Zugleich eröffnete der Panzer das Feuer. Der Reitertrupp zog sich zurück. Die Infanterie schwärmte aus. Sie brachten Granatwerfer in Stellung und antworteten mit MG.

Erst nach einer Stunde, als ein Schneesturm losbrach, der unbemerkt von Nordosten herangezogen war, gelang es dem Panzer und Feldwebel Kurz mit den Überlebenden seiner Leute sich vom Feind zu lösen. Fünf Mann waren gefallen. Vier Verwundete hatte der Panzer aufgenommen. An ihrer Stelle waren alle, die noch ihre Füße gebrauchen konnten, ausgestiegen. Am Abend waren drei von den vier Verwundeten tot. Kurz selbst hatte während des Feuergefechtes einen Schuss in die rechte Hüfte erhalten, aber er beachtete den Kratzer nicht, zumal die Blutung schon vor dem Weitermarsch aufgehört hatte. Erst am nächsten Tag begann sein rechtes Bein zu lahmen. Trotzdem hielt er mit den anderen Schritt.

Der schwärzeste war der sechste Marschtag. An diesem Tag brach das Verhängnis in Gestalt eines russischen Kampfflugzeuges herein, das in geringer Höhe über der Steppe kreiste und die kleine Gruppe der deutschen Ausbrecher offensichtlich suchte. Als sie erspäht waren, half es nicht mehr viel, dass sie mittlerweile die MG feuerbereit gemacht hatten. Immer wieder stieß das Flugzeug nieder und feuerte mit der Bordkanone und dem MG in der Kanzel und im Heck auf den Panzer und die im Schnee liegenden Gestalten.

Kurz fieberte an diesem Tag stark und war nicht völlig klar bei Sinnen, so dass er über das, was geschah, nur unvollkommene Angaben machen konnte. Jedenfalls war der Panzer mit mehreren Treffern auf der Strecke geblieben, als die Maschine, die wohl ebenfalls beschädigt war, endlich abflog. Und von denen, die sich in den Schnee geworfen hatten, standen acht Mann nicht mehr auf. Das bitterste war, dass sie die Halberfrorenen und Schwerverwundeten in dem Panzer zurücklassen mussten.

Zu Fuß kämpften sich die letzten der Gruppe Kurz weiter durch den Schnee. Feldwebel Sandner schleppte Kurz, der an Wundfieber litt und stark hinkte, mit sich. Der Luftwaffenfeldwebel, der nur wenige Tage im Kessel von Stalingrad verbracht hatte, war noch am besten bei Kräften, und seine pelzgefütterte Fliegerkombination und die Pelzstiefel schützten wirksamer vor der Kälte als die Winterbekleidung der Soldaten. Sandner war es, der die Verzweifelnden aufrecht hielt, und zuletzt ermöglichte er die Rettung.

Etwa zwanzig Kilometer ostwärts des Ssal nahm sein scharfer, geschulter Blick auf der Steppe etwas Fremdartiges wahr, das er für ein Flugzeug hielt. Kurz war in dieser Stunde so weit klar, dass er alles, was dann folgte, einigermaßen mitbekam. Sie näherten sich dem Gebilde, das Sandner unbeirrbar als Flugzeug ansprach. Schließlich stellte es sich heraus, dass er sich nicht getäuscht hatte. Es war eine dick verschneite deutsche Ju 52. Der Einstieg war offen. Die Bordwand wies mehrere Einschüsse auf. Sandner schwang sich zum Einstieg hoch und half Kurz hinauf. In der Kanzel fanden sie den Piloten. Mit einer Kopfverwundung kauerte er erstarrt hinter dem Steuerknüppel, den er mit beiden Händen umfasst hielt. Neben ihm lag ein Toter, wohl der Co-Pilot.

Von der übrigen Besatzung entdeckten sie keine Spur. Dagegen waren im Frachtraum Versorgungsbomben aufgestapelt, die offenbar für Stalingrad vorgesehen waren. Sandner mutmaßte, dass der verwundete Pilot mit letzter Kraft die Maschine zu Boden gebracht hatte und dann zusammengebrochen war. Die Überlebenden der Besatzung hatten allem Anschein nach versucht, sich zu Fuß zu den deutschen Linien durchzuschlagen.

Sandner schüttelte die Schwäche ab, die in den letzten Stunden auch ihn mehrmals niedergeworfen hatte in den Schnee. Er entwickelte einen Tatendrang, der auf alle anderen, die sich schon völliger Lethargie ergeben hatten, anfeuernd wirkte. Sie befreiten die Tragflächen der Maschine von der Schneelast. »Wenn das Aas nur anspringt!«, schrie Sandner immer wieder. Die sechzehn Mann, die außer ihm und Kurz den Marsch durch die eisige Steppe überstanden hatten, trampelten nach seiner Anleitung eine Anlaufbahn. Sie stapften mehrere Stunden lang im Schnee, bis Sandner ihnen zurief, es sei genug. Zwei Tage lang hatten sie nichts mehr zu sich genommen. Aber die Versorgungsbomben enthielten, außer denen, die mit Infanteriemunition gefüllt waren, so viel Nahrungsmittel, dass sie wochenlang davon hätten leben können. Doch der umsichtige Sandner hielt die Hand darauf und teilte zunächst jedem nur ein wenig Schoko-Kola zu. Er war immer noch nicht sicher, ob die Maschine startklar war, wenn er sich auch vergewissert hatte, dass durch den Beschuss keine wichtigen Teile beschädigt worden waren. Mit Hilfe des Vorwärmers brachte er schließlich die Motoren in Gang. Sie liefen zwar stotternd und unregelmäßig, aber sie liefen, und

Sandner glaubte schon, dass er gewonnen habe. Doch die weiße Steppe gab die entkräfteten, halb verhungerten, stoppelbärtigen Männer, die aus Stalingrad kamen, noch nicht frei. Der Himmel verdunkelte sich, es begann zu schneien. Sturm kam auf, warf neuen Schnee auf das unter dem Anprall der Böen schwankende Flugzeug und schüttete die mühsam getrampelte Startbahn wieder zu. Als der Schneesturm vorübergezogen war, senkte sich die eisige Winternacht über das im Schnee vergrabene Land.

Am anderen Tag wagte Feldwebel Sandner den Start. Der erste Versuch misslang. Die Maschine versackte, noch ehe sie die volle Startgeschwindigkeit erreichte, in einer Schneewehe. Aber Sandner gab nicht auf. Er feuerte die Männer, die wie er zurück ins Leben wollten, zu neuer Kraftanstrengung an. Beim zweiten Versuch hob sich die Ju schwerfällig schwankend vom Boden ab, gewann Höhe und schwebte über die weiße Wüste noch Westen. Das Geheul der Geretteten übertönte das Donnern der Motoren.

Sandner hielt die Maschine in geringer Höhe. Noch waren sie über Feindgebiet. Wenn auch die MG in der Kanzel und im Heck bemannt waren, hatte Sandner doch kein Verlangen danach, von russischen Jägern aufgespürt zu werden. Wie ein Heckenspringer zog die langsam fliegende Ju ihren Kurs noch Westen.

Kurz lag zu dieser Zeit halb bewusstlos in Decken gewickelt auf dem Boden des Flugzeugs. Er kam erst zu sich, nachdem sie auf einem Feldflughafen bei Taganrog gelandet waren, den Sandner bei heftigem Schneetreiben angesteuert hatte. Das Fahrwerk war bei der Landung zu Bruch gegangen, aber die Insassen der Maschine, die seit Tagen als verschollen galt, erlitten keinen Schaden.

»So war es«, sagte Leutnant Kurz. »Wir wurden angestaunt, als seien wir von einem anderen Stern gekommen. Die Propagandamaschine war inzwischen auf Hochdruck gelaufen. Die Leute auf dem Flugplatz von Taganrog wollten es zuerst nicht glauben, dass wir aus Stalingrad ausgebrochen waren. Die sechste Armee war totgesagt worden. Ich war zu schwach, um einen zusammenhängenden Bericht zu geben. Vielleicht war es gut so. Sandner besorgte es auf seine Art für mich. Er hat ja auch in der schwersten Zeit die Führung übernommen. Er erklärte dem Flugplatzkommandanten, wir hätten auf Befehl gehandelt. Auf Befehl! Nur der Befehl ist wichtig, freies Ermessen, eigenen Entschluss gibt es nicht. Bevor wir uns trennten, schärfte Sandner mir ein, niemals zuzugeben, wie es wirklich gewesen war. Zuletzt händigte er dem Kommandanten die Soldbücher der Kameraden aus, die wir unterwegs hatten zurücklassen müssen. Drei Tage später lag ich in Breslau in einem Lazarett. Bei der Untersuchung stellte sich heraus, dass meine Verwundung an der Hüfte ein Steckschuss war. Aber das Geschoss saß nicht tief. Sie schnitten es heraus. Ende März wurde ich als geheilt entlassen und kam zum Ersatztruppenteil. Dort erfuhr ich von meiner Beförderung zum Leutnant. Wenn sie mich degradiert hätten, hätte es mir ebenso viel bedeutet. Ich habe immer an das Gute geglaubt. Seit Stalingrad weiß ich, was gespielt wird. Stalingrad – Massengrab. Das war damals die Parole des russischen Propagandasenders. Man kann nicht behaupten, dass er gelogen hat.«

Unvermittelt stand Leutnant Kurz auf. Er trennte sich von mir wie ein Fremder. Zwar hat er sich eine Last heruntergeredet, aber er hat sich nicht von ihr befreien können. Ich weiß, er wird sie tragen müssen, solange er lebt.

Am Abend war Hauptmann Harnisch bei mir. Im Gegensatz zu Kurz verschmähte er den Obstschnaps aus Jassy nicht. Natürlich sprachen wir über Stalingrad. Es ist das Thema Nummer eins bei allen Gesprächen. Man raunt sich heimlich zu, was man darüber denkt. Hauptmann Harnisch meint, ich solle alles aufschreiben – für später. Er ahnt nicht, wie viele Seiten ich schon seit dem Tag in Krakau gefüllt habe, an dem ich anfing, Buch zu führen. Ich werde mich hüten, es zuzugeben, denn auch Hauptmann Harnisch mit dem durchschossenen Hals ist nicht durchschaubar. Wenn man den Führer erwähnt, wird seine Miene abweisend. Ein sonderbarer Mensch. Manchmal stellt er bohrende Fragen, als wolle er mich aushorchen. Dann wieder behauptet er, in vier, spätestens fünf Monaten werde die Rote Armee durch die staubigen Straßen von Cherson ziehen. Oder er gibt offen zu, dass er nicht die Absicht hat, vorzeitig an die Front zurückzukehren. Seine Verwundung hat er sich im Waldkaukasus, kurz vor Beginn des Rückzuges, geholt. Die Division, bei der er war, eine Jägerdivision, zweigliedrig wie die Gebirgsdivisionen, ist im Februar, als ein Stoßkeil der Roten Armee nach dem zweiten Durchbruch bei Isjum am Donez zum Dnjepr zielte, aus dem Kubanbrückenkopf herausgezogen worden. Bisher hat ihn die Division nicht angefordert. Er genießt sein Feriendasein in Cherson und träumt, glaube ich, davon, dass der Krieg eines Tages zu Ende ist, als ob man das Chaos, das unter den Völkern entstanden ist, mit einem Taschenspielertrick aus der Welt schaffen könnte.

Wir saßen im Dunkeln auf der Veranda. In Hauptmann Harnischs Hand glomm eine der zahlreichen Zigaretten, die er trotz des von den Ärzten verhängten Rauchverbots im Laufe des Abends konsumierte. Cherson lag in tiefem, friedlichem Schlaf. Nur von Zeit zu Zeit durchbrach der gellende Pfiff einer Lok die Stille der milden Juninacht. Scheinwerferstrahlen kreuzten sich wie leuchtende Schwerter von Giganten über der Dnjeprbrücke, fuhren auseinander und trafen sich wieder. In großer Höhe surrte ein Flugzeug. Aber die Flak schoss nicht, es fielen auch keine Bomben. Der Krieg scheint hier in Sommerurlaub gegangen zu sein.

»Ihr Schnaps ist gut, Herr Lemke«, sagte Hauptmann Harnisch. »Schenken Sie mir nochmal ein. Mich friert.«

Er trank das Glas aus und verabschiedete sich.

Jetzt bin ich allein.

Cherson, 5. Juli 1943.

Ich habe Einiges nachzuholen. Zwei Tage habe ich dazu gebraucht, um die Zettel mit meinen Notizen zu ordnen. In der Eintönigkeit meines Aufenthalts in Cherson hat es nun doch einige Abwechslung gegeben. Als ich vorgestern vom Ausflug auf die Krim in das kleinbürgerliche Haus an der Uliza Sewastopol zurückkam, hat mich das Riesenweib mit den fettigen grauen Haarsträhnen wie einen verlorenen Sohn begrüßt. Sie hat mich zu einem ukrainischen Abendessen eingeladen. Es gab Borschtsch, Wariniki, Eier, verschiedene Salate und stark eingezuckerte Beeren. Dazu Wodka und hellroten Krimwein. Für eine »Gewesene«, eine, die aus der Zarenzeit übrig geblieben ist, lebt meine Wirtin nicht schlecht. Sie führt den Namen Lidia Nikolajewna Kaminskaja, der von Tolstoi erfunden sein könnte. Die Nichte Schura mit den dunklen Tatarenaugen hat bei Tisch bedient. Die Studentin als Dienstmagd bei einer »Gewesenen«. Auch das bolschewistische Russland ist voller Widersprüche.

Der »Salon« der Walküre Lidia Nikolajewna ist mit Andenken an verschollene Zeiten voll gestopft. An den Wänden hängen Bilder, die schnurrbärtige Männer in Kosakenuniformen zeigen.

Das Vertiko, ähnlich dem im Keller der Fabrik bei Woroponowo, enthält ein Sammelsurium bunt bemalter Gipsfiguren: Zwerge mit langen Bärten, neckische Nixen, Hasen, Hunde, Bären und einen Wolf, dem ein Bein fehlt. Dafür ist in einer Ecke der nicht allzu geräumigen Stube über einem Dickicht aus Gummibäumen eine altersdunkle Ikone von ergreifender Schönheit angebracht. Das Bildnis der Gottesmutter in goldener Umrahmung, flankiert von Engeln mit langen schmalen Schwingen.

Wie die meisten Russinnen der gebildeten Schicht spricht Lidia Nikolajewna etwas Deutsch, jedenfalls so viel, dass wir uns verständigen konnten, zumal ich ja ein paar der geläufigsten russischen Worte verstehe.

Die Frau erzählte mir, wie es ihr seit den weit zurückliegenden Revolutionstagen ergangen ist, in denen sich die Reste der Weißen Armee auf die Krim zurückzogen. Ihr Mann war selbstredend Oberst in einem Kosakenregiment. Alle Männer dieser »gewesenen« Frauen waren Oberste, als ob es nur diesen

Dienstgrad gegeben hätte. Oberst Kaminski jedenfalls scheint sich auf der Krim nach der Türkei eingeschifft zu haben. Oder nach Bulgarien. Sie vermutet es nur, denn sie hat nie wieder etwas von ihm gehört. In der ersten Zeit, als überall Jagd auf Frauen von zaristischen Offizieren gemacht wurde, tauchte sie bei entfernten Verwandten in Leningrad unter. Ihren Sohn, der damals vier Jahre alt war, hatte sie bei sich. Aus Furcht vor Verfolgung zeigten die Verwandten sie bei der damaligen Tscheka an. Sie wurde abgeholt. Um nicht nach Sibirien verschickt und womöglich von ihrem Kind getrennt zu werden, wurde sie, um ihre Worte zu gebrauchen, die »Gefährtin eines sehr mächtigen Tschekisten«, der aber später selbst unter die Räder geriet, weil er ein verkappter »Gewesener« war. Diesmal war es wohl Lidia Nikolajewna gewesen, die die Vergangenheit des Mannes aufdeckte, der etwas grob mit ihr umgegangen sein muss. Sie wurde Mitglied der herrschenden Partei und begann ihre Laufbahn als »Lehrerin für Gesang und Musik«, die erst beim Einzug der deutschen Truppen in Cherson unterbrochen wurde, denn die Germanski beschäftigen in der besetzten Ukraine keine Mitglieder der KP. Von ihrem Sohn weiß sie nichts. Er hat bei der Roten Armee gedient, ist Ende Juni 41 wieder eingezogen worden und hat ihr die letzte Nachricht im August 41 aus Krementschug zukommen lassen. Sie hofft, dass er in Gefangenschaft ist und später, wenn alles vorbei ist, zu ihr heimkehren wird. Ich will ihr die Hoffnung nicht rauben. Soll ich der Frau vielleicht sagen, was ich über die Behandlung gefangener Russen weiß?

Sie ist außerordentlich trinkfest. Immer wieder stieß sie mit mir an. Als ich sie einmal fragte, warum sie mich so freundlich bewirte, anstatt mich zu vergiften, begann sie zu lachen wie über einen guten Witz.

»Söhnchen«, sagte sie, »Sie sind gut zu mir, tun mir nichts Böses. Warum soll ich Böses Ihnen tun?«

Spät am Abend, nach Beendigung des Festmahls, erschien Hauptmann Harnisch, der nicht mit auf der Krim war. Als wir am 18. Juni zu unserer Rundreise starteten, lag er mit Sprech- und Schluckbeschwerden in der Krankensammelstelle.

Er fragte mich nach den Eindrücken der Rundfahrt, aber dann ließ er mich kaum zu Wort kommen, sondern erzählte Schauergeschichten von Partisanen, die neuerdings auch die Ukraine unsicher machen sollen. Er behauptet, sie hätten einen Landwirtschaftsführer von einem außerhalb der Stadt gelegenen Kolchos verschleppt. Der Landwirtschaftsführer hat unser Kasino mit Produkten beliefert, die nicht auf der Verpflegungsliste der Wehrmacht sind.

»Seitdem gibt es zum Frühstück keinen Honig mehr«, sagte Hauptmann Harnisch betrübt. »Auch sonst fehlt manches. Dieses Cherson geht mir allmählich auf die Nerven. Ich glaube, ich werde mich doch um baldige Veränderung bemühen. Von Leutnant Kurz soll ich Sie übrigens grüßen. Er ist zwei Tage nach Ihrer Abreise zur Krim zu einer Panzerdivision abgestellt worden, die bei Slawiansk eingesetzt ist.«

Seltsam, seit dem Tag, an dem er mir über seine Erlebnisse in Stalingrad und seine Flucht aus dem eingeschnürten Kessel berichtet hat, ist Kurz mir aus dem Weg gegangen. Vielleicht hat er es bereut, dass er sich mir anvertraut hat. Oder er leidet darunter, dass er am befohlenen Totentanz nicht bis zum Ende teilgenommen hat. Mag auch sein, dass sich manches anders abgespielt hat, als er es mir darstellte. Aber ist das alles noch wichtig? Er hat den Weg eingeschlagen, den alle früher oder später gehen werden, die in unserem Nachschublager für vakante Offiziersstellen Station machen.

Für die Rundfahrt durch die Krim war Leutnant Kurz wohlweislich nicht eingeteilt worden. Die jüngeren Herren haben keinen Anspruch auf unterhaltsame Informationsreisen. Sie haben als Erste bereitzustehen, denn der Tod hält täglich Ernte. Bei mir als Einzigem meines Dienstgrades machte man eine Ausnahme. Vermutlich nehmen sie nicht an, dass ich mit meinem zerschundenen Gesicht, den vier Fingern der rechten Hand und den sonstigen Narben und Stecksplittern draußen an der Front noch viel wert bin.

Wir waren zu acht. Bis Simferopol fuhren wir mit der Eisenbahn. Am Bahnhof von Simferopol wartete ein von der Heeresgruppe bereitgestellter Omnibus, der uns zu einem Haus brachte, das für Gäste des Hauptquartiers eingerichtet ist.

Mein Zimmergefährte war ein Kriegsgerichtsrat, der einen Goldrandkneifer mit goldener Kette trägt und wie ein vertrockneter Amtsrichter einer mitteldeutschen Kleinstadt wirkt. Aber er ist durchaus nicht vertrocknet, wie ich bereits auf der Bahnfahrt festgestellt hatte. Sein Steckenpferd sind Recht und Gerechtigkeit. Mit Verbissenheit tritt er sowohl für das eine wie für das andere ein. In Frankreich war er unbequem geworden. Aus diesem Grunde hatte man ihn nach dem Osten abgeschoben, wohl in der Annahme, dass er sich hier ganz von selbst mehr Härte aneignen wird. In einer kurzen Unterhaltung, die wir auf der Bahnreise führten, brachte er das Gespräch auf Geiselerschießungen und erläuterte die diesbezüglichen völkerrechtlichen Bestimmungen, denen man, wie er meinte, auch dann unterworfen bleibt, wenn der Gegner sich nicht daran hält. Nicht alle waren einer Meinung mit ihm, aber er ließ sich nicht beirrren. Auch ein Fanatiker, der eines Tages ernsthaft stolpern wird! Gnade und Milde gehören nicht zu den Zutaten des Mannes, der im Führerhauptquartier seine unverdauliche Suppe kocht.

Wir säuberten uns vom Ruß und Staub der zweitägigen Bahnfahrt und gingen ins Gästekasino. Auch hier begegneten wir dem vorhin erwähnten Mann, der allgegenwärtig ist. In grauer halbmilitärischer Uniform blickte er aus dem silbern umrahmten Bild mit finsterer Miene über uns hinweg, wie um uns zu verstehen zu geben, wie wenig wir ihm bedeuten.

Als unsere kleine Reisegesellschaft versammelt war, erschien ein Generalstabsmajor mit Ritterkreuz und karminroten Hosenstreifen, baute sich stramm am Kopf der langen Tafel unter dem Bild des größten Feldherrn aller Zeiten auf und hielt eine bemerkenswerte Begrüßungsansprache. Nachdem er die Eroberung der Krim mit Ausnahme der Festung Sewastopol im Herbst 41, die Rückschläge im darauf folgenden Winter, die Wiedereinnahme der verlorenen Halbinsel Kertsch und den Sturm auf das stärkste Seebollwerk der Welt im Juni 42 in militärisch knapper Form umrissen hatte, sagte er:

»Über die geschichtliche und wirtschaftliche Bedeutung der Krim brauche ich wohl kaum zu referieren, meine Herren. Den Wein und den Tabak, die hier gedeihen, werden Sie genießen. Außer der Festung Sewastopol, die derzeit wieder aufgebaut und armiert wird, werden Sie historische Stätten kennen lernen wie Bachtschissarai, den Sitz der Tatarenkhane, sowie Feodosia und Jalta, die Badeorte der russischen Riviera. Im Übrigen ist noch zu erwähnen, dass die Halbinsel Krim derzeit unter dem Namen Gotenland ein Reichskommissariat bildet. Der Reichskommissar, ein gewisser Herr Frauenfeld, ehemaliger Theatermann aus Wien, sitzt außerhalb seines Gebietes in Melitopol. Der Herr Generalfeldmarschall weiß diese Geste zu schätzen, zumal es hier nicht ganz so friedlich ist, wie es auf den ersten Blick erscheinen mag. Im Jailagebirge hält sich nach wie vor ein starker Partisanenverband, den wir nicht wirksam bekämpfen können, weil wir mit dem, was uns hier an rumänischen und deutschen Kräften zur Verfügung steht, eine lange Küste zu schützen haben. Die russische Schwarzmeerflotte ist zwar angeschlagen, aber unbesiegt. Im Übrigen ist die Krim das Hinterland des Kuban-Brückenkopfes, der über die Straße von Kertsch hinweg versorgt wird. Wie lange dieser Brückenkopf gehalten werden kann, hängt von der weiteren Entwicklung in der Mitte und am nördlichen Flügel der Heeresgruppenfront, das heißt am Mijus und im Donezbogen, ab. Am Kuban greift der Russe laufend an. Im Norden frischt er auf und gruppiert um. Sie wissen, meine Herren, im vergangenen Winter sind wir schwer zur Ader gelassen worden, und wenn wir auch wieder eine sechste Armee haben, die alte sechste Armee, die in Stalingrad geblieben ist, ist es nicht mehr …«

Ich kann die Rede des Majors i. G. fast im Wortlaut wiedergeben, da ich sie noch am gleichen Tag nach dem Gedächtnis aufgeschrieben habe. Der Major schloss mit der Einladung zu einer Vorstellung im Theater von Simferopol, das von der Propagandaabteilung Kaukasus geleitet wird. Ich frage mich, warum eigentlich Herr Frauenfeld als Fachmann diese Aufgabe nicht übernommen hat, anstatt von Melitopol aus seine Goldfasane zu dirigieren, die übrigens auf der Krim – im Gegensatz zu Cherson – kaum in Erscheinung treten. Vielleicht ist auch dies eine Geste gegenüber dem Generalfeldmarschall von Kleist, der in der Krim etwas anderes sieht als ein Probierfeld für Ostkolonisatoren der Partei.

Den Nachmittag hatten wir frei. Der Zahlmeister, der das Gästeheim der Heeresgruppe verwaltet, empfahl uns den Besuch eines Cafés, das gegenüber dem Theatergebäude liegt. Die Besitzerin, behauptete er, sei eine ehemalige kaukasische Fürstin, der Kaffee aber sei jedenfalls echt und werde nach türkischem Rezept bereitet.

Kriegsgerichtsrat Nöhl zog es vor, seine Kollegen beim Stab der Heeresgruppe aufzusuchen, um, wie er sagte, Fachfragen zu erörtern. Die anderen Herren, mit denen ich zudem kaum Verbindung hatte, gingen ebenfalls eigene Wege. Offiziere halten sich für Individualisten. Sie treten nicht gern rudelweise auf wie die Soldaten.

Ich schlenderte im grellen Sonnenschein dieses Junitages durch die Stadt, die keine überwältigenden Sehenswürdigkeiten zu bieten schien. Auch Simferopol erweckte den Eindruck, als habe niemals eine umwälzende Revolution stattgefunden. Über den nur wenig belebten Straßen flimmerte die Luft vor Hitze. Das üppige Laub an Bäumen und Sträuchern war welk wie die Blumen, die man da und dort in kleinen Vorgärten antraf. Ein Hauch von Schäbigkeit lag über den provinziell anmutenden Häusern, aber von Hammer und Sichel war nichts zu verspüren und ebensowenig von der Last der Besatzung, die – wenigstens nach außen hin – nicht allzu drückend schien. Vor einigen Gebäuden, in denen Dienststellen der Wehrmacht untergebracht sind, standen gelangweilte Posten in Tropenuniform und Stahlhelm.

Schließlich gelangte ich in die Straße, in der sich das von dem Zahlmeister angepriesene Café befand. Es war, wie ich beim Eintreten gewahrte, mit Uniformierten der verschiedensten Ränge überfüllt. Heer, Luftwaffe und sogar die Kriegsmarine waren vertreten, denn die Krim wird ja sowohl vom Schwarzen wie auch vom Asowschen Meer umspült. Im Hintergrund unterhielt sich eine auffallend gekleidete Frau mit tiefschwarzem Haar lebhaft mit einem Sonderführer, der offenbar fließend Russisch sprach. Ihre verlebten Züge waren stark gepudert und geschminkt. Die welken kirschroten Lippen enthüllten beim Sprechen eine Anzahl blinkender Goldzähne: Sicherlich war es die kaukasische Fürstin.

Während ich zwischen den Tischen hindurchging, um mir einen freien Platz zu suchen, wandte die Frau mir den Blick ihrer übermäßig großen dunklen Augen zu. Ein Ausdruck jähen Schreckens zuckte über ihr Gesicht, das Lächeln auf ihren Lippen wirkte auf einmal verzerrt. Wie abwehrend hob sie die mit Ringen geschmückten Hände. An dem Tisch, vor dem ich Halt gemacht hatte, war das Gespräch zwischen zwei Hauptleuten der Luftwaffe verstummt.

Ich drehte mich um und verließ das Café.

Auf der gegenüberliegenden Straßenseite war das

Theater. Ich las das neben dem Eingang angeklebte Programm. Das Stück, zu dem wir für den Abend eingeladen waren, spielte zur Zeit der Tatarenherrschaft. Die Darstellerinnen und Darsteller gehörten einer tatarischen Schauspielertruppe an. Der Programmzettel war alles, was ich von der Vorstellung sah. Ich wollte den Theaterbesuchern nicht eine zweite, für sie wenig erbauliche Darbietung aufnötigen.

Auf dem Rückweg zu unserem Gästeheim kam ich noch einmal an dem Café vorbei. Wie zuvor drängte sich die Wehrmacht um die kleinen Tische, auf denen Gläser mit dem begehrten schwarzen Getränk standen. Der Soldat, gleich welchen Ranges, sucht solche Oasen. Sie erinnern ihn an sein früheres Dasein, aus dem er herausgerissen worden ist. Ich kam auf den Gedanken, dass die Etappe entschieden ihre Reize hat. Ist es nicht angenehmer, in Simferopol schwarzen Kaffee im Lokal einer ehemaligen Fürstin zu trinken, als in einem Kampfgraben den Kopf einzuziehen, wenn es ringsherum einschlägt?

Als ich unser Zimmer in dem Heim betrat, saß der Kriegsgerichtsrat auf der Kante seines Feldbetts, das wie das meine mit weißblau gewürfeltem Wehrmachtsleinen bezogen war. Er hatte den Uniformrock aufgeknöpft und spielte gedankenvoll mit seinem Kneifer.

Er blickte auf und fragte: »Haben Sie sich gut unterhalten, Herr Kamerad?«

»Prächtig«, sagte ich. »Ich hatte etwas vergessen und bin nachhaltig daran erinnert worden. Und wie ist es Ihnen ergangen?«

»Ja«, antwortete er, »was soll ich dazu sagen? Ich habe Einiges gehört. Es ist nicht zu fassen, dass die elfte Armee, die damals hier zuständig war, das geduldet hat.«

»Sie meinen wohl gewisse Ausrottungsvorgänge, wie sie auch in der Ukraine nach dem Abzug der kämpfenden Truppe an der Tagesordnung waren?«, warf ich ein.

»Auch in der Ukraine?«, rief er aus. »Dann waren das keine Einzelerscheinungen, keine Ausschreitungen eines örtlichen SD-Kommandos, sondern gewissermaßen System?«

»Ganz richtig, Herr Kriegsgerichtsrat«, sagte ich. »Wenn Sie es wünschen, kann ich Ihnen mit einigen Details dienen, die ich zufällig nachträglich erfahren habe.«

Er strich sich über sein spärliches Haar.

»Lassen Sie«, sagte er. »Ich habe schon genug erfahren. Demgegenüber war das, was mich in Frankreich empört hat, geradezu human. Grauenhaft, Herr Lemke, einfach grauenhaft! Die Gerichtsbarkeit ausgeschaltet. Ein Mann mit einiger Befehlsgewalt, der schlecht geschlafen hat, kann am Morgen hinrichten, wen er will, ohne dafür belangt zu werden.«

»Für Sie gibt es noch genug zu tun«, sagte ich. »Sie können zum Beispiel Soldaten wegen Wehrkraftzersetzung verurteilen, wenn sie etwas gegen Hitler oder die Partei sagen.«

Der Kriegsgerichtsrat stand auf und knöpfte seinen Uniformrock zu.

»Das ist etwas anderes«, sagte er. »Manneszucht und Disziplin müssen aufrechterhalten werden.«

»Schön«, sagte ich, »dann müssen Sie auch zu dem schweigen, was Sie gerade als grauenhaft bezeichnet haben.«

Er brummte etwas und schüttelte ärgerlich den Kopf.

»Sie sprechen so, weil Sie verbittert sind«, sagte er. »Ich erkläre Ihnen, der Führer weiß von diesen grässlichen Ausschreitungen nichts.«

»Das nehme ich Ihnen nicht ab, Herr Kriegsgerichtsrat«, widersprach ich. »Es gibt nichts, was nicht von ihm befohlen wird. Wo bliebe denn sonst das Führerprinzip?«

Kriegsgerichtsrat Nöhl verließ wortlos das Zimmer. Erst beim Abendessen sah ich ihn wieder. Aber er setzte sich nicht neben mich.

Am nächsten Tag fuhr unsere Reisegesellschaft im Omnibus nach Bachtschissarai. Unter der Führung eines Hauptmanns, der uns für die Dauer unserer Rundfahrt zugeteilt war, besichtigten wir das Schloss der Tatarenfürsten, ein Stück orientalischer Märchenpracht in einer nüchternen Welt, die keine Poesie mehr kennt. Merkwürdig, wie die Kunst des Islams, der die Menschendarstellung untersagt ist, sich ganz in der Ornamentik entfaltet. Unser Begleitoffizier, der zugab, früher weit gereist zu sein, wies darauf hin, dass in der Alhambra in Spanien die gleichen Arabesken anzutreffen seien, wie sie an den hölzernen Fenstergittern, an Wänden und Ziermöbeln von Bachtschissarai zu finden sind. Wie weltweit waren Kraft und Macht des Islams zu der Zeit, als noch Leben in dem tatarischen Museum war. Der Hauptmann zeigte uns auch das Bett, in dem Katharina II. auf ihrer Reise durch die frisch eroberte Krim mit Potemkin geschlafen hat.

Nach dem Rundgang durch das Tatarenschloss fuhren wir durch eine Berglandschaft und stiegen zu der Höhlenstadt hinauf, in der vor Zeiten die letzten

Karaimen, die frühen Bewohner der Krim, Zuflucht vor den Tataren suchten, die dann von den Russen unterworfen wurden.

Wir erfuhren von unserem Begleiter, die Karaimen seien zwar jüdischen Glaubens, aber rassemäßig keine Semiten gewesen.

»Trotzdem«, meinte der Hauptmann, »ist es ein Glück für sie, dass sie längst ausgestorben sind.«

Verlegenes Gelächter antwortete ihm. Jeder weiß es, die meisten verurteilen es im Stillen, aber keiner steht dagegen auf. Ich frage mich, ob stillschweigendes Dulden nicht Mitschuld ist.

Wir kehrten nach Simferopol zurück. Am Morgen darauf starteten wir zur großen Rundfahrt, die uns zunächst durch das Jailagebirge nach Feodosia führte. An den Rändern der Passstraße waren Warntafeln aufgestellt, die auf die Partisanengefahr aufmerksam machten. Uns ließen die Partisanen ungeschoren. Vermutlich sind sie mehr auf Munitionstransporte und ähnliche Objekte aus als auf einen Omnibus mit ein paar arbeitslosen Offizieren.

Feodosia. Weinstöcke, Zypressen und Maulbeerbäume, flachgedeckte Häuser, Meeresbrandung und tropische Sonnenglut.

Wir kamen in einem Haus nah dem Strand unter, das von Rotkreuzschwestern betreut wird.

Der Hauptmann, unser Begleitoffizier, führte uns als Erstes auf den Wehrmachtsfriedhof, der mit seiner Fülle von Blumen und blühenden Sträuchern ein paradiesischer Garten wäre, gäbe es nicht die langen Reihen von Gräbern und Kreuzen.

Ich wurde aufmerksam, als ich auf einem der vielen hölzernen Kreuze einen deutschen Frauennamen las. Es folgten andere, zehn, zwanzig, hundert, immer mehr. Was war in Feodosia geschehen? Hatten alle die Lottes, Hannas, Elisabeths und Brigittes an der Küste des Schwarzen Meeres in einem Frauenbataillon gekämpft? Nein, bei näherem Hinsehen konnte man feststellen, dass es Schwestern waren, Rotkreuzschwestern wie unsere Gastgeberinnen, also Nicht-Kombattantinnen nach dem Völkerrecht, dem unser Kriegsgerichtsrat immer noch Gewicht beimisst.

Hauptmann Detig, unser Reiseführer, der die Lektion »Krim« fleißig gepaukt haben muss, gab uns nach dem Verlassen des Friedhofs Aufschluss. Was in seiner Erklärung nur angedeutet war, kann man sich leicht zusammenreimen.

Im Herbst 1941 eroberte die 11. deutsche Armee, die damals den Südflügel der Ostfront bildete, nach schweren Kämpfen am Tatarengraben die Krim. Nur die Festung Sewastopol erwies sich vorderhand als uneinnehmbar und wurde ausgespart. Zu ihrer Belagerung benötigte man einen großen Teil der vorhandenen Divisionen, zu denen auch mehrere der verbündeten Rumänen gehörten. Die übrigen Kampfverbände, vom pausenlosen Vormarsch erschöpft und geschwächt, gingen auf Befehl von oben in die Winterquartiere. Für Hitler war die Rote Armee erledigt. Die gegenteilige Auffassung seiner erfahrenen Feindlagebearbeiter interessierte ihn nicht. Generalstabsoffiziere betrachtete er grundsätzlich als Miesmacher und Defätisten, weil sie im Gegensatz zu ihm in die Schule von Clausewitz gegangen sind. Die Befehle, die er an die Ostfront, und auch an die 11. Armee, hinausgehen ließ, entsprachen einer Wunschvorstellung, die für ihn unumstößliche Gültigkeit hatte. Die Küstensicherung der Krim war daher unzureichend, soweit sie überhaupt vorhanden war. Von einem besiegten Gegner war nach der Meinung Hitlers nichts mehr zu befürchten. Die Sanatorien in den Küstenorten hatte man mit Verwundeten belegt, und zur Versorgung der Verwundeten waren Rotkreuzschwestern aus Deutschland herangeholt worden. Am 26. Dezember 1941 – die Weihnachtsfeiern waren vorbei, und man bereitete sich auf Silvester vor – landeten die Russen mit starken Kräften auf der Halbinsel Kertsch, am 29. Dezember folgte eine zweite Landung in Feodosia. Die siegestrunkenen Rotarmisten drangen in die vollbelegten Lazarette ein, warfen die Verwundeten aus den Fenstern in die gegen eine Eisbarriere wogende Brandung und warfen die Schwestern, nachdem sie an ihnen ihr vermeintliches Kriegsrecht ausgeübt hatten, hinterher. Als rasch alarmierte deutsche Truppen Feodosia im Gegenangriff wiederbesetzten, fanden sie Hunderte eisüberzogener Leichen am Strand. Daher der ausgedehnte Friedhof und daher die große Zahl der dort ruhenden Schwestern vom Roten Kreuz.

Trotz des heiteren Sonnentages kehrte unsere Reisegesellschaft sehr nachdenklich ins Quartier zurück. Zu einem Bad im Meer zeigte niemand Lust.

Das holten wir zwei Tage später in Jalta nach, wo keine böse Erinnerung die lauen, blauen Fluten trübte. In Jalta schmeckte auch der Krimsekt wieder, der manchem von uns in Feodosia nicht recht hinunterrinnen wollte. Man vergisst so schnell, im Krieg noch schneller als im zivilen Leben. Nur der Tag gilt, selbst wenn man ihn unbehelligt in der Etappe verbringt, und vielleicht dort erst recht.

Wir vergnügten uns, als wären wir auf einer Ferienreise, sogar der sonst so steife Kriegsgerichtsrat schloss sich nicht aus. Und zweihundert Kilometer weiter ostwärts, am Kubanbrückenkopf, heulten Granaten, walzten Panzer zerfetzte Leiber in die Erde, ratterten MG die eherne Sprache dieser heillosen Zeit. Aber wer dachte daran?

Jemand, der beinah zwei Flaschen Krimsekt getrunken hatte, grölte am offenen Fenster: »Kinder, genießt den Krieg, der Frieden wird schrecklich sein!«

Wir waren ja – immerhin – unter uns. Reichskommissar Frauenfeld war weit, und der SD hatte sein Quartier nicht in unserer Nähe.

Den Sekt hatte, wie schon in Feodosia, Hauptmann Detig, unser Krimsachverständiger, organisiert, dazu beachtliche Mengen von Jalta-Zigaretten aus kräftigem, hellem Tabak.

Wir hätten es in Jalta einige Wochen ausgehalten, zumal es dort auch nicht an weiblicher Betreuung fehlte. Doch nach drei Tagen rollte unser Omnibus weiter – in Richtung Sewastopol.

Am 1. Juli 1942, nach achtundzwanzig Angriffstagen und nach neuneinhalbmonatiger Belagerung, waren Stadt und Festung Sewastopol, nach dem Bericht von Augenzeugen nur noch ein riesiger rauchender Trümmerhaufen, gefallen. Als wir in Sewastopol eintrafen, jährte sich der Tag des Sieges, der damals die Voraussetzung zum neuen Vormarsch, zur Überspannung der im Süden der Ostfront aufmarschierten Kräfte schuf. Was hat uns das vergangene Jahr gebracht? Die 6. Armee war zur Wolga marschiert und hatte dort ihr Grab gefunden. Die 17. Armee und die 1. Panzerarmee stießen zum Kaukasus vor, und wenn sie zurückfanden, war es nicht das Verdienst des Mannes, der die 6. Armee in Stalingrad geopfert hat. Eine Bilanz, die selbst dem gläubigsten Parteifanatiker zu denken geben müsste.

Stundenlang streiften wir unter Hauptmann Detigs Führung durch Sewastopol, das derzeit als Stützpunkt der Kriegsmarine dient. Was die deutsche Artillerie mit Zehntausenden von Granaten zerstört hat, bauen nunmehr deutsche Arbeitshände, unterstützt von denen russischer Gefangener und Hiwis, mit der uns eigenen Gründlichkeit wieder auf. Vielleicht kommen eines Tages die Russen und schießen alles erneut zusammen, worauf dann sie an der Reihe sein werden, der »stärksten Seefestung der Welt« ihren Kampfwert zurückzugeben. Gibt es ein besseres Beispiel für die mörderische Sinnlosigkeit des Krieges als Sewastopol? Wie viele tote Russen lagen am 1. Juli 1942 unter den Trümmern, wie viele Deutsche lagen davor? Aber der OKW-Bericht posaunte: Sieg! Und die Folge war der Marschbefehl ins Massengrab von Stalingrad.

Unsere Besichtigungsfahrt näherte sich dem Ende. Nach einem kurzen Blick auf Eupatoria brachte uns der Omnibus nach Cherson zurück.

Nun sitze ich in meinem Quartier an der Straße, die den Namen der Schwarzmeerfestung trägt. Soeben ist Hauptmann Harnisch wieder hier gewesen. Es scheint ihm angelegen zu sein, so etwas wie einen privaten Nachrichtendienst der Führerreserve ins Leben zu rufen.

Auf der Feldkommandantur hat er das Neueste über den Fall des verschleppten Landwirtschaftsführers erfahren. Ein Kommando, bestehend aus einer Sotnja hilfswilliger Kosaken, die ihren jeweiligen Gegner mit äußerster Grausamkeit bekämpfen, einer Polizeieinheit und einer Kompanie des Sicherungsregiments, hat eine Großaktion gegen die immer dreister auftretenden Partisanen durchgeführt. In einem Wald unweit des Dnjepr hat man den unglücklichen Landwirtschaftsführer gefunden, der uns so großzügig mit Landesprodukten belieferte. Sie fanden ihn an einen Baum gefesselt, mit ausgestochenen Augen, entmannt, die Haut von den Handflächen und Fußsohlen abgezogen. Er lebte noch. Ein Kosak gab ihm die erlösende Kugel. In einem versteckten Lager wurde kurz darauf ein Dutzend Partisanen aufgestöbert. Sie ergaben sich wohlweislich nicht. Die Kosaken zerstückelten die Toten mit ihren Reitersäbeln. Im Kolchos »Großer Stalin« aber residiert ein neuer Landwirtschaftsführer. Und durch die Straßen von Cherson stolzieren Goldfasane, die mit Erfassungsaufgaben beauftragt sind. Sie haben die früheren Kommissare abgelöst und vollstrecken die Politik, die Hitler über den Osten verhängt hat. Die Kleinen unter ihnen sind auch nur Getriebene, aber die Unterdrückten sehen nichts anderes als die Uniform. Vor einem Jahr glaubten sie noch an ihre Befreiung. Heute graben sie die versteckten Waffen aus und gehen zu den Partisanen. Was wird morgen sein?

14. Juli, der französische Nationalfeiertag.
Vor drei Jahren, in Frankreich, hat man es den Priestern untersagt, den Nationalfeiertag von der Kanzel herab zu erwähnen. Ungesäumt hat man damals begonnen, Europa neu zu ordnen. Wir waren ermattet vom Siegesrausch und betrunken vom vielfältigen Zauber der Côte d'Or und merkten nichts. Wäre nicht heute früh der Feldpostbrief aus Paris eingetroffen, hätte ich vermutlich gar nicht an die Bedeutung des 14. Juli gedacht, des Tages, der vor

154 Jahren von Frankreich aus ein neues Zeitalter heraufbeschworen hat. Der Brief ist von Margot. Auf vielen Umwegen ist er zu mir gelangt, nach Cherson am Dnjepr, dem Umschlagplatz für Nachschubgüter und für Offiziere, die dazu bestimmt sind, die in den drei Armeen der Heeresgruppe A entstehenden Lücken auszufüllen.

Dieser Tag, der jetzt zu Ende geht, war in mehrfacher Hinsicht bemerkenswert. Beim Frühstück im Kasino erhielt Hauptmann Harnisch den Marschbefehl. Zwei Stunden später reiste er ab. Ich habe ihn zum Zug nach Simferopol begleitet. Von dort aus wird er im Kraftwagen nach Kertsch fahren, dann mit der Fähre über die Meeresstraße nach Taman. Sein Ziel ist die 97. Jägerdivision, die am Mittelabschnitt des Kuban-Brückenkopfes im Kampf steht. In schwerem Abwehrkampf, wie der Wehrmachtsbericht zugibt.

»Vielleicht sehen wir uns mal da drüben«, meinte Hauptmann Harnisch beim Abschied, räusperte sich und begann krampfhaft zu husten. Er hat eine Frau und zwei Kinder zu Hause, und er weiß wohl, was ihm bevorsteht.

Den Brief, der mir beim Frühstück ausgehändigt wurde, hatte ich ungeöffnet in der Tasche. Die Adresse war mit Schreibmaschine geschrieben, ein Absender war nicht vermerkt. Ein Klebestreifen mit amtlichem Aufdruck verriet, dass der Brief bei der Feldpostprüfstelle gelesen worden war.

Ich ging hinaus zum Dnjepr und suchte die einsame Uferstelle wieder auf, an der ich vor vier Wochen mit Leutnant Kurz gesessen hatte. Ich zog mich aus, nahm ein Bad im Fluss und legte mich anschließend unbekleidet in die Sonne. Der Brief steckte immer noch in meiner Feldbluse. Ich schloss die Augen, da das gleißende Licht schmerzte, aber ich schlief nicht ein. Als der Schuss fiel, der wie ein Peitschenknall über die Uferau und den Strom hinhallte, war ich sekundenschnell bereit. In einer Sandkuhle fand ich Deckung, die Pistole im Anschlag. Ich hörte ein raschelndes Geräusch im Ufergebüsch und feuerte aufs Geratewohl das Magazin leer. Dann griff ich zur Pistolentasche und schob das Reservemagazin in die Waffe. Nichts rührte sich mehr. Ich zog mich im Liegen an, eilte vorsichtig durch die Büsche zum Weg und kehrte eilig zur Stadt zurück.

Im Quartier holte ich den Brief aus der Tasche. Erst jetzt stellte ich fest, dass er ebenso wie die Tasche ein am Rand geschwärztes Loch aufwies. Ich riss den Umschlag auf und erkannte sofort auf den eng beschriebenen Bogen, die er enthielt, Margots Handschrift. Als Datum war der 3. Juni vermerkt, davor stand Paris und darunter Margots derzeitige Adresse. Voller Unruhe las ich den Brief, der von der Kugel eines Heckenschützen durchlöchert war.

Schon nach den ersten Zeilen war ich mir darüber klar, dass Margot meine Absicht durchschaut hat, wenn auch natürlich nicht im Einzelnen. Sie vermutet, dass ich in besonders gefahrvollem Einsatz stehe und ihr deshalb die Absage erteilt habe, um sie beizeiten von ihrer Bindung an mich zu befreien. Weibliche Intuition. Man kann einer Frau, die liebt, nichts vormachen. »Du verstellst Dich«, schrieb sie. »Dein Herz spricht anders. Ich hatte so lange nichts von Dir gehört. Ich wusste ja, wo Du zuletzt warst, aber immer sagte mir mein Gefühl, dass Du lebst. Wie bist Du dort herausgekommen, aus diesem –«

Der folgende Satz war von der Zensur geschwärzt, wie auch im weiteren Text noch einzelne Worte oder ganze Zeilen. Margot arbeitete seit April bei einer Dienststelle in Paris, die sich mit der Verteilung von Filmen für die Soldatenkinos befasst. Der Brief schließt mit den Worten, sie werde immer zu mir stehen, was auch geschehe, und könne es einfach nicht zur Kenntnis nehmen, dass ich mich von ihr abgewandt hätte.

Mir ist, als sei ein Vorhang beiseite geschoben worden, als sähe ich Margot wieder deutlich vor mir, ihr braunes gelocktes Haar, ihre eisblauen Augen, die so viel Wärme ausstrahlen. Und doch weiß ich, dass ich darauf beharren muss, sie von mir zu weisen. Ich könnte es nicht ertragen, eines Tages vor sie hinzutreten und bei ihr das Erschrecken wahrzunehmen, das mein Anblick auch bei ihr, sicherlich auch bei ihr hervorrufen würde.

Zuerst wollte ich den Brief sofort beantworten, aber dann sagte ich mir: »Das hat Zeit.« Leicht ist es nicht. Da hat man einen Menschen, der treu zu einem hält, der unveränderliche Liebe verspricht, und muss diesem Menschen Schmerz bereiten, weil man nicht will, dass er unglücklich wird.

Ich saß am Tisch unter dem Bild des zaristischen Obersten Kaminski, rauchte und dachte über vieles nach. Man kommt, wenn man erst seinen Gedanken freien Lauf lässt, von einem ins andere, es nimmt kein Ende.

Lidia Nikolajewna brachte ein paar Hemden, die sie für mich gewaschen und gebügelt hat. Die Hausarbeiten besorgt ihre Nichte Schura, aber meine Wäsche hält die Kaminskaja selbst in Ordnung.

Sie baute sich in ihrer resoluten Art vor mir auf und sagte:

»Ich bin alte Frau, aber sehe, du hast Sorgen, Söhnchen. Du hinausgehen in Sonne, baden in Dnjepr, lustig sein.«

»Ich war am Fluss«, sagte ich. »Man hat auf mich geschossen.«

Die Frau lachte.

»Das macht dir nicht Kummer«, sagte sie. »Ist dein Täubchen zu Hause dir untreu?«

»Nein«, sagte ich, »ich habe ihr geschrieben, dass Schluss ist mit uns beiden. Sie soll mich nicht so sehen, so, wie ich jetzt bin, mein Gesicht. Sie hat nur geantwortet, dass sie mir nicht glaubt.«

Die alte Russin lachte wieder. Sie lachte so sehr, dass ihr mächtiger Busen wogte.

»O Gospodjin«, schrie sie, noch immer lachend. »Deutsche Männer sind dumm. Was ist Gesicht, wenn Herz voll Liebe?«

Sie verschwand und kehrte mit einer kleinen Flasche Wodka zurück, die sie wohl auf dem Schwarzen Markt eingehandelt hat.

Wir tranken die Flasche leer, und zuletzt küsste mich Lidia Nikolajewna so stürmisch auf beide Wangen, dass ich unter dem Vorwand, ich sei zu einem Vorgesetzten befohlen, die Flucht ergriff.

Es war ohnehin bald Mittagszeit. Ich ging durch unsere Straße, die wie ausgestorben in der Sonne schmorte. Achtlos ging ich an dem Quartier vorbei, in dem zuweilen Offiziere hoher und höchster Ränge absteigen. Es ist ein kleines zweistöckiges Haus mit teilweise abgeblättertem grauen Verputz. Die Fenster sind wie die aller Häuser in Russland, soweit wir es kennen, mit Streifen von Zeitungspapier beklebt, was sie bei Bomben- oder Granateinschlägen vor dem Zerbrechen schützen soll. Ein Garten mit einigen Akazien und dürftigen blühenden Büschen umschließt das Haus, in dem zwei Ordonnanzen zur Bedienung der jeweiligen Gäste Dauerbewohner sind. Ohne Absicht warf ich beim Vorbeigehen einen Blick in den Garten. Ein General von kaum mittelgroßer, fast schmächtiger Gestalt stand mit am Rücken verschränkten Händen vor einem Busch, anscheinend in die Betrachtung eines großen bunten Falters versunken, der auf einer Blüte saß. Ich ging unwillkürlich langsamer. Der Falter flog auf, und der General blickte ihm nach. Dabei drehte er den Kopf, und mir war es, als stoße mich eine unsichtbare Faust zurück. Ich wusste sofort, wo ich das Gesicht mit den weißblonden buschigen Augenbrauen schon einmal gesehen hatte. Ein eisiger Januartag wurde mir mit schmerzhafter Deutlichkeit gegenwärtig, ein Flugzeug auf dem verschneiten Rollfeld des Flugplatzes Gumrak bei Stalingrad, eine Anzahl Tragen, beladen mit stöhnenden und jammernden Menschenbündeln, die in den Laderaum des Flugzeugs gehoben wurden, und jener Mann in Generalsuniform, der nun vor mir im Garten des Sonderquartiers stand und einem bunten Schmetterling nachschaute. Damals hatte er eine düster verschlossene Miene zur Schau getragen. An einem Ohr hatte ein Pflästerchen geklebt.

Ich ging weiter, bevor der General auf mich aufmerksam wurde. Aber er, er kann mich ja nicht wieder erkennen, denn damals war mein Kopf mit Binden umwickelt, nur die Augen waren frei.

Von der Kasinoordonanz erfuhr ich seinen Namen. Scheufele. Generalmajor Scheufele. Mit einem Riss am Ohr ist er ausgeflogen. Und Tausende von Schwerverwundeten sind im Kessel elend zu Grunde gegangen, weil es nicht genügend Platz in den Maschinen gab. Kassiert man neuerdings für solche Taten das Ritterkreuz, das er trägt? Oder irre ich mich womöglich? Hat auch er auf Befehl gehandelt?

Das sind die Ereignisse des heutigen Tages: Die Ankunft eines mit Zensurtinte bekleckster Briefes von Margot, ein unterbrochenes Sonnenbad am Dnjepr, ein Tête-à-tête mit einer alten Russin und das Wiedersehen mit einem General. Ich frage mich, ob ich die Chronik überhaupt weiterführen soll. Lohnt es sich denn, die Begebenheiten dieser Unzeit zu Papier zu bringen? Aber muss nicht einer das festhalten, was andere vergessen und verschweigen?

18. Juli 1943. Cherson am Dnjepr.

Gestern sind die Russen bei Kuybischew am Mijus im Abschnitt der neuen 6. Armee zum Angriff angetreten. Nach dem, was man hört, sind sie bereits durchgebrochen oder jedenfalls tief in unsere Linien eingedrungen. Soll nun die neue 6. Armee das Schicksal der in Stalingrad vernichteten teilen? Wird es wieder Befehle hageln? Kein Fußbreit Boden ist preiszugeben! Das Regiment X hat da zu verbluten, das Bataillon Y dort bis zur letzten Patrone auszuhalten!

Die Goldfasane und sonstigen Gefolgsleute des Reichskommissars Koch, der vom Schloss Shitomir aus die Ukraine regiert, blicken finster, wenn sie unsereinem begegnen, als wollten sie sagen: Was läufst du denn hier spazieren? Scher dich an die Front und jag die Russen zurück, damit wir ungestört bleiben!

Ich kann mir denken, dass sie trotz der hochsommerlichen Hitze vom Frost geschüttelt werden. Das Ende des Landwirtschaftsführers von der Kolchose

»Großer Stalin« mag ihnen gezeigt haben, wozu zornige Völker fähig sind, wenn sie sich gegen ihre Ausbeuter und Unterdrücker erheben. Aber schließlich haben auch wir Butter und Honig aufs Brot gestrichen. Gibt es denn einen, der sagen kann: »Ich bin frei von Schuld?« Haben nicht wir denen den Weg bereitet, die jetzt als die eigentlichen Herren durch die Städte der Ukraine gehen?

Den General sah ich einige Male. Immer stand er im Garten seines Quartiers und starrte nach Osten. Was mochte er dort wahrnehmen? Kompanien Geschlagener, die sich immer wieder zum Sturm erheben. Blutüberkrustete Leiber im Schnee, der längst geschmolzen ist. Einen Heerbann von Gespenstern, die langsamen Schrittes in die Gefangenschaft ziehen, weil ihre Generäle nicht den Mut zur Tat fanden, als die Rettung noch möglich war.

In den beiden letzten Tagen wurde ich von einem schachwütigen Oberleutnant in Anspruch genommen, der frisch aus Holland eingetroffen ist. Sein kostbarster Besitz ist ein Reiseschach mit abgegriffenen Figuren. Während er seine Züge mit fast sakraler Feierlichkeit durchführt, flicht er Bemerkungen ein, die auf die »große Lage« gemünzt sind. Sein Schlagwort heißt »Festung Europa«. Er hält sie für unüberwindlich, und wenn gelegentlich die Sprache auf den Führer kommt, verklärt sich sein Blick. Offenbar betrachtet er sich als eine Art Missionar, der nach dem Osten gepilgert ist, um uns, eine barbarische, heidnische Bande, zu bekehren.

Ich kann nicht länger hierbleiben. Es widert mich an. Heute Mittag habe ich einen Vorstoß unternommen, um endlich irgendwohin in Marsch gesetzt zu werden, wo man frei atmen kann und nicht Stunde für Stunde daran erinnert wird, dass ein Volk blind in den Abgrund stolpert. Wie sagte Major Gruber in Berlin? »Es ist Flucht aus der Verantwortung.« Sicherlich trifft es zu. Aber welchen anderen Weg gibt es denn? Wie soll man die sammeln, die sich ihre Vernunft bewahrt haben? Lerchenau wüsste Rat. Doch der Rittmeister hat in Stalingrad auf andere Weise die Konsequenzen gezogen. Er ist abgetreten von der Bühne, auf der wir uns wie an Drähten hängende Marionetten bewegen.

Mein Gepäck ist bereit. Nur eines wünsche ich mir: Nicht zur 6. Armee!

Kertsch, am 25. Juli 1943

In dem Omnibus, der uns von Simferopol aus zur Ostküste der Krim brachte, saß neben mir ein großer, kräftiger Hauptmann in Luftwaffenuniform. Hauptmann Fuschler aus Innsbruck.

»Kommen S' in Kertsch zu mir ins Quartier, Herr Lemke«, sagte er, nachdem wir uns einander vorgestellt und ein paar Worte gewechselt hatten. »Die Fähre schwimmt Ihnen nicht davon. Sie landen noch früh g'nug da drüben in Taman.«

Hauptmann Fuschlers Quartier ist eine städtische Wohnung mit allem Komfort, soweit solcher in Russland zu finden ist. Der Hauptmann hat im ersten Weltkrieg in der k. und k. Armee gedient. Seine derzeitige Beschäftigung ist reichlich sonderbar. Er hat die Aufgabe, die PK-Berichte, die vom Kubanbrückenkopf eintreffen, zurechtzustutzen, damit sie für die gleichgeschaltete Presse druckreif werden.

»Ich bin zwar nicht an der Front«, erklärte er mir, »aber sehen S', Herr Kamerad, mit einem Fuß steh ich trotzdem im Grab. Die Berichter übrigens auch.

Ich weiß einen Fall, da hat einer im ersten Winter am Donez immer wieder erwähnt, dass die Stützpunkte nicht verdrahtet seien, und dass der Russ' nachts bis an die vereisten Fenster käm. Mit Müh und Not haben wir den Mann vorm Kriegsgericht gerettet. Und wissen S', warum? Weil es einen Führerbefehl gegeben hat, nach dem jeder Stützpunkt sein Drahthindernis haben musste. Derweil war aber überhaupt kein Stacheldraht vorhanden. Da haben Sie's, Herr Lemke. Feine Leut' sind wir alle miteinander. Schlenzen den Arm in die Luft und machen den Buckel krumm. Pfui Teufel!«

Die Gleichgesinnten finden sich rasch. Sie bilden eine Art Clan und zeichnen sich durch Offenheit der Sprache aus.

Nach unserer Ankunft in Kertsch erhielt ich von Hauptmann Fuschler, dem Tiroler, einen Tipp. Er schickte mich zu einem Marinezahlmeister, der ein Herz haben soll für alle, die unterwegs zum Kuban sind. Der Marinezahlmeister versorgte mich – natürlich gegen Bezahlung in Reichskreditscheinen – mit fünf Flaschen Kognak der Marken Hennessy und Martell.

Als ich eine der Flaschen im Quartier anbrechen wollte, wehrte Hauptmann Fuschler entschieden ab. Er hat seine eigenen Quellen, und sie fließen ebenso ergiebig wie die, die er mir verraten hat.

»Sie werden das Zeug da drüben noch nötig haben«, sagte er. »Zur Zeit geht's wieder einmal dick her. Einfach kaum zu fassen, was die siebzehnte Armee auf dem Kuban-Brückenkopf leistet. Und alles für die Katz!«

»Wieso?«, fragte ich. »Nehmen Sie denn an, dass der Russe den Brückenkopf eindrückt?«

Hauptmann Fuschler strich sich gedankenvoll über sein borstiges, grau meliertes Haar.

»Das weniger«, meinte er. »Ich könnt mir eher vorstellen, dass die Armee aus eigenem Entschluss früher oder später über die Straße von Kertsch zurückgeht.«

»Das glauben Sie?«, fragte ich zweifelnd. »Da hat doch der Führer auch noch ein Wort mitzureden. Seit Stalingrad wissen wir ja, dass es ihm auf eine Armee mehr oder weniger nicht ankommt, wenn nur der Grundsatz, keinen Fußbreit Boden aufzugeben, gewahrt bleibt.«

»Wohl, wohl«, brummte Hauptmann Fuschler und warf mir einen prüfenden Blick zu.

»Der neue Oberbefehlshaber«, fuhr er fort, »der Generaloberst Jaenicke, der wird in der Wolfsschanze schon auf den Tisch hauen, wenn's drauf ankommt. Schließlich war er ja selbst drin – in Stalingrad. Ich kann mir nicht vorstellen, dass ein hoher General das ein zweites Mal mitmacht.«

»Der Armee-Oberbefehlshaber war in Stalingrad?«, warf ich ein. »Dann muss er im Kessel mindestens ein Korps kommandiert haben. Und wie ist er als Kommandierender 'rausgekommen?«

Hauptmann Fuschler hob die Schultern.

»Vielleicht war er gewiefter als die anderen.«

»So nennen Sie das?«, fragte ich ziemlich aufgebracht. »Ein General macht sich davon, und Sie sagen, er war gewieft? Ich war ja selbst dort, im Kessel von Stalingrad. In Cherson habe ich einen anderen General wieder gesehen, der auch ausgeflogen ist. Er war im gleichen Flugzeug wie ich. Außer ihm waren nur Schwerverwundete in der Maschine.«

»Urteilen Sie nicht zu streng, junger Kamerad!«,

sagte Hauptmann Fuschler. »Man müsste die näheren Umstände kennen, und die dürfte Ihnen weder der Jaenicke noch Ihr General in Cherson auf die Nase binden. Vielleicht hat Paulus die beiden 'rausgeschickt, vielleicht haben sie draußen noch was retten wollen. Was wissen wir? Im ersten Krieg hat's solche Probleme nicht gegeben. Damals war eben nicht alles gleichgeschaltet und infolgedessen in einer Linie ausgerichtet. Das sieht wie ein Widerspruch aus. Ist es aber nicht. Druck erzeugt Gegendruck. Die meisten von uns haben hin und wieder ihre rebellischen Momente, wenn auch nichts damit erreicht wird.«

Er kam noch einmal auf den Gedanken einer möglichen Räumung des Kubanbrückenkopfes zurück. »Nördlich vom Asowschen Meer braut sich was zusammen«, sagte er. »Ich hab gute Beziehungen zum Flieger-Korps. Bin ja im Grund genommen Luftwaffenmann, wie Sie an meiner Uniform sehen. Der Einbruch bei Kuybischew am Mijus ist zwar von Gegenstoßreserven bereinigt worden, aber das hat nicht viel zu sagen. Der Russe zieht allerhand hinter seiner Südfront zusammen. Vermutlich will er über den Dnjepr, bevor wir dort zu stark werden. Wenn er erst am Dnjepr steht, ist die Kuban-Armee isoliert.«

Ich musste Hauptmann Fuschler von Stalingrad berichten. Auch die Erlebnisse des Leutnants Kurz streifte ich, ohne den Namen des jungen Panzeroffiziers zu nennen, der jetzt bei Slawiansk im Kampf steht.

Hauptmann Fuschler wollte nicht recht an den Ausbruch glauben, wie Kurz ihn mir dargestellt hat. Die Erwähnung des Luftwaffenfeldwebels brachte ihn darauf, dass die beiden womöglich mit einer Maschine, die unterwegs notlanden musste, herausgeflogen seien. »Flieger halten zusammen«, meinte er. »Andererseits weiß man wohl, dass sich da und dort noch kleinere Trupps durchgeschlagen haben. Aber sei's drum. Wenn einer mich in ein Loch steckt und sagt zu mir: ›Verreck!‹, dann ist's mein gutes Recht, mir einen Weg ins Freie zu schaffen. Der Gehorsam hat seine Grenzen, finden Sie nicht auch, Herr Lemke?«

»Das finde ich schon lange, Herr Hauptmann«, sagte ich. »Das ist es ja, was uns alles so schwer macht. Man zweifelt an den Fähigkeiten der Führung und fragt sich bei jedem Schritt, ob man ihn gehen soll. Und dann geht man ihn doch.«

Wir beendeten das Gespräch, das zu nichts führte, wie alle diese Erörterungen unter Männern, die zwar in vielem einer Meinung sind, aber an den Gegebenheiten nichts ändern können. Es ist, als stecke man in einer Falle mit senkrechten glatten Wänden. Kein Anhaltspunkt bietet sich, der den Weg in die Freiheit des Handelns weist.

Hauptmann Fuschler ging in die Stadt zur Kurierstelle, um nach Dienstpost vom Brückenkopf zu fragen. Ich begleitete ihn.

Auch die Stadt Kertsch, die sich zwischen der Meeresstraße und kahlen Höhen ausbreitet, erinnert an einen alten Anzug, der zu dem Gesicht nicht mehr passt, das eine neue Zeit seinem Träger aufgeprägt hat. Ich frage mich, wie in dieser Umwelt einer südländisch anmutenden, verstaubten und ein wenig morbiden Hafenstadt der Bolschewismus gedeihen konnte.

Es gibt eine Menge Militär in Kertsch, vor allem

auch Kriegsmarine, Flieger und Flak. Kein Wunder eigentlich, da hier der Umschlagplatz für den Nachschub ist, der über die Enge zwischen dem Asowschen und dem Schwarzen Meer zur Halbinsel Taman verfrachtet wird. Es ist der Nachschub für eine Armee, mit allem Drum und Dran etwa zweihunderttausend Mann, von denen nahezu die Hälfte im Kampf mit einem Gegner steht, der keinem etwas schenkt.

Die russischen Bewohner von Kertsch machen einen geduckten, um nicht zu sagen verängstigten Eindruck. Auch das ist wohl kaum zum Verwundern, denn vom Herbst einundvierzig bis zum Frühjahr zweiundvierzig hat Kertsch dreimal den Besitzer gewechselt. Dazu kommt, dass Stadt und Hafen immer häufiger von russischen Bombern angegriffen werden. Außerdem meint Hauptmann Fuschler, dass die Russen – wie immer – mehr wissen als wir und womöglich schon mit dem baldigen Aufflammen neuer Kämpfe rechnen.

Gegen Abend, als wir wieder zurück waren, erschien im Quartier des Hauptmanns ein Ingenieur der OT, ein liebenswürdiger Zivilist in Khakiuniform. Er brachte eine Neuigkeit mit. In der Nacht von gestern auf heute ist der Duce vom faschistischen Großrat abgesetzt und auf Befehl des Königs von Italien verhaftet worden.

»Jetzt werden die Italiener bald aussteigen«, meinte der Hauptmann. »Das Schiff ist leck, meine Herren. Die Parole heißt: Rette sich, wer kann!«

»Ganz so groß scheint das Leck nicht zu sein«, entgegnete der Ingenieur. »Sie werden lachen, Herr Hauptmann. Zur Material-Seilbahn über die Meerenge und zum Fährbetrieb kommt jetzt eine Brücke, die von der OT gebaut wird. Was sagen Sie dazu? Es ist doch ein Zeichen dafür, dass der Kubanbrückenkopf bestehen bleibt. Also doch wieder Vormarsch. Oder was meinen Sie dazu?«

»Nichts«, sagte der Hauptmann. »Wenn sie tatsächlich aus dem Brückenkopf angreifen sollten und wieder mit offenen Flanken ins Leere stoßen, dann könnte man gleich ganz Taman unterminieren und die siebzehnte Armee in die Luft sprengen. Das käme aufs Gleiche hinaus.«

Der Ingenieur lachte.

»Sie sind unverbesserlich«, sagte er. »Wenn es nach Ihnen ginge, wäre der Krieg schon verloren, ehe die anderen gesiegt haben.«

Hauptmann Fuschler zupfte an seinem kurz gestutzten, grau gesprenkelten Schnurrbart, der ihm das Aussehen eines martialischen Kriegers verleiht, wogegen er eher Pazifist zu sein scheint.

»Wenn's nach mir ginge«, sagte er, »dann hätten wir gar nicht angefangen, vielmehr ihr, denn uns hat euer Führer, unser Landsmann vom Inn, ja auch nur geschluckt.«

»Ihr habt ihn ja wohl gerufen«, warf der Ingenieur ein. »Haben Sie den Empfang vergessen, den Wien ihm bereitet hat?«

»Ich war zu der Zeit nicht in Wien«, erwiderte der Hauptmann. »Ich war in Innsbruck, und ich erinnere mich recht deutlich an das, was damals unser Oberst gesagt hat. ›Meine Herren‹, hat er gesagt, ›wir sind jetzt nicht mehr Bundesheer, sondern großdeutsche Wehrmacht. Ab sofort wird auch bei uns in geschlossenen Räumen, sofern man keine Kopfbedeckung trägt, der Deutsche Gruß durch Erheben der rechten Hand eingeführt. Ich erwarte, in

Zukunft keinem von Ihnen in geschlossenem Raum ohne Kopfbedeckung zu begegnen.‹ Das war unser Anschluss, wenn Sie so wollen.«

Der Ingenieur zwinkerte belustigt. Er hatte ein volles, von der Sonne rot verbranntes Gesicht. Sein graublondes Haar war unmilitärisch lang.

»Ich sehe, Sie suchen schon nach dem Hintertürchen«, sagte er. »Wollen Sie etwa auch aussteigen, mein Fliegerheld?«

»Fliegerheld ist gut«, antwortete Fuschler lachend. »Seit Anno achtzehn hab ich Luftfahrzeuge nur als Passagier benützt. Und was das Aussteigen anlangt, sehe ich keine Möglichkeit. Oder nehmen Sie an, dass der Feind die Überlebenden unserer 297. österreichischen Division, die in Stalingrad umgekommen ist, anders behandelt als die Berliner oder die Bayern? Diesmal sind wir alle mit dran. Für uns gibt's keinen Separatfrieden – jedenfalls nicht, solange Großdeutschland besteht und wir ein heimgeholter Teil davon sind.«

Eine Weile wurde noch halb scherzhaft diskutiert, aber dann wurden die Kriegslage, die Politik und alles Lastende und Bedrohende beiseite gestellt. Wir speisten geradezu friedensmäßig. Hauptmann Fuschler hat einen russischen Hiwi als Koch ausgebildet. Es gab gebratene Leber und als Vorspeise Kaviar von Temrjuk. Dazu Krimwein und hinterher eiskalten Wodka. Ich dachte an den Ausspruch unseres betrunkenen Reisegefährten in Jalta: Genießet den Krieg ...

Als der Ingenieur sich verabschiedete, tasteten Scheinwerfer den Himmel nach Nachtbombern ab, die in großer Höhe über Kertsch brummten. Die schwere Flak begann zu feuern. Ein paar kleine Bomben fielen in der Hafengegend. Dann verstummten die Geräusche. Hauptmann Fuschler wünschte mir eine angenehme Nacht.

Eigentlich wollte ich das Pensum von heute erst morgen aufschreiben, aber wer weiß, ob ich morgen Gelegenheit dazu habe, denn um sechs Uhr früh soll ich am Ablegeplatz der Fähre sein. Im Krieg etwas aufzuschieben, ist nicht empfehlenswert.

Es ist doch ein merkwürdiges Gefühl, nach Monaten im Lazarett und nach wochenlangem untätigem Herumlungern wieder unterwegs zu sein zur Front. Wie wird die Kompanie aussehen, die man mir vermutlich geben wird? Diese Frage weckt die Erinnerung an meine alte Kompanie, mit der ich von Polen bis an die faule Ecke bei Woroponowo gezogen bin. Wie mag es ihnen ergangen sein – Feldwebel Stamm und allen anderen? Leutnant Kurz meinte, sie seien zu dem Zeitpunkt, als die Abteilung Lerchenau zu ihrem misslungenen Gegenangriff vorging, schon überrollt gewesen. Was heißt überrollt? Waren sie im Artilleriefeuer und beim ersten Ansturm der Russen ausgelöscht worden, oder hatten wenigstens Einige zurückgefunden – nach Stalingrad? Und dort? Waren sie verhungert, ihren Wunden erlegen, oder haben sie das grauenvolle Ende überlebt, von dem niemand weiß, wie es sich abgespielt hat? Auch Kurz hat darüber keine Auskunft geben können, denn er hat ja noch zur rechten Zeit seinen Ausbruch inszeniert, an den Hauptmann Fuschler nicht recht glauben will. Ist es möglich, dass Kurz sich gemeinsam mit dem abgesprungenen Flieger davongestohlen hat? Warum auch nicht? Was einem General recht ist, dürfte einem Panzerfeldwebel billig sein. Wo gibt es denn Richtsätze für soldatisches Verhalten in solcher Lage, die ohne Beispiel war?

Ich will für heute schließen. Man gerät ins Uferlose, in grundlosen Treibsand und verliert ganz und gar die Richtung, wenn man immer wieder an das Gleiche denkt.

Taman, am 27. Juli 1943

Hauptmann Fuschler brachte mich mit seinem Dienstwagen zum Hafen von Kertsch. Es wäre nicht nötig gewesen. Mit meinem leichten Feldgepäck 08/15 – bestehend aus Rucksack, Schlafsack und Wäschebeutel – hätte ich den Weg auch zu Fuß zurücklegen können. Aber Ostmärker sind nun einmal gastfreie, entgegenkommende Leute.

An der Mole gab mir Hauptmann Fuschler mit herzhaftem Griff die Hand.

»Beinah beneide ich Sie«, sagte er. »Vorn im Graben schaut sich doch alles ganz anders an. Da braucht man sich nur den Kopf zu zerbrechen, ob die Munition reicht, ob die MG genügend Schussfeld haben. Alsdann, Herr Lemke, Hals- und Beinbruch! Kommen S' g'sund wieder 'rüber über die Drecklak'n, wenn's so weit ist.«

Der Marinefährprahm – ein grau gestrichener, blechern aussehender Kahn mit einer Vierlingsflak auf dem Oberdeck – hatte an der Mole festgemacht. Ein Laufbrett führte an Bord. Vor dem Laufbrett stand ein Maat mit einer Liste.

»Ihren Namen, Herr Leutnant«, sagte er.

»Wozu denn das?«, fragte ich. »Führen Sie Buch über die Leute, die über das bisschen Wasser hinüberfahren?«

»Ordnung muss sein, Herr Leutnant«, antwortete der Maat. »Manchmal säuft so ein Eimer in dem bisschen Wasser ab. Da muss man doch wissen, mit wem die Fische gefüttert werden.«

Er schrieb meinen Namen auf, und ich ging über das Laufbrett an Bord der Fähre, die leise unter dem schwachen Stampfen ihrer Maschinen zitterte. Ein Matrose reichte mir eine Schwimmweste.

»Bitte anlegen, Herr Leutnant«, sagte er. »Hin und wieder fischt man Schwimmwesten auf, in denen welche hängen könnten, wenn sie rechtzeitig 'reingeschlüpft wären.«

Er half mir beim Anlegen der Weste.

»Sie haben auch schon Ihr Fett weggekriegt, Herr Leutnant«, sagte er. »Volltreffer, wie?«

»Nein«, sagte ich, »Mine.«

Er spuckte ins unratübersäte Hafenwasser, das zwischen dem Prahm und der Mole gluckerte.

»Auch nicht von Pappe«, meinte er.

Von den vorgesehenen Passagieren waren erst wenige an Bord. Es war noch nicht ganz sechs Uhr. Die Sonne stand schon hoch am Himmel, aber die Küste von Taman, zu der wir übersetzen wollten, war vom lichten Golddunst des Morgens verhüllt.

Ich trat an die Reling. Ein Soldat – Artillerist – starrte tiefsinnig ins Wasser. Er trug Tropenuniform wie die ganze Kuban-Armee.

»Was ist los?«, fragte ich. »Schlecht gefrühstückt?«

Der Soldat wandte mir seinen Blick zu, stutzte, richtete sich zu einer Ehrenbezeigung auf und sagte in mürrischem Ton:

»Ist ja alles zum Kotzen, Herr Leutnant. Die Familie zu Hause im Notquartier, und unsereiner strolcht durch die Gegend.«

»Wieso Notquartier?«, fragte ich. »Sind Sie ausgebombt?«

»Jawohl«, sagte er, »war auf Bombenurlaub. Aber in der kurzen Zeit kann man nichts erledigen, nur die Trümmer besehen und der Frau die Tränen trocknen, dann ist man schon wieder auf Achse.«

Unterdessen füllte sich die Fähre. Zumeist waren es wohl zur Front zurückkehrende Urlauber. Auch einige Offiziere waren darunter, ein Pionierhauptmann, ein Major von den Werfern, ein Gebirgsjägeroberleutnant und ein junger Oberarzt.

Die Fähre legte ab und nahm rasch Fahrt auf. Hinter hochschäumender Bugwelle pflügte sie durch die sonnenüberglänzte brackige Flut, die sich mit leichter Dünung hob und senkte.

Die Stadt Kertsch blieb zurück und verlor im grell blendenden Morgenlicht zusehends ihre Konturen. Als wir die halbe Strecke hinter uns hatten, stießen unvermutet aus der Aura weißgoldener Strahlen, die die flammende Sonne umgab, zwei dunkle Punkte herab, wurden gedankenschnell größer und nahmen die Gestalten von Flugzeugen an. Es waren russische JL II mit kugelfester Panzerung an der Unterseite des Rumpfes.

Die Flakbedienung schwenkte ihr Vierlingsgeschütz. Zugleich mit dem Knattern und Bellen der Bordwaffen, mit dem die anfliegenden JL II den Angriff eröffneten, begann das rasende Hämmern der Flak. In der Helligkeit war das Gesprüh der Leuchtspurgeschosse nur schwach zu erkennen. Die Flugzeuge brausten feuernd über die Fähre hinweg. Sekunden später flogen sie wieder an. Wir lagen flach auf den Eisenplatten des Decks. Jemand schrie auf. Ein Querschläger pfiff mit schrillem Jaulen dicht an mir vorbei. Die Flak feuerte wie irrsinnig, aber noch einmal griffen die Russen an. Das Aufheulen der

Motoren wurde so laut, dass man befürchtete, die Satansvögel hätten die Absicht, uns in den Grund zu rammen. Wieder hörte ich einen Schrei. Dann war der Spuk vorbei. Die Russen drehten ab, und die Flak stellte das Feuer ein.

Ich zog ein Knie an, um aufzustehen. Dabei fiel mein Blick auf den ausgebombten Artilleristen, mit dem ich gesprochen hatte, als ich an Bord kam. Ein Geschoss hatte seine Stirn zertrümmert. Er bleckte sein Gebiss, als hätte er in seinem letzten Augenblick einen wilden Fluch ausgestoßen. Zwei Verwundete pressten die Hände gegen die Einschusslöcher, um das rinnende Blut aufzuhalten. Beide waren grau unter der Sonnenbräune. Den einen hatte es an der Gürtellinie, den anderen am rechten Bein erwischt. Ein Marinesanitäter und der Oberarzt nahmen sich der beiden an. Der mit dem Schuss in der Nabelgegend verfiel zusehends. Er rief nach dem Pfarrer, und da keiner an Bord war, versah der Oberarzt dessen Stelle und gab dem Sterbenden die Absolution, nach der er verlangte.

»Verdammter Kuban«, sagte der Oberleutnant, der das Edelweiß an der Bergmütze trug.

Die Küste, der wir zustrebten, war schon zu erkennen, eine graugelbe, steil aufragende Sanddüne ohne jede Spur von Vegetation. Am Fuß der Steilküste zeichnete sich undeutlich eine Anzahl Häuser ab: Taman, der Hauptausschiffungs- und Nachschubhafen der Kuban-Armee.

Der Fährprahm legte an der ins Meer herausragenden Mole an. Matrosen der Besatzung trugen die beiden Toten und den Verwundeten an Land. Ich nahm mein Gepäck auf und begab mich zum Weiterleitungsstab, der sich in einem lehmgrauen Gebäude, in der Nachbarschaft eines tiefen Bombentrichters, niedergelassen hatte.

Der diensthabende Feldwebel wandte sich an einen Zahlmeister, der gerade abgefertigt worden war, und fragte ihn, ob er mich mitnehmen könne, da wir den gleichen Weg hätten.

Der Zahlmeister nahm mir meinen Schlafsack und den Wäschebeutel ab und führte mich zu einem parkenden Lkw.

»Ich warte auf eine Ladung, die erst heute im Lauf des Tages ankommen wird«, sagte er. »Wenn Sie bis morgen Zeit haben, bringe ich Sie zur Division.«

Der Fahrer des Wagens, einer jener Obergefreiten, die mit ihrer Unerschütterlichkeit ein Menschenschlag für sich sind, hob den Kopf vom Lenkrad, wo er eine kurze Schlafpause eingelegt hatte, und wir stiegen zu ihm ins Führerhaus.

»Zu Fritzchen«, sagte der Zahlmeister. »Der Kram ist noch nicht da. Muss später nochmal nachfragen.«

»Alles kalter Kaffee«, sagte der Obergefreite, nachdem er mir freundschaftlich zugenickt hatte.

Es war eine Sprache, wie man sie nur in der HKL oder in Frontnähe hört.

Der Fahrer steuerte den Lkw auf einer sandigen Straße, die sich bei Regen in eine Schlitterbahn wie aus Seife verwandeln musste, aus dem elenden Hafennest Taman hinaus zu einem Häuschen, das einsam auf halber Höhe lag.

Es ist das Domizil von »Fritzchen«, einem Oberzahlmeister von stattlicher Leibesfülle, der mich in manchem an Panitzki erinnert.

»Fritzchen« ist, wie er sagt, in diesem »lausigen Taman« schon beinahe festgewachsen. Er hat etwas mit dem Nachschub zu tun, der zum Teil auf einer wackeligen Schmalspurbahn landein befördert wird.

»Wenn ich nicht hier wäre, liefe der Laden genauso gut«, behauptet er, »aber irgendwo muss man ja sitzen. Die Eier, die die Russen hier abladen, sind zwar ekelhaft. Na ja, mir hat er noch keins aufs Dach gesetzt.«

»Fritzchen« und Zahlmeister Redel, wie der andere heißt, scheinen einem Geheimbund für Sauberkeit im Amt anzugehören. »Fritzchen« ist nach dem Rückzug aus dem Kaukasus bestraft worden, weil er die Bestände eines Verpflegungslagers an die Truppe ausgegeben hat, anstatt die aufgestapelten Vorräte befehlsgemäß in die Luft zu sprengen. Zumeist war es bei den Rückzügen umgekehrt: die Soldaten zogen hungrig ab, während pflichtgetreue Zahlmöpse das Lebensnotwendige vernichteten. Auch Zahlmeister Redel unterscheidet sich erfreulich von manchem seiner Gattung. Er schafft für die Qu-Abteilung meiner neuen Division auf Seitenwegen organisierte Marketenderwaren heran, und ich glaube ihm, dass er nicht eine Zigarette für sich abzweigt. Mit seinem Fahrer, dem Obergefreiten Kaspar, verbindet ihn eine Freundschaft, die vermutlich in Zeiten der Krise entstanden ist.

Ich muss abbrechen. Grade ist »Fritzchen« von der Hafenkommandantur angerufen worden. Die Ladung für Redel ist doch schon eingetroffen. Wir fahren in einer halben Stunde.

Flucht nach vorn

Podwolnij-Höfe

Das war ein Ding wie aus dem Tollhaus. Es war buchstäblich so, als hätten die Russen darauf gewartet, bis ein gewisser Leutnant Lemke, der ihm in Stalingrad durch die Netze gegangen ist, in der HKL des Kuban-Brückenkopfes auftauchte, um wie auf Bestellung mit allem loszulegen, was er auf der Pfanne hat. Was mögen unsere gefangenen Soldaten gedacht haben, die drüben als Straßenbauer schuften, als die Geschütze zu trommeln begannen, die, wie deutlich durchs Scherenfernrohr zu sehen war, dicht bei der Arbeitskolonne aufgefahren waren.

Ausgesucht finstere Methoden wendet der Russe hier an. Deutsche Gefangene – vielleicht sind es Überlebende aus dem Kessel an der Wolga? – arbeiten im Frontbereich mit Pickel und Spaten und werden als Deckung für Artilleriestellungen benützt, die man demzufolge von uns aus natürlich nicht bekämpfen kann. Aber hat nicht der Mann, den man den größten Feldherrn aller Zeiten nennt, vor aller Welt hinaustrompetet, dass er der Roten Armee gegenüber weder die Haager Landkriegsordnung noch die Genfer Konvention anerkennt? Der Russe bleibt ihm die Quittung nicht schuldig, zumal jetzt, wo er täglich stärker wird, vor allem deshalb, weil sich die Lieferungen aus Amerika bemerkbar machen.

Nur gut, dass ich, bevor es losging, mein allergeheimstes Kriegstagebuch im Rucksack verstaut habe und es mir beim Absetzen noch gelungen ist, den Rucksack aus dem Bunker zu holen. Das wäre ein Fressen für den Feind gewesen, wenn er meine Anklageschrift gegen Adolf und sein System für seine Propaganda hätte ausschlachten können. Mich hätte es den Kopf gekostet. Ich muss vorsichtiger werden. Eigentlich hätte ich das, was bis dahin aufgeschrieben war, in Deutschland deponieren müssen, vielleicht bei Onkel Fred in Berlin. Aber jetzt ist es zu spät. Der Feldpost kann ich dieses Dynamit nicht anvertrauen. Um den Kognak, der in der HKL zurückgeblieben ist, brauche ich nicht zu jammern. Ich habe schon festgestellt, dass die Division in dieser Hinsicht nicht kleinlich ist. Auch der neue Schlafsack ist weg. Immerhin habe ich wenigstens die Genugtuung, dass ihn kein Russe zum Schlafen verwenden konnte, denn lange waren sie nicht in unserer Stellung.

Verrückt – wirklich verrückt. Gestern früh hat es noch so ausgesehen, als ob ich eine Kompanie beim Feldersatzbataillon übernehmen müsste. Dann kam die Weisung, ich solle mich beim Bataillon Wilhelmi melden. Der Kompanieführer der Elften war urplötzlich zum Divisionsstab abkommandiert worden. Ich hatte Befehl, an seine Stelle zu treten. Die Einführung in die Stellung ging wie üblich vor sich. Ich trank mit Oberleutnant Emser, meinem Vorgänger, und mit Feldwebel Suhrmann, dem Kompanietruppführer, einem kindlichen Gemüt in der Hülle eines bärenstarken Riesen, einen Begrüßungsschluck. Dann legte ich mich aufs Ohr, denn auch im Bataillonsgefechtsstand hatte ich mit Leutnant Stapf, dem Adjutanten, ein paar Kognaks gekippt, und zudem hatte ich einen weiten Fußweg mit Gepäck hinter mir, und die brütende Hitze setzte mir zu.

Emser wollte noch bleiben. Er kannte seinen Abschnitt und hatte so ein Gefühl in der Nase, als ob der Feind etwas vorhabe. Ein Segen, dass er blieb, denn ich allein wäre wohl nicht zurechtgekommen, als der Höllenzauber dann gegen Abend anfing. Dieser Aufwand an Ari! Woher der Russe nur solche Munitionsmengen nimmt? Das Vorgelände wurde regelrecht von Granaten umgepflügt. Auch in den Graben ging einiges ’rein, und im Hintergelände gab es Ausfälle durch Volltreffer in die Unterstände, in denen die Kompanie bereitlag.

Dieser Emser hat Nerven wie Stricke. Er exerzierte mir vor, wie man sich am Kuban-Brückenkopf verhält, wenn der Russe angreift, der uns zahlenmäßig haushoch überlegen ist. Erst im letzten Augenblick, als das Artilleriefeuer schon ins Hauptkampffeld übersprang, holte Emser die Kompanie in den Graben. Die Soldaten waren froh, dass er bei ihnen war. Ich war ein Neuer für sie. Wir waren noch nicht aufeinander eingespielt, wenn ich auch sagen kann, dass sie mich gewissermaßen mit Wohlwollen aufgenommen haben. Der einfache Mann hat ein gutes Gefühl dafür, ob er einem Offizier Vertrauen schenken kann. Sie haben mich in Gnaden akzeptiert, und das ist viel. Ich hoffe, dass ich sie nicht enttäuschen werde.

Ein blutiger Empfang, weiß der Himmel. Kaum hatte ich die Kompanie übernommen, wenigstens der Form nach, als das Gewitter des feindlichen Großangriffs losbrach. Viele von denen, die ich gerade vorher mit Handschlag begrüßt hatte, wurden ausgelöscht, noch ehe ich sie richtig kannte. Der

Hauptschlag traf den linken Nachbar, einen Leutnant Fromm mit seiner Kompanie. Dort wollte der Russe allem Anschein nach den Durchbruch erzwingen, den er seit der Bildung des Kuban-Brückenkopfes mit immer neuen Angriffen anstrebt. Den von der 17. Armee gehaltenen Landzipfel nennt er »Molaja ssemljia« – die Kleine Erde. Von ihr will er die Armee hinunterfegen ins Meer, und ausgerechnet kurz nach meiner Ankunft in der Stellung ging er es wieder einmal an. Bei uns kam er nur mit Schützen, einem erdbraunen Gewimmel, das im Pulverqualm das ansteigende Vorgelände heraufkam. Die Panzer walzten drüben bei Fromm bergan. Während wir dem frontal angreifenden Gegner aus allen Knopflöchern Zunder gaben, wurde die Kompanie Fromm von den Panzern überrollt. Emser riegelte mit ein paar Mann den Graben ab, damit uns die Russen, die schon mit Infanterie eingebrochen waren, nicht in die Flanke kamen. Zum Gegenstoß reichten die paar Mann, die Emser zur Verfügung hatte, nicht aus. Im letzten Augenblick, als wir uns schon zum Nahkampf bereitmachten, funkte das Bataillon den Befehl zur Aufgabe der Stellung. Wir lösten uns, nahmen alle Verwundeten mit, die wir tragen konnten. In einer Balka, in der die Kompanie ihren Waschplatz eingerichtet hatte, ließ ich alle, die herausgekommen waren, sammeln. Zuletzt traf Oberleutnant Emser ein. Mit ihm Feldwebel Suhrmann, der wie ein Berserker gekämpft und erheblichen Anteil daran hatte, dass wir uns hatten absetzen können.

Emser gab mir den Rat, fürs Erste die Podwolnij-Höfe zu besetzen. Dorthin wollte er Sankas für unsere Schwerverwundeten dirigieren. Die leichteren Fälle nahm er mit zum Bataillonsgefechtsstand.

In der Nacht begann mit beachtlicher Artillerieunterstützung der Gegenangriff. Der Divisionskommandeur führte ihn selbst. Ich kann mir denken, warum. Der feindliche Einbruch und der Verlust der Stellung waren durch Funkspruch über Armee-Korps, Armee und Heeresgruppe ans Führerhauptquartier gemeldet worden, und der Mann, der alles wissen muss und alles lenkt, starrte mit düster verschattetem Blick auf die Karte und gab den Befehl, die alte HKL »unverzüglich« wiederherzustellen. Der Gegenangriff gelang, aber der General fiel an der Spitze der stürmenden Grenadiere. Oberst Staufer, unser Regimentskommandeur, bei dem ich mich gestern gemeldet habe, übernahm die Führung der Division. Ich rechnete damit, dass man mich nach der Rückeroberung mit der Kompanie wieder in die alte Stellung schicken würde, aber bisher ist kein Befehl gekommen, obwohl uns das Bataillon seit Mitternacht wieder an der Strippe hat.

Wir sitzen auf den geschwärzten Mauerresten der einstigen Podwolnij-Höfe in der Sonne. Nur gelegentlich schlägt eine Granate in der Nähe ein. Es ist nicht zu leugnen, dass die Kompanie gestern Abend einen Schock erlitten hat. Die Verluste sind höher, als ich ursprünglich annahm. Suhrmann hat nach den Meldungen der Zug- und Gruppenführer eine Aufstellung gemacht.

»Noch ein paar solche Schläge«, meinte er bekümmert, als er mir die Liste mit den Namen der Gefallenen und Verwundeten gab, »dann kann die Kompanie einpacken.«

Vor ein paar Minuten ist ein Soldat bei mir gewesen. Die Namen muss ich mir erst einprägen. Der Gefreite – ich glaube, es ist Konz, einer vom leichten

Granatwerfertrupp – brachte mir ein Flugblatt, das von den Russen stammt.

»Ist gut«, sagte ich, ohne zunächst auf das Blatt zu schauen. »Flugblätter sind sofort abzuliefern. Sie wissen ja, Feindpropaganda. Alles Quatsch, was die da drüben schreiben.«

Ich warf einen Blick auf den eng bedruckten Zettel aus minderwertigem Papier und stutzte. Das Flugblatt enthielt die Namen von Überlebenden aus Stalingrad, die in Gefangenschaft geraten waren. Ich überflog die langen Reihen, um festzustellen, ob jemand von meiner alten Kompanie darunter wäre.

Der Soldat räusperte sich, und ich blickte auf. »Herr Leutnant«, sagte der Gefreite grinsend, »ganz soviel Quatsch ist's wohl doch nicht. Sie lesen's ja auch.«

Ich wusste im ersten Augenblick nicht, was ich antworten sollte, aber dann entschloss ich mich, die Wahrheit zuzugeben.

»Sie haben schon Recht«, sagte ich. »Nur müssen Sie wissen, dass ich im Kessel von Stalingrad eine Kompanie geführt habe. Die Kompanie ist drinnen geblieben.«

»Und Sie, Herr Leutnant?«, fragte der Gefreite. Sein Gesichtsausdruck wurde abweisend.

»Ich«, antwortete ich, »ich bin im Flugzeug 'rausgekommen. Aber ich habe flach auf 'ner Trage gelegen. Sie sehen ja, wie ich zugerichtet worden bin.«

»Ja, das sehe ich, Herr Leutnant«, sagte der Soldaten, offenbar zufrieden gestellt. »Entschuldigen Sie denn auch. Jetzt kann ich's verstehen, dass Sie nur nachschauen wollten, ob einer von Ihrer Kompanie auf dem Flugblatt steht. Begreife nur nicht, warum es damals geheißen hat, die hätten bis zum letzten

Mann und zum letzten Schuss gekämpft. Das ist doch eine ganz schöne Liste. Und 's ist ja auch nicht die erste, die der Russe abgeworfen hat.«

»Das begreifen wir beide nicht«, sagte ich. »Das ist Politik. Da wird manchmal etwas gesagt, was in Wirklichkeit ganz anders aussieht.«

Der Gefreite nickte und meinte, mit mir könne man reden wie mit Herrn Oberleutnant Emser. Zweifellos eine schmeichelhafte Anerkennung.

Das Flugblatt habe ich vernichtet. Es enthielt keinen mir bekannten Namen. Was würden alle die Mütter, Frauen und Kinder in Deutschland darum geben, wenn sie die Namenslisten bekämen, die der Russe über dem Kuban-Brückenkopf abwirft.

Damals im Januar, als von Pitomnik und von Gumrak die letzten Flugzeuge aufgestiegen waren, als kein Lebenszeichen mehr aus dem Kessel gelangte, trat das große Schweigen ein, in das Tausende von Söhnen, Vätern und Brüdern eingegangen sind. Die 6. Armee wurde ausgelöscht.

Wird wohl jemals der Schleier gelüftet werden, den Hitler über Stalingrad gebreitet hat – das Leichentuch, das auch die Überlebenden vom Kessel an der Wolga zudecken soll?

Soeben ist für die Kompanie der Marschbefehl eingetroffen. Seltsamerweise geht es nicht nach vorn. Drunten an der Nachschubstraße stehen um vierzehn Uhr zwei Lkw für uns bereit. Wohin wir verladen werden, weiß ich nicht. Der Bataillonsadjutant hat es mir am Fernsprecher nicht verraten.

Wir haben noch eine Stunde Zeit. Da hocken die Männer, die der Russe gestern Abend aus der Stellung geboxt hat. Alle tragen Tropenuniform wie ja auch ich seit meinem Eintreffen bei der Division. Aber meine Uniform ist noch neu trotz des Schlamassels, in den wir gestern geraten sind. Das Khakizeug meiner Soldaten dagegen ist ebenso mitgenommen wie die, die drin stecken. Ihre Gesichter sind zwar gebräunt vom Leben im Freien, aber es ist eine fahle Bräune. Die Augen sind eingesunken, die Wangen hohl und die Züge scharf. Auch die Jüngsten – und es sind manche Blutjunge darunter – sind längst aus ihren Träumen erwacht und kennen nur noch des Lebens äußerste Bitterkeit.

Ich muss aufhören zu schreiben. Gleich wird die Feldküche eintreffen. Das Gleichmaß des Daseins, das für mich lange Zeit unterbrochen war, hat auch von mir wieder Besitz ergriffen. Man isst, man schläft, man geht zur Latrine; wenn ein Angriff befohlen wird, greift man an, und wenn der Feind seine Wellen aus Menschen in anderen Uniformen heranschiebt, liegt man hinter seiner Waffe, zieht ab, lädt nach und zieht wieder ab. Kein leichtes Leben, aber vieles ist einfacher als dort, wo man sich mit schweren Gedanken das Gehirn zermartert und doch zu keinem Ergebnis kommt. Von Hitler und dem, was er uns auferlegt, spricht hier niemand. Die Front hat ihre unausgesprochenen Tabus. Ihre Weltanschauung beschränkt sich auf den Blick ins Vorgelände. Wenn der Soldat zurückschaut, meint er die Feldpost, die er erwartet, die Essenträger oder, falls er verwundet in einem Trichter liegt, die Sanitäter, die ihn herausholen sollen. Die Flöhe und Läuse und das feindliche Feuer verursachen so viel Unbehagen, dass man sich nicht obendrein auch noch eine Last aufbürden kann, mit der ohnehin keiner fertig wird.

Krasnaja Swesda

An der Straße, wo die Lkw für uns bereitstanden, wartete Leutnant Stapf, der Bataillonsadjutant. Im Tropenhemd, die Mütze mit dem langen Schild in den Nacken geschoben, saß er auf einem Stapel leerer Geschosskörbe, die neben pulvergeschwärzten Kartuschhülsen zum Abholen aufgeschichtet waren.

Das grüne Hügelland breitete sich in tiefem Schweigen im Sonnenschein. Es war, als hielte der Krieg in der Nachmittagsstille des hochsommerlichen Augusttages den Atem an.

Als die Kompanie aus dem von der Höhe herabführenden Weg auf die Straße einbog, erhob sich Stapf und schlenderte mir gemächlich entgegen.

»Glück im Unglück, Herr Lemke«, sagte er nach der Begrüßung. »Oberst Staufer, der ja vorübergehend die Division führt, hat festgestellt, dass Ihre Kompanie erholungsreif ist. Außer einer kurzen Ruhe beim Tross steht sie seit März ununterbrochen am Feind. Die Gefechtsteile der Kompanie gehen für ein paar Tage – auf Abruf – in Ferien nach Krasnaja Swesda. Das ist das Erholungslager der Division, nicht weit von Anapa am Schwarzen Meer. Was sagen Sie jetzt, Herr Lemke?«

Was sollte ich sagen? Ich war nicht zur Kuban-Armee gekommen, um Ferien zu machen. Aber der Kompanie stand Erholung zu. Ich führte die Kompanie, und somit war es meine Aufgabe, mit ihr per Achse zur Schwarzmeerküste zu fahren, anstatt, wie ich angenommen hatte, anderswohin, in irgendeine lausige Ecke, wo es krachte und pfiff.

Mir gibt die Atempause, die ein verständnisvoller Regimentskommandeur den abgekämpften Soldaten gewährt, Gelegenheit, die Kompanie in aller Ruhe wirklich kennen zu lernen, in ihr Wesen einzudringen und dem einzelnen Mann näher zu kommen.

Es hat sich ohne mein Zutun herumgesprochen, dass ich in Stalingrad war und mir dort mein zerhacktes Gesicht eingehandelt habe.

Ich verabschiedete mich mit dem üblichen »Hals- und Beinbruch« von Stapf. Die Kompanie verteilte sich auf die beiden Lkw, und wir rollten quer durch das Hinterland des Kuban-Brückenkopfes zur Küste des Schwarzen Meeres.

Das Ferienlager Krasnaja Swesda hat der Roten Armee, als sie hier zuständig war, zum gleichen Zweck gedient. Ich wohne zwar gesondert in einem der für Offiziere vorgesehenen Bungalows, die auch zu Sowjetzeiten »Offizeri« beherbergten, aber tagsüber bin ich, außer zu den Mahlzeiten, zu denen sich die Träger von Schulterstücken im Kasino treffen, fast ständig mit der Kompanie zusammen. Die Verpflegung im Lager ist für Offizier und Mann gleichermaßen gut. Gestern Abend hat die Kompanie Kaviar im Kochgeschirr empfangen, dazu jeder ein Stück geräucherten Stör. Beides stammt aus der Fischfabrik in Warenikowskaja, die von der Wehrmacht wieder in Betrieb genommen worden ist.

Man kann förmlich zusehen, wie die Männer aufleben, wie ihre eingefallenen Gesichter sich runden und der Blick ihrer Augen sich aufhellt. Es gibt keinerlei Dienstbetrieb. Nur am ersten Morgen habe ich große Wäsche angeordnet, damit das Zeug, das die Leute seit Wochen am Leib trugen, endlich einmal gründlich gesäubert wurde. An das Morgen und dass es im Grunde gleichgültig ist, ob einer in einer gewaschenen oder einer dreckigen Uniform stirbt, dachte außer mir wohl keiner.

Seither verbringen wir unsere Zeit von früh bis spät am Strand. Unterhalb der Steilküste, auf der das Lager zwischen Pinien und Zypressen versteckt liegt, hat die See einen von einzelnen Felsklippen durchsetzten Sandstreifen angeschwemmt, auf dem man wie am Lido oder in Norderney in der Sonne liegen und den Wolken oder den Möwen zuschauen kann.

Vom Krieg ist hier wenig zu spüren. Selten einmal jagt ein Schnellboot der Kriegsmarine vorbei, die in Anapa einen Stützpunkt besitzt. Und gelegentlich greifen russische Tiefflieger die Flakstellungen in der Nähe des Lagers an. Wie zum Zeitvertreib knallen sie beim Anflug ein bisschen auf den Strand, wenn sich dort jemand zeigt. Das beste Mittel ist dann, mit ein paar Stößen hinauszuschwimmen, denn der steile Pfad, der im Zickzack zur Küstenhöhe hinausführt, bietet keine Deckung.

»Badeleben mit Zunder«, sagen die Soldaten. Ihr ganzes Bedauern gilt dem Fehlen wohlgebauter Weiblichkeit. Die Störversuche des Feindes können die gelöste Ferienstimmung nicht beeinträchtigen. Ein gusseiserner Soldat hält Ratas oder sogar die kampfstarken JL II höchstens für lästige Beigaben wie die Mücken, die nachts von den nahen Lagunen ausschwärmen. Den Rotarmisten verachtet er nicht, aber die russische Fliegerei kann ihm keinen Respekt einflößen. Er behauptet, der Russe sei fürs Fliegen ebenso ungeeignet wie fürs Radfahren, weil ihm das Gleichgewichtsgefühl fehle.

Feldwebel Suhrmann, der gern in Reimen spricht, meint:

»Wie die Steppe keine Hügel, hat der Russe keine Flügel.«

Der Athlet Suhrmann schlägt jeden von uns im Schwimmen. Im Nahkampf, behauptet er von sich, sei er ein Unmensch. Aber sonst ist er ein harmloser, gemütvoller Bursche, der weit über seine Pflicht hinaus auf das Wohl der Kompanie bedacht ist. In manchem erinnert er mich an den guten Feldwebel Stamm.

Der gestrige Abend und der heutige Tag brachten, wenn man so sagen will, einige Abwechslung in mein Feriendasein. Die erste Überraschung war das Erscheinen von Oberleutnant Emser. Er hat sich, wie es so schön heißt, »unter Feindeinwirkung« ein Handgelenk gebrochen und soll hier bis zur Ausheilung bleiben. Ich war hocherfreut, ihn wieder zu sehen, aber meine Freude schwand, als er mir berichtete, seine Frau sei in der Heimat von Bomben erschlagen worden. Zudem wurde er gleich bei seiner Ankunft in Krasnaja Swesda in eine böse Sache verwickelt.

Schon von unserer ersten Begegnung her weiß ich, dass er schwer an dem tragischen Schicksal seines früheren Regimentskommandeurs trägt. Manchmal scheint wirklich der Teufel die Hand im Spiel zu haben. Als Emser sich arglos dem Mitbewohner des ihm zugeteilten Quartiers vorstellen wollte, sah er sich dem Mann gegenüber, der im Kriegsgerichtsverfahren gegen seinen Kommandeur als Ankläger aufgetreten ist. Es kam zu einem Wortwechsel, der Emser in seinem Gerechtigkeitsgefühl herausgefordert haben muss, und schließlich zu beleidigenden Äußerungen seines Gegenübers. Ich hatte diesen Herrn ein paar Mal flüchtig gesehen. Es war – nun muss ich schon vermerken: war – ein gewisser Oberstleutnant im Generalstab Schwartau-Zistig. Er gehörte nicht zu unserer Division. Der Unteroffizier, der das Lager in Schuss hält, hatte mir vertraulich mitgeteilt, dass Schwartau-Zistig bei einem Bombenangriff auf seinen Standort Noworossijsk durchdrehte und vom Arzt seines Stabes in unser Lager geschickt wurde, wo er sich im Kasino mehrmals mit eisernen Durchhaltesprüchen hervortat. Einmal hatte ich es selbst erlebt, hatte eine plötzliche Übelkeit vorgeschützt und war aufgestanden und hinausgegangen. Jetzt sollte ich Schwartau-Zistig zur Wahrung von Emsers Ehre als dessen Beauftragter aufsuchen. Es war kein erfreuliches Zusammentreffen. Schwartau-Zistig kehrte zunächst den Oberstleutnant heraus, aber ich ließ mich nicht einschüchtern.

»Sie schulden Oberleutnant Emser Genugtuung«, sagte ich.

Ich verlangte von ihm, die beleidigenden Äußerungen mit dem Ausdruck des Bedauerns zurückzunehmen.

Schwartau-Zistig geriet in Wut und schrie: »Scheren Sie sich 'raus, Sie unverschämter Patron!«

»Augenblick mal«, sagte ich, »auch das nehmen Sie auf der Stelle zurück! Sie reden zwar vom Endsieg und vom Kampf bis zum letzten Mann, aber sich selbst nehmen Sie dabei aus. In der Heimat gehen Frauen und Kinder im Bombenregen zu Grunde, und Sie laufen aus Noworossijsk davon, wenn es dort mal kracht. Aber von anderen verlangen Sie Pflichterfüllung bis zum Letzten. Ihr Geschwätz ist Humbug. Ich war in Stalingrad. Ich weiß Bescheid.«

»Der Opfergang der sechsten Armee war eine militärische Notwendigkeit«, sagte Schwartau-Zistig und glaubte wohl selbst daran.

»Nein«, sagte ich, »Hitler hat die Paulus-Armee verkommen und verrecken lassen, weil er keinen Zeugen gegen sich haben wollte, nachdem sein ursprünglicher dilettantischer Plan schief gegangen war.«

»Das ist eine ungeheuerliche Unterstellung«, erwiderte der Oberstleutnant. »Das ist Hochverrat. Ich rufe die Wache – lasse Sie festnehmen.«

»Sie lassen gar nichts«, sagte ich. »Ein Wort gegen mich, und ich verspreche Ihnen, dass Sie den Kuban-Brückenkopf nicht lebend verlassen. Ich weiß von Oberleutnant Emser, dass Sie einen untadeligen Offizier um seine Ehre gebracht und in den Tod getrieben haben. Gehen Sie an die Front, wenn Sie Anspruch darauf erheben, Offizier zu sein. So lange Sie sich herumdrücken, haben Sie kein Recht, sich mit einem von uns zu vergleichen und Ihre Goebbels-Sprüche zu verbreiten.«

Ich war nicht erregt. Mit jedem Wort wurde ich ruhiger. Und diese Ruhe mag Schwartau-Zistig zur Vernunft gebracht haben.

Er hob ein paar Mal die Hände, ließ sie hilflos fallen und sagte schließlich steif aufgerichtet:

»Gebe zu, die Fassung verloren zu haben. Ersuche Sie, Oberleutnant Emser meine Entschuldigung zu überbringen. Ersuche Sie, mich jetzt zu verlassen. Ungeheuerlich – ganz ungeheuerlich.«

Für Emser war die Angelegenheit erledigt, aber er war sehr niedergedrückt. Um ihn aufzuheitern, öffnete ich eine Flasche Sekt, die ich beim Lager-Unteroffizier organisiert hatte, und dann eine Kognakflasche, die aus derselben Quelle stammte.

Ich gestehe, ich wurde reichlich aufgekratzt, zumal für heute ein erfreuliches Ereignis bevorstand: die Ankunft des Fronttheaterzuges. Auch meine

Soldaten waren völlig durcheinander geraten. Die Fantasie ging wohl mit ihnen durch, und sie erträumten sich alles Mögliche vom Erscheinen der Tänzerinnen und Sängerinnen aus Deutschland in unserer Männerwelt.

Emser dagegen schien nicht allzu sehr beeindruckt, dafür ist er es aber heute in ganz erstaunlichem Maße. Zwischen dem Frühstück, das wir mit den anderen Herren, allerdings in Abwesenheit von Oberstleutnant Schwartau-Zistig, im Kasino einnahmen, und dem Mittagessen sah ich ihn nicht, vermute jedoch, dass er in dieser Zeit die Bekanntschaft einer unserer Freudenspenderinnen gemacht hat. Die Theatertruppe – sieben Mädchen in bunten Sommerkleidern und ihr Direktor – war zu Mittag bei uns im Kasino zu Gast. Mit seiner Tischnachbarin zur Rechten war Emser so vertraut, als seien die beiden schon seit langem befreundet. Es war ausgerechnet die, die auch mir am besten gefiel, eine reizvolle Blondine mit blauen Augen und einer blendenden Figur.

Doch mit Emser, der zwar eine Hand in Gips, und auch sonst etliche Narben, aber immerhin noch sein von Gott geschenktes Gesicht hat, zu konkurrieren, wäre ein sinnloses Bemühen gewesen, zumal er ja schon einigen Vorsprung zu haben schien, der auch bei anderer Sachlage nicht mehr einzuholen gewesen wäre.

Aber dann kam alles anders, als Emser es sich wohl ausgemalt hatte. Am frühen Nachmittag ging Schwartau-Zistig, der sich bis dahin von allen fern gehalten hatte, allein hinunter zum Strand. Wäre er fronterfahren gewesen, hätte er sich, als die Tiefflieger kamen, ins Meer gerettet und wäre, wenn sie ihn aufs Korn genommen hätten, untergetaucht, so dass er kein Ziel mehr geboten hätte. Man fand ihn in einer roten Badehose auf seinem grünen Bademantel. Zwei Bordwaffengeschosse hatten ihn in die Brust getroffen. Er muss sofort tot gewesen sein. Am späten Nachmittag begruben wir ihn auf dem Friedhof der Flak mit militärischen Ehren. Ich ließ die Kompanie ausrücken, und die drei Salven, die wir über seinem Grab abfeuerten, waren meine Abbitte für das, was ich ihm gestern Abend an bitteren Wahrheiten an den Kopf geworfen hatte. Gefallen ist gefallen. Auf dem Kreuz steht nicht, ob einer die Tapferkeit für sich gepachtet hat, ob er dem Führer treu war oder ein Ketzer wie ich.

Die Folge von Schwartau-Zistigs Tod war die Absage der Vorstellungen, die für heute Abend in der Mannschaftskantine und im Kasino geplant waren. Der Fronttheaterzug fährt noch heute Nacht weiter nach Anapa.

In der HKL, 15. August 1943.

Zu der Enttäuschung darüber, dass der Fronttheaterzug die Vorstellungen abgeblasen hatte, kam vorgestern Nacht für die Kompanie noch eine andere: Marschbefehl.

Gegen Mitternacht wurde ich aus dem Bett getrommelt und zur Fernsprechstelle im Gebäude der Lagerverwaltung gerufen. Am anderen Ende der Leitung war Leutnant Stapf. Als ich seine Stimme hörte, wusste ich, was die Stunde geschlagen hatte.

»Hoffentlich hab ich Sie nicht gerade im schönsten Traum gestört«, sagte er, nachdem ich mich gemeldet hatte. »Benachrichtigen Sie am besten gleich die Kompanie. Sie werden morgen früh abgeholt. Die

Lkw sind schon unterwegs. Punkt fünf Uhr setzen Sie sich in Marsch. Meldung zur Einweisung: Regimentsgefechtsstand. Bis morgen also, Herr Lemke. Ende!«

Ende. Das Ende der kurzen Ferien am Schwarzen Meer und der Anfang wovon? Es gehörte nicht viel Fantasie dazu, es sich auszumalen.

Ich weckte Feldwebel Suhrmann, und Suhrmann verständigte die Zugführer.

Um vier Uhr dreißig stand die Kompanie beim Wahrzeichen des Lagers, einem großen roten Stern auf einer kalkweißen Gipssäule, bereit. Die Sonne, die hier anscheinend Dauerstellung hat, schob sich hinter dem dunstigen Horizont im Osten hoch. An Büschen und Gräsern blinkte der Tau.

Die Männer in ihrem Khakizeug, das noch vom Vorjahr her aus Hitlers geplatzten Asienplänen stammt und nun im heißen Kubansommer verschlissen wird, hatten verschlafene Gesichter. Die Witze, die sie über das gipserne Komsomolzenmädchen und den Jungen mit seiner lächerlichen Sporthose am Eingang des Verwaltungsgebäudes machten, klangen lahm.

Feldwebel Suhrmann sagte:

»Der Soldat denkt, und der Russe lenkt.«

Er ahnte wohl nicht, dass er damit den Kern der Kriegslage getroffen hatte, wie sie sich neuerdings ergibt. Seit Stalingrad ist der Russe derjenige, der das Kampfgeschehen an der Ostfront bestimmt. Wer das leugnet, weicht der Wirklichkeit aus.

Auf die angekündigten Lkw brauchten wir nicht lange zu warten. Die Kompanie saß auf, und Schlag fünf Uhr rollten wir durch die Ausfahrt des Ferienlagers Krasnaja Swesda.

Ich hatte im Führerhaus des vorderen Lkw Platz

genommen. Den zweiten Wagen führte Feldwebel Suhrmann. Zur Abwehr von Tieffliegern hatten wir auf der Ladebühne jedes Fahrzeugs, auf der sich die Soldaten mit ihrer Ausrüstung und ihren Waffen drängten, zwei MG aufgebaut.

Der Obergefreite, der am Steuer meines Wagens saß, war der gleiche, mit dem ich nach Krasnaja Swesda gefahren war. Ich fragte ihn, ob vorn etwas Besonderes los sei. Er behauptete, droben bei Charkow mache der Russe Remmidemmi und auch vor unserer Front verstärke er seine Angriffe.

Daher der alarmmäßige Abruf, mit dem ich freilich im Stillen jeden Tag und jede Stunde gerechnet hatte. Wir fuhren zunächst die gleiche Strecke, auf der wir zur Schwarzmeerküste gekommen waren, von der wir uns nun mehr und mehr entfernten. Im Gegensatz zu den zusammengeschossenen Dörfern im Frontbereich waren die Siedlungen im Hinterland der Kleinen Erde bevölkert, doch sah man zumeist Frauen, Scharen von Kindern und Greise, viele mit langen Patriarchenbärten. Die waffenfähigen Männer hatte Woina, der Krieg, geholt. Auf den Feldern arbeiteten dralle, braun gebrannte Mädchen mit blütenweißen Kopftüchern. Ihre Kleidung bestand zur Freude unserer Soldaten vielfach nur aus Büstenhaltern und Schlüpferhosen.

Als wir gegen Mittag die Rollbahn zur Front erreichten, die nach unserem Kommandierenden »De-Angelis-Straße« heißt, bogen wir nach kurzer Fahrt links ab auf einen Seitenweg, der durch sacht nach Norden sich senkendes Hügelland führte.

»Nee«, sagte er, »das hat sich ein bisschen verschoben. Es heißt, dass die Russen dort, wo Ihr Regiment jetzt liegt, einen neuen Schwerpunkt bilden.«

Das Rumpeln im Osten, das schon eine Zeit lang zu hören gewesen war, löste sich in einzelne Granateinschläge und -abschüsse auf, ein Zeichen, dass wir uns der Gegend näherten, in der der Krieg ein anderes Gesicht zeigt als im Führerhauptquartier, wo man mit Zirkel, Fähnchen und dem Kohlestift operiert.

In einem Waldstreifen, der von Granaten bösartig zerzaust war, hielten die Lkw an. Vor dem Wäldchen war der Weg vom Feind einzusehen und durfte bei Tag nicht befahren werden.

Die Kompanie stieg ab, und die beiden Wagen wendeten und entfernten sich.

Suhrmann blieb mit der Kompanie in dem Waldstück zurück. Da der neue Standort unseres Trosses noch nicht bekannt war, mussten die Soldaten sich mit der kalten Verpflegung begnügen, die in Krasnaja Swesda gefasst worden war.

Ich folgte nach der Beschreibung, die mir der Fahrer meines Wagens gegeben hatte, einem durch niederes Buschwerk sich windenden Trampelpfad. Von Zeit zu Zeit, wenn es in der Nähe einschlug, hielt ich an und wartete, ob der soeben krepierten Granate nicht eine zweite folgte. In glühenden Wellen brandete die Hitze vom fast wolkenlosen Himmel. Aus einiger Entfernung ertönte das blecherne Rattern von MG-Feuerstößen.

Ich fand ein Hinweisschild und gleich darauf an einem dem Feind abgewandten Hinterhang den Regimentsgefechtsstand. Er besteht aus zwei frisch in den Hang geschachteten, mit Bohlen abgesteiften Bunkern. Oberst Staufer, der Kommandeur, der seit der Ankunft des neuen Generals wieder sein Regiment übernommen hat, saß, als ich eintrat, im Befehlsbunker auf einer hochgekanteten Munitionskiste und führte ein Ferngespräch. Nachdem er den Handapparat aufgelegt hatte, stand er auf und begrüßte mich mit Handschlag.

»Schön, Lemke«, sagte er in seiner kurz angebundenen Art. »Wie war's an der See?«

»Ganz groß, Herr Oberst«, sagte ich. »Die Kompanie hat sich in der kurzen Zeit gut erholt.«

»Umso besser«, meinte Oberst Staufer. »Sie werden es in nächster Zeit nicht leicht haben, Lemke. Der Russe versucht wieder mal mit aller Gewalt den Durchbruch. Sobald mein Adjutant zurück ist, wird er Sie einweisen und Ihnen an Hand der Karte nähere Erläuterungen geben.«

Aus der Brusttasche seines ausgewaschenen Khakihemdes, an dem ein Paar ausgefranster geflochtener Schulterstücke und ein abgeschabtes EK I befestigt waren, holte er ein Päckchen Zigaretten hervor. Es waren seltsamerweise englische »NAVY cut«.

»Der einzige Luxus, den ich mir leiste«, sagte Staufer, indem er mir das geöffnete Päckchen entgegenhielt. »Meine Tochter versorgt mich damit. Sie lebt in Lissabon als Frau eines Diplomaten.«

»Nicht schlecht, Herr Oberst«, sagte ich. »Lissabon, da lässt sich der Krieg schon aushalten.«

Oberst Staufer warf mir einen forschenden Blick zu.

»Müde?«, fragte er.

»Nicht müde, Herr Oberst«, sagte ich, »nur unsicher in Bezug auf unsere Aussichten.«

»Unsicher?«, fragte er. »Ich habe eher den Eindruck, dass Sie eine recht klare Vorstellung haben, wie?«

»Wenn ich ehrlich sein soll – jawohl, Herr Oberst«, sagte ich. »Herr Oberst wissen, dass ich im

Kessel von Stalingrad war. Das war eine bittere Schule.«

Oberst Staufer legte mir seine braune, dunkel behaarte Hand schwer auf die Schulter.

»Ja«, sagte er, »Lemke, wir stehen nun mal hier und müssen zusehen, dass wir das Beste daraus machen. Generalstabsmäßige Überlegungen anzustellen, steht uns nicht zu. Ich habe den Befehl, meinen Regimentsabschnitt zu halten, und, so Gott will, halte ich ihn. Der Herrgott ist ein Faktor, den ein Regimentskommandeur nicht außer Acht lassen darf, wissen Sie.«

Der Fernsprecher auf dem primitiv zurechtgezimmerten Bunkertisch läutete. Oberst Staufer hob ab. Ich hörte aufgeregte Worte aus der Muschel, ohne sie natürlich zu verstehen. Schließlich sagte der Oberst das übliche »Ende«, legte auf und läutete ab. Als er sich mir zuwandte, war sein Gesichtsausdruck verändert.

»Ich werde Sie selbst einweisen, Lemke«, sagte er. »Habe soeben die Mitteilung erhalten, dass mein Adjutant auf dem Rückweg vom ersten Bataillon in einen Feuerüberfall geraten ist. Auf dem Verbandplatz ist er gestorben.«

Er hatte leise, wie zu sich selbst gesprochen. Als er fortfuhr, hatte seine Stimme wieder ihren alten Klang.

»Sie führen die Kompanie erst nach Einbruch der Dunkelheit nach vorn«, sagte er. »Diese ganze Ecke ist einzusehen. Wir können es uns nicht leisten, dass Verluste eintreten, die vermeidbar sind.«

Er läutete mein Bataillon an und teilte Major Wilhelmi, dem Bataillonskommandeur, mit, dass er erst nachts mit der Kompanie rechnen könne.

Auf der Karte zeigte er mir den Bataillonsabschnitt. Er lag außerhalb der Hügel in nahezu flachem Gelände, das allerdings einige Balkas aufwies.

»Wir kennen die Absichten der höheren Führung nicht«, sagte Oberst Staufer. »Für uns ist nur das eine von Bedeutung: Wenn dem Gegner der Durchbruch gelingt, tritt für die Armee eine sehr ernste Lage ein, die zu ihrer Vernichtung führen könnte. Hinter uns liegt das Meer, Lemke, wenn auch nur in mäßiger Breite. Ein aufgezwungener Rückzug hätte zur Folge, dass der vorhandene Schiffsraum zur Evakuierung des Kuban-Brückenkopfes nicht ausreichend wäre. Ich nehme an, dass Sie mich verstanden haben.«

Ich kehrte zur Kompanie zurück. Nach Sonnenuntergang, als die Schatten der Dämmerung sich zu nächtlichem Dunkel verdichteten, rückten wir zum Bataillonsgefechtsstand vor, der sich in einem der schluchtartigen Geländeeinschnitte verbarg.

Ich meldete mich bei Major Wilhelmi. Er stand vor seinem Bunker und lauschte auf den Gefechtslärm, der laut von der nahen HKL herüberdrang. Der Major war von auffallend gedrungener Gestalt. Auf seinem breiten Brustkasten saß, von einem kurzen, dicken Hals getragen, ein kugelförmiger Kopf, der jetzt kahl geschoren wie bei den Rotarmisten war.

»Lemke«, sagte Major Wilhelmi, »achten Sie darauf, dass Ihre Leute sich gut in Deckung halten. Der Russe hat da ein paar Scharfschützen postiert, die einfach nicht zu fassen sind. Die Ablösung hat möglichst geräuschlos vor sich zu gehen. Kein Geklapper, bitte ich mir aus! Ich will, wenn der Russe angreift, eine kampfkräftige Kompanie im Graben haben und nicht ein paar Mann, die übrig geblieben sind.«

Ich ging zu meinen Leuten und gab den Befehl: »Ohne Tritt marsch! Mund halten und Schanzzeug festhalten, sonst decken sie uns ein, bevor wir in der Stellung sind.«

Wir fanden einen Laufgraben und tasteten uns behutsam vor. MG schnarrten, und das Störungsfeuer der feindlichen Artillerie bepflasterte das vor uns liegende Gelände.

Es war erfreulich dunkel. Vor die Sterne und den Mond, der im Zunehmen ist, hatten sich Wolken geschoben. Wir gelangten in einen Stichgraben, in dem sich der Gefechtsstand und ein Teil der Wohnhöhlen der Kompanie befanden, die wir ablösen sollten.

Die Männer, die im Schutz der Nacht zurückgehen sollten, standen zum Abmarsch bereit. Nur die Postenstände im Kampfgraben waren noch besetzt.

Der Kompanieführer, ein Oberleutnant, reichte mir sichtlich nervös die Hand.

»Wir müssen rasch machen«, sagte er. »Wenn die drüben was merken, hauen sie mit Granatwerfern ’rein, dass es nur so raucht.«

Ich hatte Verständnis für die Ungeduld des Oberleutnants. Es war nicht Angst. Wenn man eine kitzelige Sache hinter sich hat, will man das Schicksal nicht herausfordern und trachtet danach, nichts mehr aufs Spiel zu setzen. Wie viele haben grade beim Abrücken aus einer Stellung ins Gras gebissen!

Suhrmann ordnete im Handumdrehen die neue Postenbesetzung im Graben.

Eilig verschwand die abgelöste Kompanie. Aber in ihrem Drang, die Gefahrenzone möglichst schnell zu überwinden, bewegten sie sich nicht so vorsichtig, wie wir gekommen waren. Sie hatten etwa die Hälfte des Laufgrabens hinter sich, als der Russe mit seinen überschweren Granatwerfern einen Feuerüberfall schoss. Noch zu guter Letzt büßte die Kompanie, die rückwärts des Divisionsgefechtsstandes aufgefrischt werden sollte, einen Toten und drei Verwundete ein.

Wie hoch ihre Verluste in der Stellung gewesen waren, sah man beim Hellwerden an den umherliegenden blutigen Uniform- und Verbandfetzen. Auch ein paar aufgerissene Stahlhelme und zerstörte Waffen waren zurückgeblieben.

Wir richteten uns in den Erdbunkern ein. Suhrmann zog zu mir in den Gefechtsstand. Ich rief das Bataillon an und meldete dem Adjutanten die vollzogene Ablösung.

Die Nacht verging einigermaßen ruhig. Drüben bei den Russen, die etwa achthundert Meter entfernt in ihren Gräben saßen, stiegen wie üblich in kurzen Abständen weiße Leuchtkugeln auf, die das Niemandsland, das von Granattrichtern aufgewühlt war, geisterhaft erhellten.

Beim Morgengrauen – es war gegen halb vier Uhr und gerade das erste Büchsenlicht – weckte mich aus meinem mehrfach unterbrochenen unruhigen Schlaf das Klingeln des Fernsprechers.

Ich meldete mich mit unserem Decknamen, der sinnigerweise »Mohnblume« heißt. An der Strippe war Stapf. Vor einer Stunde, sagte er, seien bei »Schilfrohr« – das ist das I. Bataillon – zwei Überläufer angekommen. Beim Verhör hätten sie ausgesagt, das 387. sowjetische Schützenbataillon habe sich in der Nacht zu einem Angriff bereitgestellt, der für eine der ersten Morgenstunden befohlen sei.

Überläufer sind ein untrügliches Zeichen dafür, dass der Feind etwas Größeres vorhat.

»Sie sind im Bilde«, sagte Stapf. »Nerven behalten, wenn er kommt, Herr Lemke! Der vorgeschobene Artilleriebeobachter ist verständigt. Unsere Funkstelle geht ab sofort auf Empfang.«

Feldwebel Suhrmann blieb im Gefechtsstand. Ich ging durch den Laufgraben vor und unterrichtete die Posten.

Der Oberschütze Boll, der wegen seiner entstellenden Wehrmachtsbrille »Eule« genannt wurde, schwenkte seinen MG-Lauf und meinte, so was wie einen richtigen Russenangriff habe er sich immer zum Geburtstag gewünscht.

Ich gratulierte ihm zu seinem dreiundzwanzigsten, warf noch einen Blick aufs Vorgelände und kehrte zum Gefechtsstand zurück.

Inzwischen hatte Stapf wieder angerufen. Er hatte die Essenträger, die verspätet eingetroffen waren, beim Bataillonsgefechtsstand angehalten.

»Mit dem Frühstück ist es Essig«, sagte Suhrmann. »Das fängt ja gut an.«

In diesem Augenblick brach in die trügerische Stille des Morgens der Paukenwirbel von Artillerieabschüssen, und schon rauschte es hundertfach heran und donnerte nieder auf die HKL. Durch die Fugen der Bunkerdecke rieselte trockene Erde.

Ich wies Suhrmann an, im Stichgraben für alle Fälle einen Zug als Gegenstoßreserve zurückzuhalten, nahm Stahlhelm und Maschinenpistole und rannte vor in den Kampfgraben. Die feindliche Artillerie hatte sich verteufelt gut eingeschossen. Aber unsere Vorgänger hatten wie Wühlmäuse gearbeitet. Überall im Graben waren Erdhöhlen gebuddelt, in denen man Deckung vor dem mörderischen Splitterhagel fand. Die Posten hatten sich in diese Löcher verkrümelt. Ich jagte sie nicht hoch. Das Wichtigste war jetzt, zu überleben, um die russische Infanterie in Empfang zu nehmen, wenn sie kam.

Immer wieder setzte ich an, mich zum Grabenrand hochzustemmen, aber nahe Einschläge zwangen mich bei jedem Versuch in die Deckung zurück. Zu dem Geschützfeuer, das uns niederhielt und zur Bewegungslosigkeit verdammte, kamen jetzt die Salven von zwei Stalinorgeln. Die Welt schien im Inferno der Granateinschläge unterzugehen, aber ich wusste, dass sie erst dann wirklich unterging, wenn wir den Feind herankommen ließen. Das Einzige, was mir etwas Hoffnung machte, war die Antwort unserer Batterien, die nun machtvoll einsetzte.

Endlich gelang es mir, den Kopf über den Grabenrand zu bringen. Der flüchtige Blick, den ich aufs Vorfeld werfen konnte, ehe ich in die Deckung zurücksprang, hatte mir genügt. Drüben beim Russen stieg die Infanterie in Scharen aus dem Graben. Trotz des anhaltenden Feuerschlags war es höchste Zeit, die Kompanie zu alarmieren. Ich schickte einen der Posten als Melder zu Suhrmann.

Wenig später kamen die ersten mit grotesken Sprüngen an. Aber nicht alle erreichten den Kampfgraben: Die höllisch surrenden Splitter rissen Lücken. Ich hörte Rufe nach den Sanitätern, aber ich musste den Blick voraus richten und die Abwehr vorbereiten.

Immer noch war die HKL das Ziel des feindlichen Artillerieschlages. Die Feuerglocke schirmte die heranstürmenden Rotarmisten ab. Ihr kehliges »Urrag«, das schon jetzt einsetzte, drang dünn durch das Donnergebrüll der Einschläge.

Ich dachte nur noch daran, dass wir die Russen abschmieren mussten. In ihren erdfarbenen Uniformen kamen sie mit der aufgehenden Sonne. Die waagerechten Strahlen drangen nicht durch den Nebel aus Pulverschwaden, der unsere Sicht beeinträchtigte.

Mit einem Seitenblick stellte ich fest, dass unser leichter Granatwerfer in Aktion war. Gewohnheitsmäßig schrie ich den MG- und Karabinerschützen, die sich mit der Verbissenheit von Tollwütigen im wild tobenden Feuer an die Grabenwand pressten, das Kommando »Feuer frei!« zu, obgleich sie alle bereits schossen, was die Läufe hergaben.

Das feindliche Artilleriefeuer ließ nach, sprang in die Tiefe des Hauptkampffeldes über, um die Annäherung von Verstärkung oder Munitionsnachschub zu verhindern. Der Pulverrauch wurde vom kräftig auffrischenden Ostwind vertrieben. Wir hatten klare Sicht. Bis auf etwa fünfhundert Meter hatte sich die Angriffswelle herangeschoben.

Ich sah die Wirkung unserer Abwehr. Das Tempo des Angriffs hatte sich verlangsamt. Die anfeuernden Rufe der Politruks übertönten das »Urrag«-Gebrüll der stetig näher rückenden Massen. Dann setzte das Sperrfeuer unserer Batterien ein. Das Trichtergelände verschluckte die Angreifer reihenweise, aber ebenso schnell kamen sie wieder zum Vorschein und bewegten sich feuernd auf uns zu.

Dicht neben mir hing der Oberschütze Boll am MG, ohne zu schießen.

»Eule«, rief ich ihm zu, mit einer Stimme, die wie über ein Reibeisen kam, »Eule, feuern, feuern!«

Er regte sich nicht. Es war ihm bestimmt, an seinem dreiundzwanzigsten Geburtstag zu sterben.

Ich zerrte ihn vom Stand, ließ ihn in die Grabensohle fallen, wo das Blut der Getroffenen Lachen bildete, und übernahm das MG. Meine Maschinenpistole lag griffbereit daneben.

Sie kamen bis auf Handgranatenwurfweite heran, wenn auch nur vereinzelt. Es war der Moment, wo man das Weiße in ihren Augen sah, der Augenblick, den die Stierkämpfer, mit erhobenem Degen im Angesicht der stoßbereiten Bestie, die »Stunde der Wahrheit« nennen. In diesem Augenblick, da das eigene Leben und das des Feindes an einem Faden hängen, ist man »außer sich« und handelt nicht mehr nach Befehl oder wie das Gehirn es diktiert, sondern instinktmäßig wie die niederste Kreatur.

Wir schafften es, dass die schwache Kompanie nicht überrannt wurde – zum Ausweichen wäre keine Zeit mehr gewesen –, und das war Suhrmanns Verdienst. Bevor die Rotarmisten in den Graben eindrangen, war er auf einmal mit dem Zug, der in Reserve zurückgeblieben war, zur Stelle und gab mit einem rasend einsetzenden Feuerzauber den Ausschlag.

Die erste Angriffswelle wurde bis auf Einzelne, die in Trichtern Deckung fanden, niedergemäht, die nachfolgende geriet ins Stocken, begann zurückzuweichen und jagte schließlich in voller Flucht in die schützende Ausgangsstellung.

Soeben habe ich Suhrmann zum EK I vorgeschlagen und eine ganze Reihe unserer Männer zum EK II.

»Für Sie, Herr Lemke«, sagte Stapf am Fernsprecher, »dürfte wohl das Deutsche Kreuz in Gold 'rausschauen.«

Ausgerechnet dieses Blechding, das wie ein goldumstrahltes riesiges Parteiabzeichen aussieht.

»Tun Sie mir einen Gefallen«, sagte ich, »und machen Sie keine solchen Geschichten! Mein Klempnerladen reicht mir für diesen Krieg. Im Übrigen haben wir den Russen nicht abgewiesen, um Orden zu beziehen, sondern aus reinem Selbsterhaltungstrieb. Außerdem vergessen Sie nicht: sieben Tote und dreizehn Verwundete! Das ist bitter, Herr Stapf!«

Seit Stunden herrscht Ruhe. Der Russe hat mehr als hundert Tote im Vorfeld zurückgelassen. Bei der glühenden Hitze wird es hier bald unerträglich werden.

Auch eine Anzahl Verwundeter liegt draußen in der erbarmungslos brennenden Sonne. Man muss sein Herz in beide Hände nehmen, um nicht gegen alle Vernunft hinauszugehen und den schreienden und wimmernden Russen zu helfen. Einem, der im zusammengeschossenen Drahthindernis hängt, habe ich eine Kugel gegeben. Er starrte mit einem Blick, den ich kaum jemals vergessen werde, auf meine MP. Als ich abzog, kam ich mir wie ein Mörder vor. Aber hätte ich es meinen Leuten, die nach dem schweren Gefecht am Ende ihrer Kräfte sind, zumuten dürfen, den Mann langsam und qualvoll sterben zu sehen?

Dienstag, 24. August.

Der Weg von der HKL und zurück ist kaum mehr begehbar. Die Essens- und Munitionsträger und vor allem die Sanitätssoldaten, die die Gefallenen abtransportieren und die Verwundeten zum Wagenhalteplatz der Sankas bringen, können ein Lied davon singen. Vor drei Tagen sind zwei Krankenträger mit einem Schwerverwundeten im Laufgraben vom Volltreffer einer Werfergranate zerfetzt worden.

Gestern war unter dem Vorsitz von Oberst Staufer eine Offiziersbesprechung im Bataillonsgefechtsstand. Der Armee-Oberbefehlshaber, ein behäbig und massig wirkender Endfünfziger mit derbem, rotem Gesicht und Knollennase, ist kurz erschienen, um dem Bataillon seine Anerkennung auszusprechen. In der bügelsteifen Khakiuniform mit dem goldenen Eichenlaub am Kragen und den goldenen Schulterstücken wirkt der Generaloberst wie ein an den Kuban verschlagener Sommerfrischler. Auch sein Ritterkreuz sieht aus, als hätte er es gestern in einem Laden für Militäreffekten erstanden. In seiner Begleitung befand sich der Chef des Stabes, Oberst von Xylander, eine hochgewachsene schlanke Kavaliersgestalt. Ich fragte mich, welche Gedanken sich hinter der Stirn dieses klugen Soldatenkopfes verbergen mochten.

Von der Besprechung, zu der die Kompanieführer eigens aus der HKL zurückgerufen wurden, war ich enttäuscht. Nur routinemäßiger Kram wie Fragen der Taktik, der Versorgung und des Mannschaftsersatzes, der infolge der ständigen Verluste zum brennenden Problem wird. Von der Lage kein Wort. Die muss man sich mühsam aus dem zusammenklauben, was wir von den Trossleuten erfahren.

Es heißt, Charkow sei – in diesem Jahr zum zweiten Mal und jetzt wohl endgültig – vom Russen zurückerobert worden. Für Rada Filippowna wohl wieder ein Fest; falls der SD sie nicht doch noch erwischt hat. Die ganze russische Südfront soll – auch am Donez und am Mijus – in Bewegung sein.

Und wir? Vermutlich gibt uns der Führer den Befehl, heroisch unterzugehen. Manchmal hat man den Eindruck, als sei er Stalins Generalagent. Ein Bataillon nach dem anderen verblutet in Stellungen, die um jeden Preis gehalten werden müssen. Bei dem

Kräfteverhältnis, wie es jetzt besteht und sich zunehmend zu Gunsten der Roten Armee verschiebt, ist diese Art der Kriegsführung verhängnisvoll. Seit Stalingrad scheint Hitler den Tick zu haben, der Wehrmacht immer wieder zu beweisen, dass er allein der Herr über Leben und Tod ist. Es ist zu befürchten, dass auch die Kuban-Armee, die beim Rückzug aus dem Kaukasus noch einmal davonkam, »verheizt« werden soll. In der Kompanie sind wie immer in Zeiten der Hochspannung die widersprüchlichsten Parolen im Umlauf. Schon stellen die Soldaten ähnliche Fragen wie damals im Kessel von Stalingrad. Und wieder muss man ausweichend antworten und sein Augenmerk vor allem darauf richten, die Kampfmoral nicht zu schwächen.

Aber hat nicht Hauptmann Fuschler in Kertsch behauptet, der OB sei in Stalingrad gewesen und werde eine Wiederholung der Katastrophe am Kuban nicht zulassen. Warum eigentlich nicht? Er hat ja auch den Untergang der 6. Armee an der Wolga zugelassen und ist obendrein ausgeflogen.

Auch von dem anderen »Ausflieger«, General Scheufele, gibt es etwas Neues. Er hat den Posten unseres Divisionskommandeurs übernommen, der damals beim Nachtangriff gefallen ist. Am 10. Januar waren wir in derselben Maschine; jetzt sitzen wir auf dem gleichen Ast. Ob er sich wieder rechtzeitig absetzen wird?

Der Russe spielt nach wie vor den wilden Mann. Mit unheimlicher Beharrlichkeit tastet er unsere Front nach einer weichen Stelle ab. Bald sind wir an der Reihe, bald die 97. Jägerdivision oder die 125. I. D.

Das Bewährungsbataillon 500, bei dem Oberleutnant Emsers einstiger Kommandeur, ein Oberst

Metzelbrod, umgekommen ist, hat besonders schwer gelitten. Aber es hat gehalten. Der von Hitler ausgestoßene rechtlose Auswurf kämpft und stirbt für den Führer. Welch blutige Ironie!

Gestern Abend, als ich vom Bataillonsgefechtsstand zurückkam, hörte ich in einem der Unterstände, in denen die Männer, von Läusen und Flöhen gepeinigt, auf ihren Zeltbahnen liegen, ein Gespräch, das zwar mich betraf, aber nicht für mich bestimmt war.

»Wenn die Russen den Lemke sehen, türmen sie vor seiner Fresse«, sagte eine Stimme im Finstern.

»Dann schon lieber zwei Haxen weg als so was«, antwortete ein anderer.

»Mir tut er Leid«, meinte der erste. »Mit den Mädels ist es bei dem aus.«

Ich ging weiter durch die Sappe. Feldwebel Suhrmann erwartete mich im Gefechtsstand:

»Trara, die Post ist da«, rief er, als ich eintrat. Dieser Suhrmann ist nicht kleinzukriegen.

Es war keine Post, die ich mitbrachte, sondern eine Flasche Genever aus der Goebbels-Spende, die mir Leutnant Stapf mit den Worten »als Ersatz fürs Spiegelei« überreicht hatte. »Spiegelei« ist eine treffende Bezeichnung für das Deutsche Kreuz in Gold.

Wir holten die Melder und die Fernsprechleute und Funker vom Kompanietrupp.

Aus den Trinkbechern schmeckte der laue Schnaps nicht besonders, aber wir tranken ihn doch.

Ich war in einer Stimmung, die der Verzweiflung nahe war.

Und Thekla, dachte ich in einem fort, war die etwa keine Frau?

Ich dachte auch wieder an Margot, und später, als

die Flasche leer war, suchte ich ihren Brief aus dem besetzten Paris in meinem Rucksack. Dann entsann ich mich, dass ich den Brief in meinem Wäschebeutel aufbewahrt hatte, und der Wäschebeutel war ja mit meinem Schlafsack damals in der verlorenen Höhenstellung geblieben.

Doch wenn ich an Margot schreiben will, brauche ich ihre Pariser Adresse nicht. Auch den schicksalsschweren Brief aus Krakau hatte ich an ihre Stuttgarter Heimatanschrift geschickt. Will ich denn wirklich schreiben? Ich weiß es nicht. Im Ganzen fühle ich mich so zerrissen wie mein Gesicht, von dem die Soldaten erwarten, dass es als Russenschreck wirkt. Die Narben schmerzen heute wieder sehr.

Seit Tagen kein Überläufer im Divisionsabschnitt. Das Bataillon hat gewaltsame Erkundung befohlen. Ich fragte nach Freiwilligen für ein nächtliches Stoßtruppunternehmen. Niemand meldete sich. Schließlich bestimmte ich Unteroffizier Pannhauser als Stoßtruppführer und stellte ihm frei, sich sechs Mann aus seinem Zug auszusuchen. Seine Aufgabe war es, einen Gefangenen einzubringen, damit man feststellen konnte, ob der Russe nach den schweren Verlusten der letzten Zeit neue Truppen für einen etwaigen größeren Vorstoß herangeführt hat.

Der Himmel war bewölkt, so dass zu erwarten war, die Annäherung an die feindliche Linie könne gelingen. Sie gelang auch, soweit ich es feststellen konnte, aber zuletzt geriet einer unseligerweise auf eine Mine, die durch den vorhergegangenen allzu kurzen Artillerieschlag nicht hochgejagt worden war. Die Detonation alarmierte den ganzen russischen Frontabschnitt. Mit zugeschnürter Kehle sah ich die Leuchtspurgarben der MG, die drüben das Vorfeld abmähten.

Von dem Stoßtrupp kam keiner zurück. Vermutlich hat der Russe umgedreht und seinerseits Gefangene gemacht, sofern nicht alle sieben vor seinem Graben liegen geblieben sind.

Wenn es so weitergeht, werde ich bald nicht mehr Kompanie- sondern Gruppenführer sein. Zwar hat man wieder einmal den Tross ausgekämmt, aber die Leute, die keine Erfahrung im Infanteriekampf haben, sind noch mehr gefährdet als die erprobten Einzelkämpfer, die schneller in der Erde sind, als die Russen schießen.

Dienstag, 31. August.

In den letzten Tagen war an weiten Abschnitten der Front die Hölle los. Gestern soll Taganrog gefallen sein. Taganrog am Asowschen Meer! Wie lange wird es noch dauern, bis die 17. Armee überflügelt ist?

Am 27. starteten Leute vom Propagandazug beim ILIV. Jäger-Korps bei uns vom Hauptkampffeld aus mit ihren Werfern eine Flugblatt-Aktion. Auch ein Lautsprecherwagen war in einer Balka aufgefahren. Die Stimme eines Dolmetschers brüllte einen russischen Text zu den Russen hinüber. Wollen sie der Roten Armee jetzt noch sagen, dass der Krieg für sie verloren ist? Die Antwort war starkes feindliches Artilleriefeuer. Die Soldaten fluchten auf die Propagandaleute, aber ich sagte ihnen, dass auch die nur ihre befohlene Pflicht erfüllen. Ihre Verluste auf dem Kuban-Brückenkopf sind beträchtlich.

In der darauf folgenden Nacht setzte der Russe einen Grabenlautsprecher in Betrieb. Es begann mit harmloser Musik, dann umriss ein Sprecher in akzentfreiem Deutsch mit viel Geschick die Gesamtlage. Zuletzt hieß es:

»Leutnant Lemke, haben Sie von Stalingrad noch nicht genug? Reicht es Ihnen nicht, dass Sie Ihren Einsatz für den Aggressor Hitler mit einer grässlichen Gesichtsverunstaltung bezahlt haben? Kommen Sie mit den Soldaten Ihrer Elften zur Roten Armee! Sie entgehen damit dem furchtbaren Ende, das die siebzehnte Armee als Strafe für ihren Raubzug in die friedliche Sowjetunion erleiden wird. Soldaten, werft die Waffen weg und kommt zu uns! Folgt eurem Kompanieführer Leutnant Lemke, der es nicht dulden wird, dass ihr für Hitlers Angriffskrieg verbluten müsst.«

Ich war reichlich konsterniert, als ich aus dem feindlichen Lautsprecher meinen Namen und alle die Einzelheiten hörte, die sie drüben aus einem Gefangenen herausgequetscht haben mussten.

Suhrmann meinte, man würde mich aus der Front zurückziehen. Bei der 97. Jägerdivision sei ein Leutnant von den Panzerjägern von drüben namentlich angesprochen und noch in der gleichen Nacht nach dem Westen versetzt worden.

Wir kamen überein, den Vorfall nicht zu melden. Bis zum Bataillonsgefechtsstand war die Lautsprecherstimme kaum durchgedrungen. Immerhin ist es ein beinahe beklemmendes Gefühl, wenn man sich sagen muss, dass man drüben bekannt ist. Schnappen dürfen sie mich nicht. Am Schluss drehen sie mir einen Strick daraus, dass ich ihren Befehl zum Überlaufen nicht befolgt habe.

Die Soldaten sind stolz darauf, dass sie einen Kompanieführer haben, an dem der Feind so viel Interesse nimmt. Sie sind überzeugt, dass wir mit unseren mehrfachen Abwehrerfolgen dem Russen auf die Nerven gegangen sind, und dass er es jetzt, wie sie sagen, durch die »kalte Küche« versuchen will, unseren Abschnitt auszuheben.

Morgen ist der 1. September. Das fünfte Kriegsjahr bricht an. Zum ersten Mal seit vielen Wochen hat der Himmel sich hinter dem düsteren Grau von Schlechtwetterwolken verhüllt. Ein steifer Nordostwind bringt vorherbstliche Kühle. Man munkelt von den Vorbereitungen einer Absetzbewegung großen Stils. Auch Gerüchte über eine Verschiebung sind im Umlauf.

2. September. In der HKL.

Die Gerüchte haben sich bestätigt. Die Division übernimmt den Abschnitt der Rumänen, die nach dem Kuban zu verschoben werden. Die russische Kampftätigkeit bei Noworossijsk, vor allem am Mychakoberg, hat die Verlegung einer Gebirgsdivision aus dem Lagunenabschnitt am linken Flügel der Armee zur Folge.

Das Regiment hat einen Nachtangriff zur Täuschung des Gegners befohlen. Ich habe Major Wilhelmi erklärt, dass meine geschwächte Kompanie den Angriff nicht durchführen kann. Bin neugierig, was daraus wird.

Ein nochmaliger Befehl nebst Anpfiff oder ein Verfahren gegen mich? Immerhin hat Major Wilhelmi sich meine Argumente angehört und erklärt, er werde sie an Oberst Staufer weiterleiten. Falls etwas eintreten sollte, werde ich meine Aufzeichnungen Suhrmann anvertrauen.

3. September.

Alles ist im Sand verlaufen. Die Russen haben heute früh zwei Mal in Kompaniestärke angegriffen. Vorher hat ihre Artillerie zwanzig Minuten lang auf unsere Stellung getrommelt. Die Kompanie hat wieder sieben Mann, darunter zwei Tote, verloren. Vermutlich hat der Oberst den Anpfiff eingesteckt, denn aufgrund der Verlustmeldungen der Bataillone hat er, wie ich von Leutnant Stapf erfahren habe, von sich aus den Scheinangriff abgeblasen.

5. September.

Seit der vergangenen Nacht sitzen wir in den Stellungen der nach Norden gerückten Rumänen. Als Erstes haben wir heute früh vor dem Graben, weil der Wind von Westen kommt, das zerlegene Stroh verbrannt, das wir in den Schlafhöhlen unserer Vorgänger vorgefunden hatten. Suhrmann meinte, unser Ungeziefer und das der Rumänen gäbe keine gute Mischung. Der Russe drüben mag Augen gemacht haben, als bei uns der Qualm hochstieg. Vorsichtshalber hat er mit zwei Geschützen ein paar Mal herübergefunkt, aber dann hat er sich wieder beruhigt.

Die Rumänen haben einen unbeschreiblichen Dreck hinterlassen: Konservenbüchsen mit verschimmelten Speiseresten, alte Zeitungen und sonstigen Plunder. Der Graben und seine Abzweigungen sehen wie Müllgruben aus. Kommende Nacht müssen wir alles vergraben und vor allem eine neue Latrine ausheben, denn die der Rumänen ist bis an den Rand gefüllt und verbreitet einen bis nach vorn dringenden Pestilenzgestank. Am grausigsten aber ist der Anblick, der sich unseren Posten in den Grabenspiegeln bietet. Vielleicht dreißig Schritt von der

Brüstung entfernt, vor dem zerfetzten Drahthindernis, dessen Holzpfähle zersplittert sind, liegt ein Knäuel verschlungener Gestalten in rotbefleckten Uniformen, die Glieder verrenkt, die aufgedunsenen Gesichter bläulich verfärbt.

Wir müssen zusehen, dass wir, sobald es dunkel wird, diesen Alpdruck in die Erde bringen.

Die Gegend hier ist völlig flach. Unbebautes Steppenland. Im Nordosten zieht sich die Uferau des Kuban, im Süden wellen sich die Hügel, die sich irgendwo in der Ferne zum Gebirgswall des Kaukasus erheben.

Die feindlichen Stellungen liegen so weit im Osten, dass die Ablösung in der vergangenen Nacht ohne Schwierigkeiten und vor allem ohne Verluste vollzogen werden konnte.

Einen Tag lang war die Kompanie auf dem Marsch. Ursprünglich sollte das Bataillon, zum ersten Mal seit dem Rückzug aus dem Kaukasus, geschlossen marschieren, aber die 10. und die 12. Kompanie mussten zu guter Letzt noch örtliche Angriffe der Russen abwehren.

Gestern Morgen, nachdem wir das Hauptkampffeld hinter uns hatten, trafen wir mit dem Tross zusammen. Ich ließ aus dem Gepäckwagen meine feldgraue Uniform heraussuchen, um nach Zigaretten zu sehen, die ich in den Taschen der Feldbluse vermutete. An Stelle der Zigaretten fand ich Margots Brief, der also doch nicht im Wäschebeutel gesteckt hatte. Zum nochmaligen Lesen hatte ich keine Zeit, aber ich notierte mir wenigstens die Pariser Adresse und schob den Brief wieder in die Tasche zurück. Beim Tross ist er besser aufgehoben als vorn bei mir.

Da der Russe neuerdings eine rege Fliegertätigkeit

entfaltet, setzten wir den Marsch, der hinter der Front nach Norden führte, in Fliegermarschtiefe fort. Mit großen Abständen trotteten die bepackten Soldaten durch die Gegend. Der Tross mit den bespannten Fahrzeugen sollte erst nachts zu seinem neuen Standort nachfolgen.

Ich dachte an das nächtliche Erlebnis mit dem russischen Lautsprecher und fragte mich, ob ich nicht einen Wink des Schicksals missachtet hatte. Wenn ich den Vorfall dem Bataillon gemeldet hätte, wäre ich vielleicht wie jener Leutnant der Panzerjäger, der auch vom Russen namentlich angesprochen worden war, herausgezogen und womöglich gleichfalls nach dem Westen versetzt worden. Dann hätte ich es – fürs Erste jedenfalls – hinter mir gehabt, und vielleicht hätte sich sogar ein Zusammentreffen mit Margot bewerkstelligen lassen. Dabei hätte ich sie auf die Probe stellen und dann meine Entscheidung treffen können. Stattdessen habe ich das Ganze vertuscht, als ob ich mit der Kompanie verwachsen sei und sie unter keinen Umständen im Stich lassen dürfe. Ein merkwürdiger Vorgang, diese immer engere Verwurzelung mit dem Haufen, für den man sich verantwortlich fühlt.

Am Mittwoch begegnete ich am Rand eines kleinen verlassenen Dorfes dem schachbesessenen Oberleutnant, der damals im Juli als Letzter in Cherson eingetroffen war. Einige Tage zuvor hatte er eine Werfer-Batterie übernommen. Jeder Topf findet seinen Deckel, aber ich befürchte, dass diese Batterie mit ihrem neuen Führer nicht das große Los gezogen hat. Er gibt sich als feuerköpfiger Idealist und schwärmt von einer Offensive.

»Sehen Sie nicht, wie genial dieser Schachzug angelegt ist?«, sagte er, während wir im Schatten einer halb zusammengeschossenen russischen Bauernkate hockten. »Die Armeen im Norden weichen langsam auf den Dnjepr zurück. Der Russe stößt ahnungslos nach. Wir brechen durch das bisschen Front, das er hier besetzt hält, schwenken über Rostow nach Nordwesten ein und fassen ihn im Rücken. Bis zum Beginn des Herbstregens dürfte der Krieg im Osten beendet sein.«

»Um Gottes willen«, sagte ich, »wie kommen Sie denn darauf? Wissen Sie nicht, was hier los ist? Soll ich Ihnen die Verlustmeldungen der letzten vierzehn Tage zeigen?«

»Letzte Zuckungen der Roten Armee«, meinte der Schachvirtuose. »Meine Theorie ist wohl begründet. In Kertsch lagert Baumaterial für eine Brücke nach der Halbinsel Tschuschka. Im Übrigen wird gegenwärtig die Zivilbevölkerung evakuiert, die noch auf dem Kuban-Brückenkopf sitzt. Das bedeutet, dass man für das, was hier vorbereitet wird, keine Mitwisser brauchen kann.«

Ich hätte hundert Gegenargumente einwenden können, aber ich gab es angesichts so viel sträflicher Naivität auf.

Zum Schluss fragte mich der Oberleutnant, ob ich einen Leutnant Kurz gekannt hätte, der vor seiner Zeit in Cherson gewesen und dann zur 1. Panzerarmee gekommen sei.

»Ja«, sagte ich mit der gebotenen Vorsicht, die uns schon zur zweiten Natur geworden ist, »ich habe ihn flüchtig gekannt. Was ist mit ihm?«

»Er hat den Führer verraten«, sagte der Oberleutnant. »Denken Sie nur: Er hat sich mit seinem Panzer vom Russen überrollen lassen, ist zum Feind übergelaufen. In Cherson wurde es uns bekannt gegeben.«

»So«, sagte ich, »das ist ja nicht zu fassen.«

Der Oberleutnant scheint keinen Sinn für Ironie zu haben.

»Nicht wahr?«, sagte er. »Und so etwas ist Offizier geworden. Nur gut, dass es sich um eine verwerfliche Einzelerscheinung handelt. Einfach ekelhaft.«

Er spreizte sich förmlich vor Entrüstung. Aber vielleicht geht auch ihm eines Tages ein Licht auf? Ich verabschiedete mich von ihm. Er sah mich verwundert an, als ich sein »Heil Hitler« mit einem schlichten »Auf Wiedersehen« beantwortete, obgleich ich kein Verlangen danach hatte, nochmals mit ihm zusammenzutreffen. Er ist kein überzeugungstreuer Anhänger des Führers, sondern einfach borniert.

Ich ging zur Kompanie, die unter früchtebeladenen Nussbäumen rastete, und hatte auf einmal das Gefühl, ich sei aus den Bereichen verworrenen Fetischglaubens in eine Welt zurückgekehrt, die klar, sauber und ohne Winkelzüge ist. In dem Augenblick, als ich den Befehl zum Weitermarsch gab, wusste ich, warum ich zu meiner Kompanie gehöre. Ich muss über sie wachen, muss alles daran setzen, sie heil übers Wasser auf die Krim zu bringen, wenn der Rückzug beginnt, von dem allenthalben gemunkelt wird.

... September. (Das Datum ist unleserlich, da der Kopf des Blattes mit Blut durchtränkt ist.)

Major Wilhelmi und Leutnant Stapf haben an einem Hochwasserdamm bei Grigorjewka einen vorgeschobenen Gefechtsstand bezogen. Gegen Mittag hat Stapf angerufen.

»Hoher Besuch ist auf dem Weg zu Ihnen«, waren Stapfs Worte, dann war die Leitung unterbrochen. Im Hinterland ging ein schwerer Feuerüberfall nieder. Die Strippe war wieder einmal zerschossen.

»Wir bekommen Besuch«, sagte ich zu Suhrmann.

»Scheint Ihnen wohl nicht zu passen?«, meinte der Feldwebel.

Wir bewohnen gemeinsam einen winzigen Erdbunker, der mit einer Zeltbahn verhängt ist. Je kleiner die Wohnung, desto besser. Die russische Artillerie leistet hier fast Millimeterarbeit.

Wir blieben in Deckung, denn der Russe konnte das Feuer jede Sekunde auf die HKL verlegen. Aus Stapfs Worten war nicht hervorgegangen, wann der hohe Besuch bei uns eintreffen sollte.

Suhrmann behielt den Stichgraben im Auge, während wir unser Kartenspiel weiterklopften. Auf einmal sagte er:

»Herr Leutnant, der Herr General!«

Wir legten die Karten beiseite und krochen aus unserem beengten Eigenheim hinaus.

In dem übermannstiefen Graben stand ich unserem Divisionskommandeur, General Scheufele, Auge in Auge gegenüber und starrte ihn an, denn plötzlich war alles wieder wach geworden in mir. Kaum dass ich vor innerer Erregung meine Meldung zu Stande brachte.

Unter meinem Blick wurde General Scheufele offenbar unbehaglich zu Mute. Er fragte mich, ob Major Wilhelmi ihn nicht angekündigt habe.

Ich wies auf die zerschossene Fernsprechleitung hin. Der General zog, sichtlich ungehalten, die weißblonden buschigen Brauen zusammen. Dann fragte er mich, ob ich noch nie einen General gesehen hätte. In seiner Begleitung befanden sich ein Generalstabsmajor und der zur Division abkommandierte Oberleutnant Emser, der vor mir die 11. Kompanie geführt hat.

Ich erklärte General Scheufele, dass wir Bekannte seien, und erinnerte ihn an den 10. Januar und an die Maschine, die uns von Gumrak aus hinausgebracht hatte aus dem Kessel von Stalingrad.

Was darauf folgte, berührte mich wie ein Blitzschlag. Ich habe diesem Mann die ganze Zeit in Gedanken bitter Unrecht getan, habe sogar darüber zu anderen gesprochen.

Er erwähnte wie nebenbei, dass es für ihn kein Spaß gewesen sei, mit einem Lungenschuss in der schaukelnden Maschine zu sitzen, und streckte mir die Hand wie einem Freund entgegen.

Verwirrt griff ich zu und bat ihm im Stillen meine niederträchtige Verdächtigung ab. Das hat man davon, wenn man voreilig Schlüsse zieht, die sich dann als irrig erweisen.

In meiner Verwirrung gab ich offen zu, ich hätte ihn für einen »Ausflieger« gehalten.

General Scheufele lachte wie über einen zündenden Witz. In seinen Augen war es wohl einer.

Wir tauschten, wie es sicherlich immer sein wird, wenn sich alte »Stalingrader« treffen, Erinnerungen an die düsteren Tage in der eisigen Steppe aus. Schließlich besann sich der General auf den Zweck seines Frontbesuches.

Feldwebel Suhrmann trat vor, und der General heftete ihm das EK I, für das ich den Kompanietruppführer vorgeschlagen hatte, an die ausgebleichte, mit weißgrauer Grabenerde verschmutzte Feldbluse. Die übrigen Auszeichnungen übergab General Scheufele mir zur Verteilung.

Nebenbei richtete er an mich die Frage, wie ich die Chancen einer Absetzbewegung aus der gegenwärtigen Stellung beurteilte.

Ich wies ihn auf die Wetterverschlechterung hin und darauf, dass die Nächte nun zunehmend dunkler würden.

General Scheufele schien befriedigt, sprach jedoch nicht weiter über diesen Punkt.

Ich glaube, am bemerkenswertesten war wohl die Erklärung dieses fast schmächtig wirkenden, aber offensichtlich von großer Energie geprägten Mannes, er werde alles daran setzen, ein zweites »Stalingrad« zu verhindern, und wenn er es mit Tod und Teufel aufnehmen müsse. Ich befürchte nur, wenn er sich mit dem Teufel anlegt, wird auch er in irgendeiner Hölle enden.

Der Russe schoss die ganze Zeit eine wild orgelnde Begleitmusik. Allerdings lag das Artilleriefeuer, zeitweilig übertönt vom satanischen Getöse einer Stalinorgel, nicht auf der HKL, sondern weiter hinten in der Gegend des vorgeschobenen Bataillonsgefechtsstandes.

Als der Feuerüberfall verstummte, verließ uns der General mit seinen beiden Begleitern. Der Melder vom Bataillon, der die drei Offiziere nach vorn gebracht hatte, führte sie wieder durch den Laufgraben, wo es wenigstens Deckung gegen Sicht gab.

Ich blieb zerknirscht zurück. Mit einer wie nebensächlich hingeworfenen Bemerkung hatte General Scheufele das falsche Bild beseitigt, das ich mir von ihm gemacht hatte. Ich glaubte ihn wieder vor mir zu sehen, wie er an jenem Januartag aufrecht ins

Flugzeug stieg und sich mit steifen Bewegungen auf einer leeren Kiste niederließ. Was ich für die abweisende Haltung eines Mannes gehalten hatte, der sich seines schmachvollen Handelns bewusst war, war in Wirklichkeit eine Größe gewesen, die mich beschämte. Auf dem ganzen Flug hatte er im Gegensatz zu anderen, die jammerten und schrien, wenn Sturmböen die Maschine schüttelten, kein Zeichen des Schmerzes von sich gegeben.

Dieser Mann ist mein Divisionskommandeur, und er hat mir wie einem Freund eine heimliche Botschaft hinterlassen. Ich weiß jetzt, dass der Rückzug nahe bevorsteht. Aber ich weiß auch, dass ich es den Männern nicht sagen darf. Sobald sie erführen, dass der Sprung nach rückwärts in allernächster Zeit, vielleicht schon kommende Nacht, zu erwarten ist, wäre es mit dem vorbei, was sie zur Stunde noch aufrechthält. Ich verlöre die Kompanie aus der Hand, und wenn der Feind käme, wären wir geliefert.

Ich ging mit den Eisernen Kreuzen von Unterstand zu Unterstand zu den Männern, denen sie zugedacht waren. Zwei von ihnen waren nicht mehr bei uns. Dem einen werde ich die Auszeichnung ins Lazarett nachsenden, der andere liegt unter der Erde. Für seine Angehörigen wird der Orden keinen Trost bringen.

Als ich wieder bei Suhrmann im Gefechtsstand war, kam ein Melder von der rechts anschließenden Nachbarkompanie. Sie haben durch den Draht zum Regiment, der drüben noch intakt ist, erfahren, dass der vorgeschobene Bataillonsgefechtsstand durch Volltreffer zerstört worden ist. Major Wilhelmi und Leutnant Stapf sind mit allen, die bei ihnen waren, gefallen.

Ich schickte den Melder zu seiner Kompanie zurück und begab mich vor in den Kampfgraben. Seit dem Eintreffen der Unglücksnachricht werde ich das Gefühl nicht los, dass die Russen wieder einmal etwas Großes planen.

Die gut getarnten feindlichen Stellungen sind auch mit dem Glas in dem flachen Gelände kaum auszumachen. Aber einzelne Anzeichen von Bewegung lassen sich doch erkennen. Das Artilleriefeuer, das wieder auflebt, richtet sich jetzt auf den Abschnitt der links angrenzenden Rumänen. Allem Anschein nach bahnt sich dort ein Angriff an.

Vorsorglich habe ich einen Funkspruch an den Regimentsgefechtsstand durchgegeben. Was bei den Rumänen zu gewärtigen ist, habe ich am 19. November des vergangenen Jahres erlebt.

Es ist Nacht. Ich schreibe in meinem Bunkerloch beim Schein eines Hindenburglichtes, das immer wieder zu verlöschen droht. Die letzten Stunden waren ziemlich aufregend. Schweres Artilleriefeuer auf HKL und Hintergelände. Der Russe hat tatsächlich bei den Rumänen angegriffen, ist aber nicht durchgestoßen. Ein örtlicher Einbruch scheint – vermutlich mit deutscher Hilfe – bereinigt worden zu sein.

Oberleutnant Emser führt zur Zeit das Bataillon. Er sitzt dort, wo bisher der Regimentsstab war. Auch das ist ein Zeichen dafür, dass es bald zurückgeht. Aber bisher ist der Befehl zum Absetzen, den ich auf einmal mit aller Kraft herbeiwünsche, nicht eingetroffen. Vielleicht wird es morgen Nacht so weit sein?

Mit Emser hatte ich für kurze Zeit Drahtverbindung. Ich habe ihn eingeladen. Zurzeit ist die Kompanie mit Getränken gut versorgt. Die Marketenderwaren, die eingetroffen sind, waren nach einer früheren, längst überholten Stärkemeldung berechnet. Auf je drei Mann kam zusätzlich die Flasche eines Toten oder Verwundeten.

Als ich gerade in der schönsten Unterhaltung mit Emser war, riss die Verbindung wieder ab. Man müsste an der Front drahtlose Telefonie einführen. Die Strippen werden bei jedem stärkeren Feuerschlag zerwichst. Für die Störungssucher ist es dann jedes Mal ein Himmelfahrtskommando. Sicherlich hat Emser einen Trupp in Marsch gesetzt. Er hat übrigens das Mädchen vom Fronttheaterzug noch einmal gesehen. Der Reisebus ist von Tieffliegern angegriffen worden. Das Mädchen war tot.

Feldwebel Suhrmann schläft tief. Manchmal wirft er sich mit einem Schnarchlaut auf seiner Zeltbahn herum. Wir haben sein EK I reichlich begossen. Suhrmann verträgt nicht viel. Hoffentlich lässt ihm der Krieg Zeit, auszuschlafen.

Eigentlich sollte ich an Margot schreiben. Ich habe mich zu der Überzeugung durchgerungen, dass sie ein Recht hat, die Wahrheit zu erfahren. Warum schiebt man nur das Nächstliegende immer wieder hinaus?

Draußen ist es einigermaßen ruhig. Eine Zeit lang war eine ungewöhnlich niedrig fliegende »Nähmaschine« unterwegs. Das übliche Störungsfeuer kann uns nicht mehr aufregen.

Ich habe einen Melder als Fernsprechwache eingeteilt, denn zurzeit sind wir wieder einmal angeschlossen, und bin nach vorn gegangen, um die Posten zu kontrollieren. War das wirklich der Grund, oder suchte ich nur eine Ansprache in dieser Nacht, die etwas Lauerndes in sich birgt, als erhöbe sich etwas aus der russischen Erde, das mit dem Menschenauge nicht wahrnehmbar ist. Ähnlich war es damals, als sich bei Kletzkaja die Katastrophe am Don anbahnte.

Frontnächte – die Zeitspannen zwischen dem Schwinden des Lichts und dem Heraufdämmern eines neuen Tages. Wenn die Nacht hereinbricht, weiß keiner von uns, ob er die Sonne noch einmal sehen wird. Wenn der Feind nicht angreift, wenn es ruhig bleibt, erliegt man dem Ansturm zwiespältiger, bedrängender Gedanken.

Vorn wachen die Posten an ihren Waffen, die erdacht und geschaffen worden sind, um Menschen zu vernichten.

So vieles geht mir durch den Sinn, Bilder aus naher und ferner Vergangenheit. Ich sehe den Obergefreiten Kaspar, den Fahrer von Zahlmeister Redel, vor mir, wie er auf der Rollbahn nach Starotitarowskaja anhält, weil eine Schildkröte mitten auf der Straße liegt, wie er das Tier, das Kopf und Schwanz ins Gehäuse einzieht und mit den Beinen rudert, hinüberträgt ins Schilf eines halb vertrockneten Tümpels. Der gleiche Kaspar, der, wenn Gefahr droht, zum Karabiner greift, um den, der ihm nach dem Leben brachtet, zu töten.

Mit einer Selbstverständlichkeit bewegen wir uns in diesem fremden Land, als hätten wir hier Verfügungsgewalt. Hunderte von Häusern haben wir zerstört, Zehntausende von Menschen getötet und Hunderttausende in die Gefangenenlager getrieben. Wer hat uns das Recht dazu gegeben, wer gibt uns das Recht, uns hier zu verschanzen, um die Russen abzuwehren, die ihr Land wiederhaben wollen? Wir berufen uns auf den Befehl. Wenn wir den Gehorsam verweigern, werden wir zur Rechenschaft gezogen. Eine warnende Stimme spricht in uns, aber wir bringen sie zum Schweigen. Höhere Notwendigkeit, Ausnahmegesetze des Krieges? Ausflüchte, von Menschen erfunden, um uns zu beschwichtigen.

Als ich vorn bei den Posten war, begann auf einmal ein MG mit schrillem Stakkato zu rattern. Ich sprang hinauf auf den Stand zu dem Mann, den es wie unter Frostschauern schüttelte. Wie in Trance starrte er über den stoßenden Lauf, aus dem die Flammenzungen zuckten, ins Dunkel, durch das die Leuchtspurgeschosse sprühten.

Nichts war zu sehen. Ich stieß den MG-Schützen an. Er nahm den Finger vom Abzug, der Feuerstoß brach ab.

»Was ist los?«, fragte ich.

Das Gesicht des MG-Schützen wandte sich mir zu. Es war das des Gefreiten Meinhardt, den ich bisher als stillen, zuverlässigen Mann kannte.

»Ich weiß nicht, Herr Leutnant«, sagte er. »Ich weiß wirklich nicht.«

Hat auch er das Ungreifbare gespürt, das im Osten riesenhaft emporwächst wie der Geist aus der Flasche im Märchen? Hat ihn ein Flügelschlag der Gespenster gestreift, die aus den Trichtern aufsteigen, in denen die Toten verwesen?

Die Stunden dehnen sich. Es will nicht Tag werden. Aber ist es denn nicht besser, wenn er noch fernbleibt? Niemand weiß, was er uns bringen wird.

Suhrmann schläft auf seiner Zeltbahn. An seiner Feldbluse glänzt der Silberrand des Ordens, den General Scheufele ihm gestern angesteckt hat. Diese von Maschinen ausgestanzten Metallstücke schmeicheln der männlichen Eitelkeit. Wir besitzen keine schillernden Federn, deshalb dekorieren wir einander, um allen zu zeigen: dieser ist ein Held!

Wir alle haben einmal in einer gesitteten Welt gelebt, aber seit dem Tag, an dem wir die polnische Grenze überschritten, sind wir Nomaden ohne Heim. Mit unseren Waffen sind wir durch fremde Länder gezogen. Aber wir sind keine Konquistadoren der heiligen Dreifaltigkeit. Wir sind arme Hunde.

Immer stärker drängt sich mir die Gewissheit auf, dass wir für jeden Schritt auf fremdem Boden, für jeden Schuss, den wir abgefeuert haben, bezahlen müssen. Wenn uns die Rechnung vorgelegt wird, bleibt uns keine Zeit mehr, zu sagen: »Es war der Befehl.«

Eine zerrende Unrast ist in mir, wie ich sie sonst nicht kenne. Ich weiß, etwas kommt auf mich zu.

Vor unserem Abschnitt ist alles still. Im Norden und weit im Süden flackert Mündungsfeuer, aber bei uns regt sich nichts. Nicht einmal Leuchtkugeln steigen hoch, die der Russe sonst freigiebig verpulvert. Man könnte auf den Einfall kommen, er sei aus seinen Stellungen abgezogen, wenn man nicht wüsste, dass eher das Gegenteil der Fall ist, dass er zumeist dann, wenn seine Linien wie ausgestorben scheinen, Verstärkungen heranzieht und sich zum Sturm bereitstellt.

1 Uhr morgens.

Vor einer Stunde war ich draußen, um die Postenablösung zu beaufsichtigen. Es wäre läppisch gewesen, Suhrmann deswegen zu wecken. Die Leute, die an der Reihe waren, machten sich schon fertig. Unsere Korporäle und die Obergefreiten, die Unteroffiziersdienst tun, sind auf Draht.

Als die ersten durch den Stichgraben nach vorn gingen, hörte man drüben beim Feind plötzlich das Gerumpel von Artillerieabschüssen. Im nächsten Augenblick rauschte es, und ein paar Dutzend schwerkalibriger Granaten schlugen im Umkreis der Hauptkampflinie ein. Ich war gerade im Unterstand der Gruppe, die von dem Obergefreiten Strolz geführt wird. Der Gefreite Hainbusch, ein bis dahin erstaunlich unbekümmerter junger Spund, der zur Wache eingeteilt war, presste sich an die Bunkerwand, als suche er ein Loch, um sich zu verkriechen. Vor seiner Brust baumelte das EK II, das ich ihm am Nachmittag ans Knopfloch seiner Khakifeldbluse gehängt hatte.

Die russischen Geschütze machten eine Feuerpause. Aber Hainbusch blieb, wo er stand, den Karabiner in der Rechten, den Stahlhelm tief über die Stirn gerückt, als wolle er sein Gesicht verbergen.

Strolz gab ihm einen Rippenstoß und sagte:

»He, Hainbusch, du Tüte, ’raus mit dir!«

Der Gefreite bewegte sich nicht. Er presste sich noch fester an die Erdwand und gab auch keine Antwort. Es gibt verschiedene Formen von Grabenkoller, angefangen vom Veitstanz bis zur offenen Befehlsverweigerung.

Ich ging zu dem Jungen und legte ihm eine Hand auf die Schulter. Dabei merkte ich, dass er am ganzen Körper zitterte.

»Mann«, sagte ich, »reißen Sie sich zusammen! Sie müssen Ihre Wache übernehmen!«

Er blickte auf und starrte mich voller Entsetzen an, als sähe er mich zum ersten Mal.

»Bitte nicht, Herr Leutnant«, stammelte er mit einer Stimme, die so kraftlos war wie die eines Schwerkranken.

»Fehlt Ihnen etwas?«, fragte ich.

Er schüttelte wie in einer Anwandlung von wildem Trotz den Kopf. Dann ging er hinaus. Ich folgte ihm, nachdem ich noch zwei Worte mit Strolz gewechselt hatte, mit vier oder fünf Schritt Abstand.

Der Stichgraben ist zur Sicherung gegen Splitter im Zickzack angelegt. Als ein Feuerüberfall der überschweren Granatwerfer einsetzte, machte ich mich flach. Mir war es, als hörte ich einen Schrei, während es ringsherum ohrenbetäubend krachte und beißender Pulverqualm mir in die Nase drang.

Dann war es wieder ruhig. An der nächsten Biegung stieß ich auf Hainbusch. Er lag auf dem Gesicht. Sein Rücken war krumm, ein Knie angezogen wie zum Sprung. In seinem Rücken steckte ein riesiger Splitter, und sein Genick unter dem Stahlhelmrand wies eine stark blutende Wunde auf. Ich sah, dass er noch lebte.

Zwei Mann kamen mir zu Hilfe, wir trugen Hainbusch in meinen Gefechtsstand. Suhrmann war wach. Er fuhr gerade in die Knobelbecher.

Wir betteten Hainbusch auf meine Zeltbahn. Er konnte nur auf der Seite liegen. Als ich ihm den Stahlhelm abnahm, wimmerte er schwach auf. Da ich in der Aufregung nichts anderes fand, schob ich ihm den dicken Packen meiner Aufzeichnungen unter den Kopf.

Einer unserer Sanitäter erschien mit seiner Ledertasche.

»Da ist nichts mehr zu machen«, stellte er fest, nachdem er sich den Verwundeten beim trüb flackernden Kerzenlicht angesehen hatte.

Der Obergefreite Strolz kam herein.

»Ich hätte ihn nicht hinausschicken sollen«, sagte er. Es klang wie ein Vorwurf gegen mich.

Hainbusch starb still. Wir trugen ihn hinaus in den Graben und deckten ihn mit meiner Zeltbahn zu.

Das EK habe ich ihm abgenommen. Man muss es mit seinen Habseligkeiten an seine Mutter schicken. Vielleicht erhält es einen Ehrenplatz unter seinem schwarzumrandeten Bild. Oder die Frau, die Otto Hainbusch das Leben geschenkt hat, verräumt das Kreuz in einem Winkel, aus dem es nie wieder auftauchen wird.

Warum lässt Gott es zu, dass die Menschen, denen er seinen Atem einhaucht, auf die Schlachtfelder getrieben werden, dass sie mit ihrem Blut die Erde fremder Länder tränken?

Ein mit dem Kohlestift auf einer Generalstabskarte gezogener Strich, das ist die Hauptkampflinie, die sich von Noworossijsk bis zu den Lagunen am Asowschen Meer erstreckt. Der Mann, der gelegentlich blonde Kinderköpfe streichelt, wenn Fotografen in der Nähe sind, hat keinen Blick für uns. Bataillone sind für ihn Gebilde, über die er bestimmt wie über einen toten Gegenstand.

Nein, auch General Scheufele wird daran nichts ändern. Man hat dem einen, der seine Befehle hinausbellt, zu viel Zeit gelassen. Jetzt ist es zu spät, sich aufzulehnen.

Jetzt müssen wir alle die Befehle von oben befolgen. Wenn die Front, die er unter seinem eisernen Griff hält, zerbricht, hat die Rote Armee freie Bahn. So weit ist es gekommen. Wir müssen uns fügen, und wir fügen uns, weil es keinen anderen Weg mehr gibt.

Suhrmann, der jetzt hellwach ist, scheint sich mit ähnlichen Gedanken zu beschäftigen.

»Wir sind einmalig«, sagte er soeben. »So was wie uns kann man weit und breit suchen. Die Kompanie zerbröckelt und zerfällt, aber wenn's darauf ankommt, ist sie da. Das soll einer verstehen.«

Was soll man darauf sagen?

Ich habe beim Bataillonsgefechtsstand angerufen, nur um Emsers Stimme zu hören, um mir bestätigen zu lassen, dass außer uns hier vorn in der HKL noch jemand vorhanden ist. Aber Emser sprach gerade anderweitig. Wenn ich es das nächste Mal versuche, ist vielleicht die Leitung schon wieder tot.

Vor wenigen Minuten war Leutnant Grothe von der rechten Nachbarkompanie bei mir.

Er ist ebenfalls halbwegs informiert, dass es demnächst zurückgehen wird. Seiner Meinung nach weiß es der Russe genauso gut wie wir und wird noch zu guter Letzt versuchen, uns in die Quere zu kommen. Auch Grothe erwartet einen Angriff in den ersten Morgenstunden.

Wie ich ist auch Grothe erst seit kurzem beim Regiment. Er war längere Zeit in einem Heimatlazarett.

Sein Beweggrund, mich aufzusuchen, war der Gleiche wie bei mir, als ich Emser durch den Draht erreichen wollte. Das Bewusstsein, dass wir die Stellung aufgeben werden, ist eine zusätzliche Belastung für uns. Wir haben etwas zu verteidigen, das im Grunde bereits überholt ist.

»Wir werden's schon schaffen«, sagte Grothe, bevor er ging.

Suhrmann dringt darauf, dass ich mich doch noch ein wenig aufs Ohr lege.

Wenn es nicht zum Angriff kommt, oder wenn die von der anderen Feldpostnummer sich erst später dazu entschließen, werde ich die Zeit, die mir bleibt, dazu benützen, den immer wieder verschobenen Brief an Margot zu schreiben.

Jetzt will ich Suhrmanns Rat befolgen, denn wenn es rundgeht, muss man ausgeruht und ganz bei Kräften sein. Schlaf bringt Vergessen. Manchmal ist es gut, die Gedanken, die sich wie Stacheln einbohren, für kurze Zeit zum Schweigen zu bringen.

Ich ...

Das Ende

Es steht fest, Leutnant Lemke hat keine Zeit mehr gefunden, den Brief zu schreiben, an dem ihm so viel lag.

Das russische Trommelfeuer, das schwer auf die deutschen Stellungen ostwärts Grigorjewka schlug, musste ihm, als er sich anschickte, den in seiner letzten Nacht niedergelegten Gedanken noch etwas hinzuzufügen, die Feder aus der Hand gerissen haben.

Nachdem der Orkan des russischen Feuerschlages sich abgeschwächt in den Bereich der deutschen Batteriestellungen verlagert hatte, erhoben sich aus den feindlichen Gräben die Angriffswellen erdbraun uniformierter Rotarmisten. Die volle Wucht des auf breiter Front vorgetragenen Vorstoßes traf Leutnant Lemkes Bataillon. An mehreren Stellen brach der Feind in die dünnbesetzte Linie ein. Als Lemkes rechter Nachbar, die Kompanie des Leutnants Grothe, zurückging, war der Abschnitt der 11. Kompanie aus den Angeln gehoben. Von Lemke angefeuert, hielt sie trotzdem den Graben gegen den übermächtig anstürmenden Feind. Sie hielt ihn auch noch, als hinter der anrennenden russischen Infanterie Panzer auffuhren. Leutnant Lemkes Lage war verzweifelt. Der Draht zum Bataillon war wieder zerschossen, das Funkgerät durch eine Störung ausgefallen, nachdem es noch einen Spruch ausgesandt hatte, in dem es hieß: »Können nicht mehr lange durchhalten.«

Die Antwort war der Befehl, die Stellung unter allen Umständen zu verteidigen.

Die Munition war knapp. Die Ausfälle wuchsen bedrohlich an.

Wie der Kompanieführer hatte auch Feldwebel Suhrmann ein MG übernommen. Der Feldwebel wurde verwundet. Mit blutüberströmtem Gesicht duckte er sich hinter seiner Waffe. Er sah nichts mehr, beide Augen waren blind geschossen, aber er feuerte so lange, bis er über dem MG zusammenbrach. Erst jetzt konnten die Sanitäter ihn aus der Feuerlinie tragen.

Es kam zum Nahkampf. Leutnant Lemkes Kompanie wurde aus dem Graben gedrängt. Durch ein Trichterfeld zogen sie sich zurück, hart bedrängt von russischen Panzern. In langsamem Ausweichen deckten sie den Abtransport der Verwundeten.

Bei dem Versuch, sich am Hochwasserdamm noch einmal festzusetzen, wurde Leutnant Lemke von den Splittern einer Panzergranate getroffen. Die Splitter rissen ihm eine Seite auf. Zwei Mann stützten ihn. So gelangte er nach Grigorjewka.

Diesmal war es Leutnant Lemke nicht mehr gelungen, beim Abzug seine Aufzeichnungen zu bergen. Er hatte alles daran gesetzt, seine Kompanie, als der Rückzug unvermeidlich geworden war, vor dem zu bewahren, was die raue Sprache der Soldaten »Verheizen« nannte.

Ein Unteroffizier übernahm die Führung der hart angeschlagenen 11. Kompanie.

Der schwer verwundete Feldwebel Suhrmann starb bei der Ankunft in Grigorjewka, ehe er in die Hände des Bataillonsarztes kam. Leutnant Lemke wurde zum Bataillonsgefechtsstand und dann zum

Verbandplatz gebracht. Dort traf ihn der tödliche Splitter einer russischen Granate.

Zur gleichen Zeit stellte sich die 11. Kompanie zu dem befohlenen Gegenangriff bereit. Mit starker Artillerieunterstützung wurde die verlorene Stellung zurückerobert.

In Leutnant Lemkes Gefechtsstand lagen die Blätter mit seinen Aufzeichnungen, die nicht vollendet werden sollten. Die obersten Seiten, die letzten, die er beschrieben hatte, waren mit Blut durchtränkt, und manche Zeilen waren unleserlich geworden. Sie wurden ebenso wie einiges Unverständliche dem Sinne nach ergänzt. Willkürliche Änderungen jedoch wurden nirgends vorgenommen.

Dagegen schien es im Hinblick auf das allgemein Gültige und auf die Geschlossenheit des Ganzen notwendig, auf den Abdruck einiger Eintragungen von rein persönlichem Charakter und solcher Notizen zu verzichten, die keinen Zusammenhang mit dem Inhalt der sonstigen Aufzeichnungen erkennen ließen. Auch Hinweise auf Feldpostbriefe, die Leutnant Lemke von fernerstehenden Personen empfangen hat, wurden in das für die Drucklegung bearbeitete Manuskript nicht aufgenommen. Maßgebend bei allen Überlegungen war die Absicht, das Gewicht des Dokumentarischen in allen Abschnitten zu erhalten und nach Möglichkeit hervorzuheben.